一歩ずつの山歩き入門

Feel Nature +

Yuri Yosumi

自然の奥へ。
つながる瞬間を求めて
自分のペースで、一歩ずつ山を歩く

Feel Nature +

Yuri Yosumi

大きな自然と小さな自然
どちらも山からの贈り物

想う気持ちがあれば
山は必ず受け入れてくれる

私はもともと、超がつくほどの運動音痴。
街の買い物でさえ筋肉痛になるほどでした。
平衡感覚がなくなる持病もあいまって、
山歩きに対するハードルは身体的にも精神的にも高かったように思います。

そんな私も、いまでは無人小屋泊の荷物を背負い、
4日間の縦走ができるようになりました。
ですが、「初心者」を卒業したのでもなく、
弱さを「克服」できたのでもありません。

自分に合ったアウトドアギアと出会えたこと。
小さな、小さな工夫を少しずつ身につけたこと。
トライ・アンド・エラーを繰り返し、
「ありのままの自分」と同居する方法を見つけたからこそ、
山歩きを楽しめるようになったのです。
この本のなかにいるのは、回り道をしながらも、
大好きな山を歩きたい……と憧れ、
そのために成長したいともがくリアルな私です。

Feel Nature +

Yuri Yosumi

煌く雨も、星が輝く夜も、
ありのままの瞬間が美しい

本書では、体力のなさに
人一倍悩んだからこそのアイディアを、
すべて公開しました。
「そんなことまでこだわるの？」と驚かれるかもしれません。
それは「やらなくてはいけないハウツー」というよりは
「山を笑顔で歩くためのヒント」。
……一瞬一瞬の自然が織りなす表情を受け止める、
心の余裕を作るための工夫です。

これは、山登りのプロから学ぶ教科書ではありません。
「永遠の初心者」である私の失敗談、
葛藤や悩みとどう向きあってきたかを通じて、
あなたらしい山歩きを
「考える」きっかけになればと願っています。

この本を手にとる方が、
自分だけの山歩きを見つけてくださりますように。

さあ、あの山へ一歩ずつ。
いっしょにあの景色のなかへ。

CONTENTS

002 プロローグ
010 コンテンツ
012 山歩きの基本ワード

Chapter 1 プラン

014 行きたい気持ちを受け止めてくれる山
016 コースプランの立て方
026 初心者を受け入れてくれる高い山とは?
028 地図を読み取る
030 計画の立て方
031 ルートの種類
032 山のココロエ
034 Trail_1 ひたすら「乙女」にこだわる　金時山
036 Trail_2 目指せ! おいしい山ごはん　鍋割山
038 Column_1 上高地が教えてくれた自分なりの山歩き

Chapter 2 山ウエア

040 山への敬意をウエアにこめる
042 基本の山コーディネート
044 トップスの種類
046 目指す山に合わせたボトムス選び
048 トレッキングパンツの選び方
050 スカートで山登りQ&A
054 日帰り&2泊3日レイヤリングテクニック
058 短い丈パンツの体温調整&防寒対策
060 山ウエアを選ぶポイント
雨を楽しむレインウエア
山歩きをサポートする足もと
ワンポイントで力をくれる小物
影の重要人物アンダーウエア
大地とつながるトレッキングブーツ
067 Column 女子に必要な機能
068 Column アウトドアスカートとの出会い
070 おすすめアウトドアブランド
074 コラボアイテムに込めた想い
078 キモノ的山ウエアの着こなし
080 自然がお手本山コーデ
083 下山後は街になじむ装いをする
084 Trail_3 京都を登山靴で歩く　大文字山
086 Column_2 山と街をつなぐ「京都一周トレイル」

hapter 3 山道具

088 道具次第で荷も心も軽くなる
090 女子の山道具リスト
092 行程別バックパックの中身
093 日帰り低山
094 1泊2日山小屋泊
096 2泊3日の着替え
097 無人小屋泊
098 快適をもたらす道具
100 パッキング次第で軽くなる
104 女性のお悩み解決グッズ
108 もしもに備えるアイテム
109 コレがあるともっと快適!
110 小物の選び方
112 道具の手入れと保管
116 Trail_4 「日帰り」×2で憧れの稜線へ　白馬
118 Column_3 ひと手間かけてあたたかい「山ごはん」

Chapter 4 歩き方

122 基本は「しんどいを減らす」こと
124 体のメンテナンス
126 こまめにストレッチが重要
128 歩き方を意識する
131 危険な場所での注意
134 トレッキングポールのもち方
136 疲れの原因はココかも?
142 気持ちのモンダイ
143 高所恐怖症を克服する
144 体力にまつわるQ&A
146 疲れを癒す美しい自然の姿
148 道具でサポートする
150 いざに備えるQ&A
154 山でパワーをくれる言葉
156 山へ誘ってくれる本
158 Trail_5 ピークハントも山小屋も「八ヶ岳」　硫黄岳
162 Trail_6 ナウシカのような黄金の草原へ　燧ケ岳
166 Column_4 失敗から覚えた山歩きのコツ

Chapter 5 山小屋

170 小屋から小屋へ2泊3日で雲の上の山を旅する（燕岳ー大天井岳ー常念岳）
178 山小屋が出会える景色を広げる
180 山小屋ってどんなとこ?
182 山小屋滞在15hours
189 フリータイム何して過ごす?
190 女子の小屋泊Q&A
194 女子にうれしい山小屋リスト
198 Trail_7 「満月」に照らされた屋久島へ　縄文杉
202 Trail_8 東北の懐に抱かれる時間　安比・八幡平・岩手山
206 エピローグ

山歩きの基本ワード

名称を知って、一歩先であなたを待っている憧れの山へ。

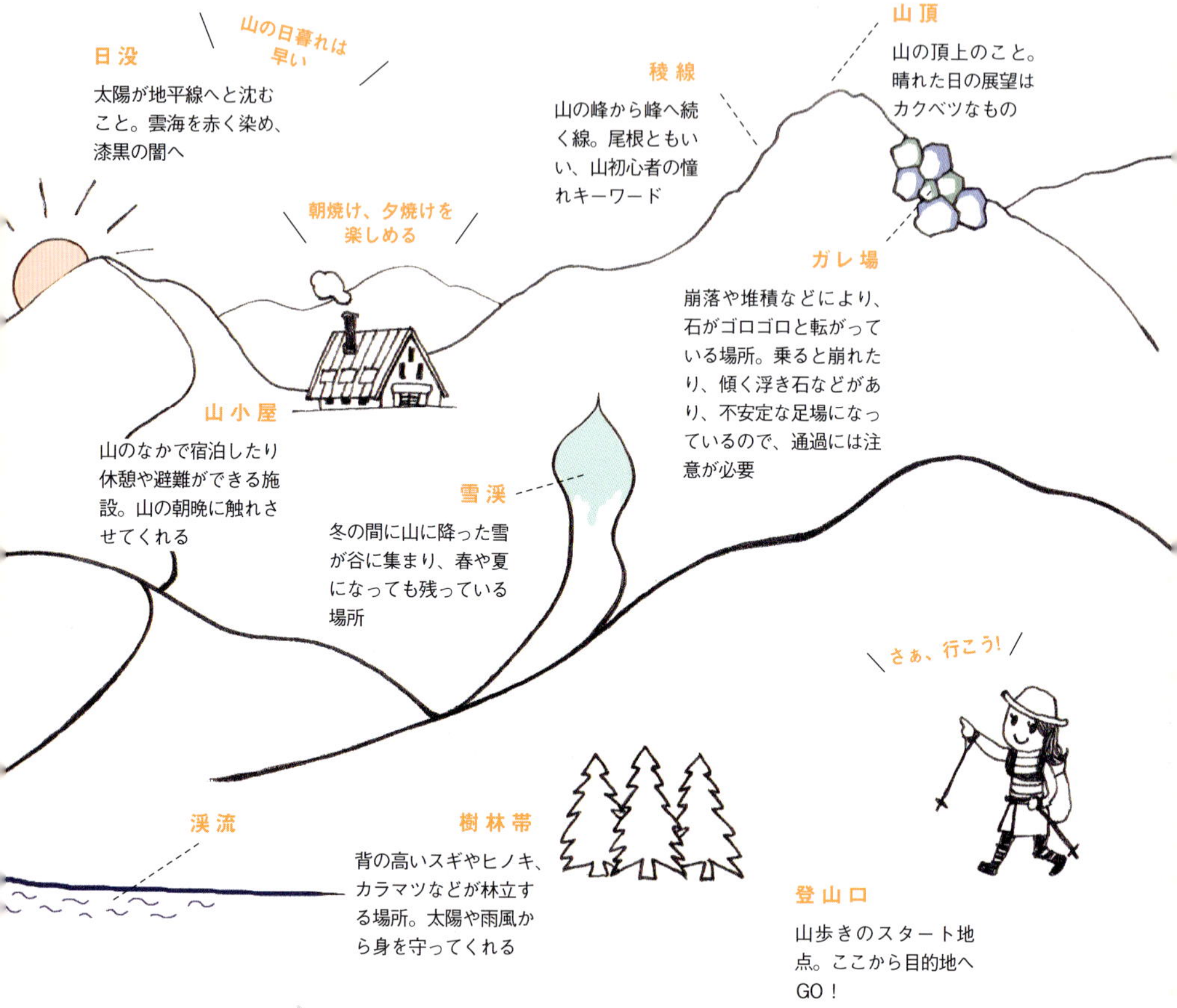

日没
太陽が地平線へと沈むこと。雲海を赤く染め、漆黒の闇へ
山の日暮れは早い
山頂
山の頂上のこと。晴れた日の展望はカクベツなもの
稜線
山の峰から峰へ続く線。尾根ともいい、山初心者の憧れキーワード
朝焼け、夕焼けを楽しめる
ガレ場
崩落や堆積などにより、石がゴロゴロと転がっている場所。乗ると崩れたり、傾く浮き石などがあり、不安定な足場になっているので、通過には注意が必要
山小屋
山のなかで宿泊したり休憩や避難ができる施設。山の朝晩に触れさせてくれる
雪渓
冬の間に山に降った雪が谷に集まり、春や夏になっても残っている場所
さぁ、行こう!
渓流
樹林帯
背の高いスギやヒノキ、カラマツなどが林立する場所。太陽や雨風から身を守ってくれる
登山口
山歩きのスタート地点。ここから目的地へGO！

マークの説明

等身大の私
私自身、山では永遠の初心者だと思っています。いまの自分の視点から伝えたいひと言を載せています

失敗談
私のトライアンドエラーをご紹介。皆さんの失敗を未然に防ぐために、笑いながら読んでください

アドバイス
着物の着付け師の観点から、山歩きの理解をより深めるために役立つ考え方を解説しています

この本の読み方

山歩きデビューから、山小屋に泊まって標高2,000mを越える山々を2泊3日で歩けるようになるまで、を応援する気持ちで執筆しています。私の経験から編み出したアイディアを参考に、自分らしい山歩きを見つけてください。

Chapter

プランのはなし

1

憧れの山へ一歩ずつ近づく計画を立てる

山へ行ってみたい。そう思う気持ちから
山歩きのプランニングは始まっています。
私のステップアップ術を散りばめた
あの山への地図をお渡しします。

涸沢から見る穂高の峰々。「自然に包まれているような感覚」になれる特別な場所

Welcome to the mountain!

行きたい気持ちを受け止めてくれる山

自分の体と心に合ったルートで歩を進めよう

「自然のなかへ行ってみたい」この気持ちが最初の一歩を踏み出すきっかけでした。その想いが、いまでも私の心を動かし、背中を押してくれます。

初めて出会う風景、出会う道は、その後の自然とのかかわり方を大きく左右します。だからこそ、「山の世界」へ憧れる気持ちを後押ししてくれるルートを探してほしいと思っています。

山に行きたいけれど、どこへ向かえばいいかわからないとき、経験者に聞いたり、ガイドブックで「初心者向け」のルートを探されると思います。でも、自分の心と体力、技術によって答えはさまざま。私はまったく体力がなかったので、初心者向けのルートと言われても、「本当に私でも歩けるの？」と不安でたまりませんでした。

そんなときのオススメは、自分だけのオリジナルルートを編み出すこと。ガイドブックに書かれた時間はあくまで目安。いわゆる「目的地」まで行かずに折り返してもOK。行けなかったあの場所は「次の楽しみ」にもなります。

私は上高地から涸沢、そして穂高に到達するまで、7回のステップを踏みました（P16〜）。自分に正直に、無理はせず、ときには〝無茶ではない挑戦〟を叶える方法を考え、ゆっくり一歩ずつ進んでいったのです。

不安がある人は、歩かずとも自然のなかで過ごせる観光地のような場所や、ルート設定が細かく刻めるような山で実際に歩いてみませんか？　そうすると、山のなかに入ったときの自分の体力や気持ちがわかってきます。たとえば、1時間程度のルートを歩き、自分の心と体の声を聞いてみる。……少しずつ試すと、

上）穂高連峰に朝日があたり世界が真っ赤に染まる。右）屏風岩の絶壁を眺めながら。上高地の素晴らしい景色と3時間続く平坦で歩きやすい道が、次なるこの景色に導いてくれた。左）涸沢への最後の急登。雪渓が広がる白くてまぶしい世界は、何回もステップを踏んで少しずつ近づけたところ

自分に合ったルートや課題がはっきりします。

私は「自分と山のつりあい」に気をつければ、どんな人でも山と触れ合えると思っています。ただ自信がない人は、自然のなかで過ごすだけでも素敵な一歩。元気な方はチャレンジを！　大切なのは、自然に憧れる気持ちを、自分と山に相談しながら、行動に移していくことです。

一度自然に触れれば、行きたい場所や夢がさらに現れ、山が私たちを導いていってくれます。同じルートでも、ゆっくりペースの人は景色をじっくり堪能できるし、早く先へ行ける人はどんどん違う風景を楽しめます。

それぞれの人が自分なりの楽しみ方で歩き続けられる。どのレベルでも山が見せてくれる特別な景色がある。……それが山歩きの素晴らしさです。

ぜひ、「あなただけの山歩き」を見つけてください。

How to step up

コースプランの立て方

自分に合ったコースを上高地でケーススタディ

初心者だった私の、山への憧れと不安の両方を受け止めてくれた上高地。そこから目標（涸沢、穂高）にたどり着くまで、どういうコースで、どんな目的や課題をもって歩いてきたかを解説しつつ、皆さんのステップアップのヒントのために、試行錯誤のすべてを公開します。

上高地から横尾までの3時間は平坦な上に、1時間ごとに宿や食事処、トイレがあるなど、初心者の不安を軽減してくれます。私はそこで「歩く」練習をしました。

横尾から涸沢までの比較的歩きやすい上りでは「登る」練習を。涸沢から穂高までは、急登《きゆうと》やガレ場が続き上級者向き。ひとつのコースなのに、次の夢も広がる魅力的なエリアで、ステップアップにぴったりです。

【上高地〜涸沢・穂高エリアMAP】

よすみ流ステップアップ

Step 1　自然と触れ合う
Step 2　アップダウンの少ない山道を少し歩いてみる
Step 3　自分で友達を引率してみる
Step 4　山小屋泊にチャレンジ
Step 5　季節を変えて同じルートを歩く
Step 6　コースタイムを縮めてみる
Step 7　そして憧れの山域へ……

◀ 私のステップアップを、例として次のページから紹介します

私がたどった7ステップ

上高地でのピクニックから穂高までの登山と、
7年かけてステップアップしてきた私の歴史を公開。

ものすごく不安ならまずはピクニック

Step 1

自然と触れ合う

2003年9月

最初は自然のなかにいることからスタート。「登山」とは考えずに、まずは自然のなかで気持ちよく過ごすことから始めました。初の上高地では、遊歩道を散策しピクニックをしただけ。いわゆる「観光」なのかもしれませんが、生まれて初めて近くで見る荘厳なアルプスと、驚くほど透明な梓川に、目も心も奪われ、たった一度見た風景が、その後の心の支えになってくれたのです。

Time 日帰り／1時間

Course 大正池〜河童橋

上高地以外にも、歩かなくても行ける「山」は実はたくさんある。秩父、霧ヶ峰、熊野古道、八幡平など。自然豊かな観光地では、自然に包まれる喜びを味わえる。まずはそこから自然のなかへ

Column

上高地エリアが初心者の想いを受け止めてくれる理由

▶ **平坦で歩きやすい**

上高地から横尾までは、平坦な道が続く。歩きやすいのに、トレッキングの楽しさと、北アルプスの景色を存分に味える。まさに初心者向けのフィールド

▶ **「観光地」だからこその良さがある**

上高地から横尾までは各所にトイレや休憩ポイントがある。これは人の行き交う観光地だからこその利点。初心者の不安材料が少ない点を有利に活用するとよい

▶ **ルートが1時間ごとに刻める**

上高地から明神、徳沢、横尾と、涸沢までにいくつかのポイントがあり、「今回の目標はここまでだけど、次は少し先まで行けるかな？」と夢を抱くことができる

▶ **各所に宿泊施設がある**

横尾までは、1時間ごと（3〜4㎞刻み）に宿泊と飲食が可能な施設があるので、荷物も減らすことができ、情報も得られる。それぞれを拠点にして、自分に合ったルートも決められる

▶ **初めから雄大な山々を間近に見られる**

上高地バスターミナルは標高1,500m。タクシーやバスでそこまで行けるため、初心者でも上級者が目にするような大自然を味わえ、山の気候変化を体験できる場所

山登り経験
ゼロなら
ココから
START

Step 2

アップダウンの少ない山道を少し歩いてみる

上高地初体験からここまでの間、少しずつ歩く練習をしてきた。例えば箱根キャンプ場の散策路やニュージーランドのハイキングコース。または小学生の遠足のような、標高差が300mほどで、3時間前後で歩ける山歩きを繰り返した

このステップは「歩き」について。体力がまったくなく、ザックを背負って歩くのがつらかったので、荷物をテント場に置いて空身《からみ》で出発。食事処で水分やご飯をとれるルートにし、負担を軽減する作戦に。明神までを目標に歩き始めましたが、体力と相談しながら進み、片道2時間の徳沢まで楽しく歩けました。このときトレッキングポールを初めて使い、自分の体力を補ってくれるものだということを実感。これがきっかけで高機能ギアを積極的に導入するようになりました。

Time	Day1 ／ **10分**　Day2 ／ **4時間30分**
Course	Day1 ／ **上高地バスターミナル→小梨平キャンプ場**
	Day2 ／ **小梨平→明神→徳沢→新村橋→明神池→河童橋→上高地バスターミナル**

▼ 標高差、コースタイム、距離をチェック

体力も自信もなかったので、「私なんぞが高山には行ってはいけない！」と思い込み、標高の低い山やマイナーな里山ばかりに通っていました。でもそれは意外とハードということが判明。小刻みなアップダウンや、歩きにくい山道が多かったことがその理由。「標高」だけでは一概に難易度を判断できず、「累計標高差」も重要なのだと学びました。また、登山道やトイレが整備されている「人気の山」に行くのもいい選択。

Point 1

体力のない人は平坦な道を

最初はフラットな道を歩き、「自分は1km何分で歩けるのか」を確かめてみよう。そうやって歩く距離感をつかみながら、少しずつ標高差がある山道にトライしていくのがオススメ

Point 2

自分の体力を確認しながら

上高地から横尾までのように1時間歩くごとに休憩ポイントがあるコースだと、「ここで今日はストップ」と気持ちに区切りをつけやすく、体力を見ながら歩くことが可能

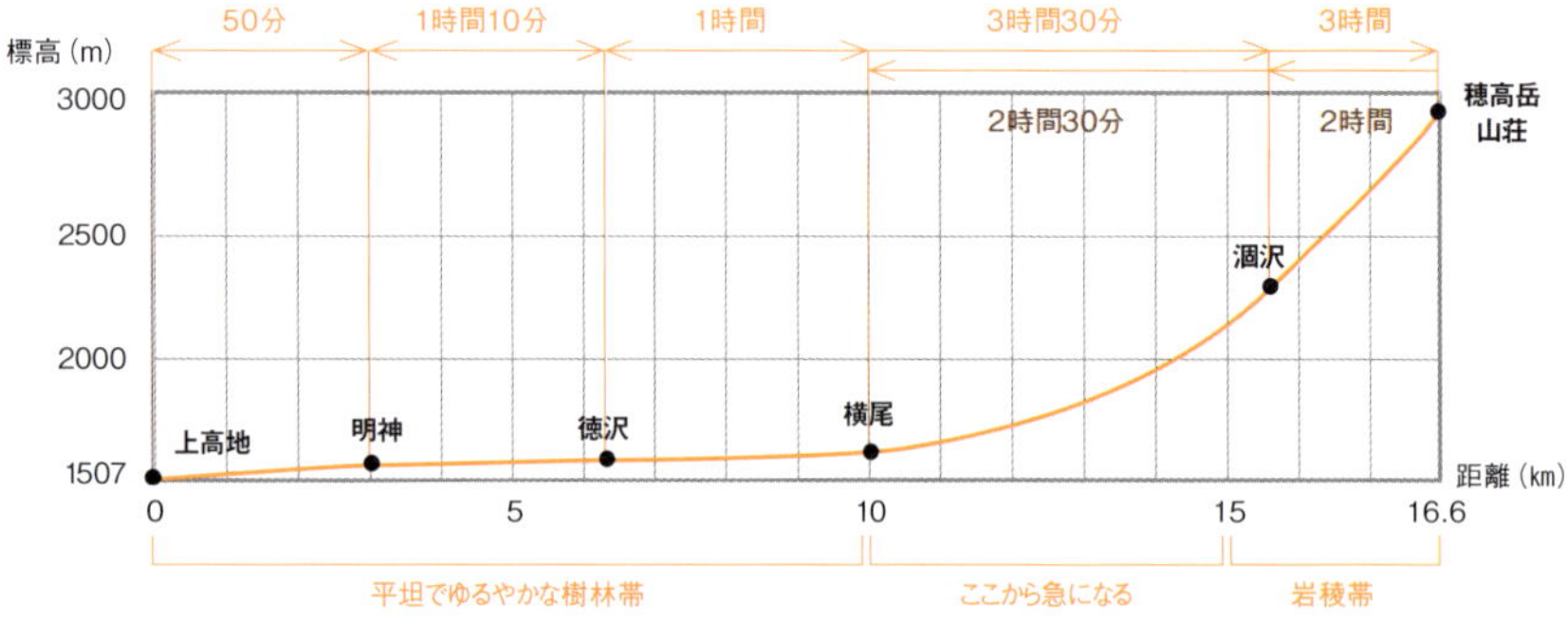

標高による気温を確認する

Point 1

朝晩はもっと冷える

標高差で生じる気温差に加え、山の上では朝晩はさらに冷え込むので、夏でも街の真冬並みの防寒対策が必要に

Point 2

季節による気温差にも注意

初心者には雪のない時期がオススメ。でも「無雪期」というのは、標高や地域によってまったく違うので注意。季節によって日の長さも違うことも知ろう

同じ季節でも、山の気温は都市部とはまったく違います。この年の5月上旬、東京はもう半袖で過ごせるくらいの日もありましたが、上高地（山開き直後）は、ところどころ、雪も残っていた状況。そして、晴れていても山の上には大量の雪渓（夏でも雪が残っているエリア）が。気温は標高が100m高くなるごとに、0.6℃下がります。真夏でも高い山ではフリースどころか、ダウンが必要なことも。街にいるときの気温感覚は完全にリセットしてしまいましょう。

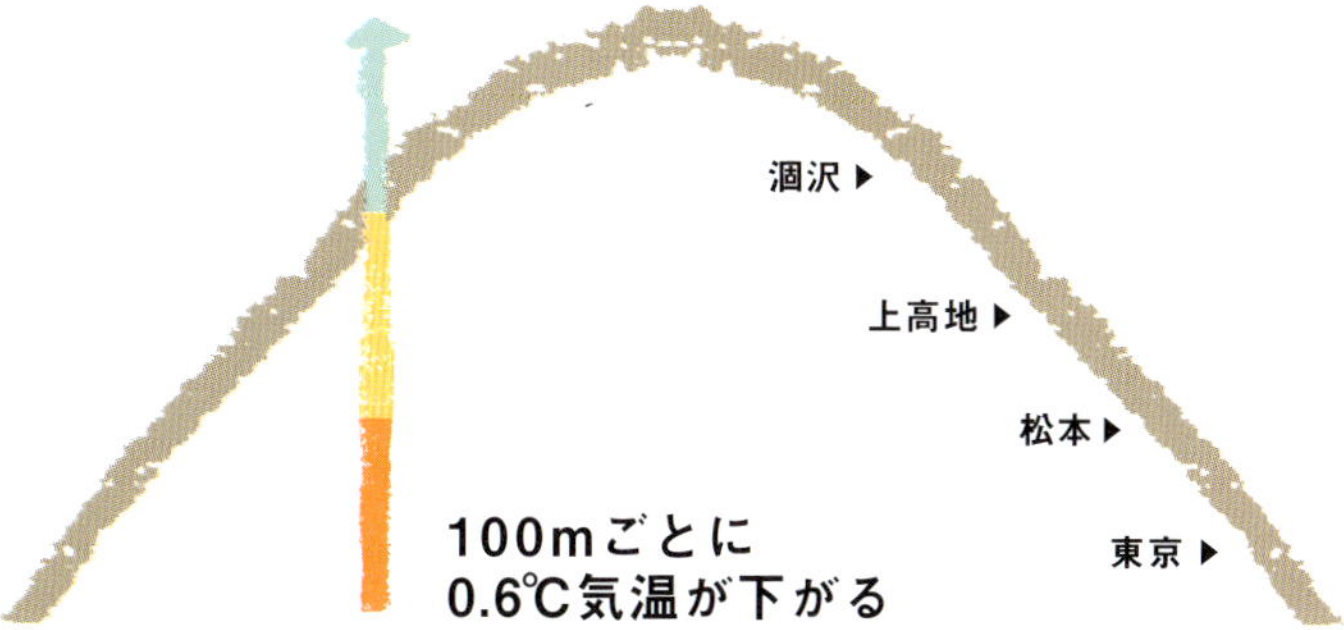

Case Study

山の気温はこんなにちがう

5月上旬の午前11時ごろ

	涸沢	上高地	松本	東京
標高	山の上2400m	登山口1500m	山麓600m	0m
気温	6.6℃	12℃	17.4℃	21℃

Column

初心者のひとり歩きは避けよう

天候の急な悪化や、転倒・急病など、山では予測できないこと、想定外のことが起こりうるため、「不測を想像する」リスク意識と、それに対処する知識が必要に。経験不足の初心者だけでなく、上級者でも、山での事故にひとりで対応するのはハイリスクが伴います。まわりに仲間がいない場合は、P23コラムを参考に

初心者がアルプスに行くなら…
7月〜9月末がおすすめ

登山のベストシーズンは、低山と高山で異なります。低山なら、初心者でも5月〜11月の間に登ることができますが、アルプスの場合は6月でもまだ雪が残っています。

Step 3

自分で友達を引率してみる

2007年10月

少し山歩きが慣れてきたころ、行き慣れた上高地に友人を誘って紅葉のハイキングに。それまでは「連れていってもらう立場」でしたが、初めてのひとり立ち。「自分が案内する」と思うと、同じように地図でコース確認しているときも意識が違いました。計画を立てたり、現在地確認をするときも、より注意深くなったのです。友人に疲れがみえたので、散策＆ピクニックに変更しましたが、すごく喜んでくれ、何度かきた場所なのに景色が変わって見えました。

Time　日帰り／1時間

Course　大正池～河童橋

▼山の情報を収集する

一番体力がない人に合わせて行く場所を決定。歩くルートはもちろん気温や天気などを確認。交通手段と下山の最終時刻、温泉や道の駅など、立ち寄りスポットも吟味。友人がイメージしやすいよう「旅のしおり」を作り説明。

▼友達の山レベルや装備を確認

友人の経験値を確認し、装備やウエアも相談。まずはスニーカーで行ける場所に。山用のウエアを持っていない友人には、フリースは普段着ているものを、肌着は速乾性のあるランニングウエアで代用し、レインウエアは私のものをレンタル。

▼臨機応変にスケジュール変更

当日、慣れない長距離バス移動で友人に疲れが出たため、歩くコースを大正池～河童橋までの散策に変更。私自身も張り切り過ぎないよう、予定をガチガチに決め込まずに余裕をもっていたので、現場で臨機応変に判断ができた。

▶ゴール以外にも楽しみを設定する

経験のない友人にも自然を満喫してもらうために、「歩く達成感」よりも、「山のなかで過ごす楽しさ」を優先した計画に。私達は、バーナーを使ってのピクニックランチをセレクト。といっても、お弁当にお湯を沸かしてインスタントのお味噌汁を作ったシンプルなもの。また、立ち寄りスポットも調べてスケジュールに追加。結果、歩いたのはたった1時間。でも大成功！

ピクニックごはんを堪能

お湯を沸かしてスープを飲むだけでも、アウトドアでは特別な経験に。山のなかで食べるごはんは最高の楽しみ！

しおりを作ってわくわく

わざわざ「旅のしおり」を作ると、スケジュールや行き先の情報などを共有できるし、ワクワクしながら作るのも楽しい！

道の駅に寄り道する

地元の野菜や特産品などを買える道の駅は、定番の寄り道スポット。山の味覚を持ち帰って料理すれば、思い出が深まる

下山後に温泉でスッキリ

山を歩いた後の温泉は格別。疲れを癒してくれ、山歩きのモチベーションにもなるので、立ち寄れる温泉をチェック！

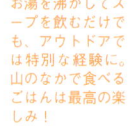

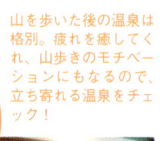

Step 4 に進む前に

山歩きのおもしろさや楽しさを体感できたら、
次は日帰り登山を何回か経験してみよう。

▶ 日帰り登山で経験を重ねる

山にはそれぞれの個性と特徴があります。Step4の山小屋泊に進む前に、私は日帰りでいくつかの山を歩き、少しずつ経験値を重ねました。Step3までの、平坦で3時間以下の山道に慣れたら、次は標高差500m程度で往復5時間ほどの日帰り登山がオススメ。移動疲れしないよう、家から遠すぎない場所にするのもポイント。いろんな日帰り登山を重ねることで、自分の好みや、苦手の傾向がわかり、コースタイムも安定するようになってきたのです。

標高2,000m前後の初心者向けの山

高山の雰囲気や気候を感じられる標高2,000m前後の山。ロープウェイや車である程度の標高に行ける、北八ヶ岳や日光白根山なら比較的安全に日帰り登山が可能

◀▶

標高1,000～2,000mくらいの低山

丹沢や奥多摩、箱根など、標高1,000m台の山も日帰り登山におすすめ。高山に雪が降る季節にも行けるため、選択肢は増える

山選びのチェックポイント

- ▶ 自宅から遠すぎない山
- ▶ 標高差500m前後
- ▶ コースタイム5時間くらい
- ▶ 難所のチェックをする
- ▶ なるべく有名な山

私はまずガイドブックを見て、登ったことのある山と、技術度・体力度が同レベルとされる山を比較して、次に行く山の候補を決めます。次にその山のことが書かれたブログなどを探し、行き先の難所の画像と体験談をチェックすることで「イメージをつける」ように気をつけました。

練習あるのみ！

自分の経験値の70%～101%の山を選んでみる

「体力圏内～ちょっとだけの冒険＝（実力の101%）」と幅のある山を歩くことで、どんどん山が好きになりました。そこで得られた小さな失敗と経験が財産です

日帰りから
次のステップを
目指すなら
ココからSTART

Step
4 山小屋泊にチャレンジ

より長く自然のなかにいたい、目標とする山に登りたいと心が望んだとき、日帰りから1泊の山歩きにステップアップする時期かもしれません。私は「あの涸沢まで行きたい」という想いをいよいよ実現することに。その際、山小屋の存在が勇気をくれました。涸沢へは、通常パターンの1泊2日ではなく、あえて途中の横尾で1泊する2泊3日の行程に。今の自分と自然が無理なく対峙できる接点を見つけ、私なりに夢を叶える方法を模索したのです。涸沢に包まれ、穂高連峰と対面できた感動は一生忘れません。

Time	2泊3日
	Day1 ／ 3時間
	Day2 ／ 3時間30分
	Day3 ／ 5時間30分
Course	Day1 ／上高地バスターミナル→横尾山荘
	Day2 ／横尾山荘→涸沢ヒュッテ
	Day3 ／涸沢ヒュッテ→上高地バスターミナル

Column

日帰りで歩けるところをあえて泊まる

私が初めて山小屋に泊まったのは八ヶ岳のしらびそ小屋。登山口から3時間弱なので、昼には着いてのんびり過ごしました。山に泊まると星空や朝焼けなど、日帰りでは味わえない美しさを楽しめます。ステップアップしよう、と意識しすぎず、余裕のあるルートでまずは1泊し、山小屋泊の醍醐味を堪能してみませんか。

▼
山小屋という選択肢

初日は横尾山荘、2日目は涸沢ヒュッテに宿泊。横尾山荘にはお風呂もあり、山小屋に慣れていなくても快適。山小屋泊は、テントや調理道具・食材などの重装備を背負わずに山に泊まれるので、体力を温存できる。それは、さらに先へ進める可能性を増やせるということ！　詳しくは第5章でご紹介

▼
自分にあったコース設定を

一般的には、涸沢は穂高アタックのベース拠点という位置づけですが、私はあえてそこをゴールに。そして通常1泊2日コースとするガイドブックが多いなか、当時の私は7時間30分の涸沢までの道のりを1日で歩く自信がなく、2泊3日で計画。大事なのは、石橋を叩いて「大冒険」を成功させること。安全に楽しく歩くこと。

Step

5 季節を変えて同じルートを歩く

2ヶ月後の9月に再び涸沢へ。同じ場所を歩く安心感もあり、このときは1日で到着。前回はアイゼンを付けて歩いた雪渓が消え、2ヶ月で登山道の状況が大きく変わることに驚いたり、夏場特有の雷に怯えたり。鮮やかな高山植物に新しい感動も。大好きな涸沢カールで2連泊し、念願の真っ赤な“モルゲンロート”にも遭遇。体力のある夫がテントを背負ってくれ、私は山小屋泊と同じ装備でしたが、森林限界上のテント泊では、ダイレクトに山の気候を感じました。

Time　2泊3日
Day1 ／7時間　Day2 ／ステイ
Day3 ／5時間30分

Course　Day1 ／上高地バスターミナル→涸沢
Day2 ／涸沢宿泊
Day3 ／涸沢ヒュッテ→上高地バスターミナル

2009年9月

美しい穂高連峰を間近に。テント泊は「山のなかにいること」のダイナミズムに触れられる体験でした

夏山の雷に注意

特に気温が高い夏は、雷を発生させる積乱雲ができやすくなります。ヒョウが降ったり、風が急に冷たくなったり、空模様が怪しいときには、少しでも低いところへ下ります。尖ったものには放電しやすいので、たとえばバックパックの横に差したトレッキングポールが上に飛び出さないように気をつけることが大切です。

山レベルを上げられなくても焦らない

このころ、まわりの人（同じような時期あるいは、私より遅く山歩きを始めた友人）がみんなレベルをどんどん上げて、当時まだ私が行けない場所にも行くようになりました。その「成果」を聞き、「焦り」を感じることも。それでも、自分には自分なりのステップがあるのだと思って、安全第一でプランを考えました。

Column

山行に自信がもてないときは……

1 イベントに参加する

ひとりで参加しても仲間ができて、楽しめる。有名な登山家の講演や、ワークショップなどでスキルをアップすることも。私はいつもモンベルのアウトドアイベントを活用。新しい世界へ気軽にトライできる。

2 ガイドをつける

ガイドというスペシャリストと山を歩くという選択肢も。歩き方を観察したり、山行のアドバイスをもらったり。また山のなかで植生や野鳥のことなどを知ることで、2倍、3倍、それ以上の楽しみ方ができる。

3 ツアーに入る

メーカーやアウトドアショップ、旅行代理店などが開催するツアーを利用してみましょう。ガイドや専門家に万が一のリスク対応を任せられる安心感があります。登山口まで専用バスで行けるツアーなら、電車やバスを乗り換えたりする煩わしさがないのも魅力。

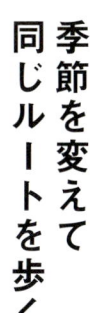

Step 6

コースタイムを縮めてみる

Time	1泊2日
	Day1 ／ 7時間30分
	Day2 ／ 5時間30分
Course	Day1 ／ 上高地バスターミナル →涸沢ヒュッテ
	Day2 ／ 涸沢ヒュッテ→ 上高地バスターミナル

※これが一般的なガイドブックのコース

山歩きのスキルや体力が少し備わってきたかな？　と思ったら、少しだけ歩くペースを上げてみてはどうでしょう。とはいいながら、私がやっと「一般的なコースタイム」で歩けるようになったのがこのステップ。初めて涸沢までの往復を、ガイドブック通りのスケジュール（1泊2日）で歩けました。ただ、帰りは、梅雨の大雨と雪解け水が重なり、登山道が川のように。非常時の備えの大切さを実感。山肌には無数の滝が出現し、何度来ても同じ景色はないんだと再認識しました。

2010年7月

▼非常時の装備や食料を用意

自分なりのコースタイムの目安がつくようになり、歩くスケジュールがはっきりしてきても、山のなかでは予定外のことが起きる。たとえば天候が急に悪化して、下山が1日延びることも。非常用の装備や食料も持っておこう。予備ウエアの1セットは防水バッグに入れておき、全身ずぶ濡れになったときのために乾いた状態をキープしておく。

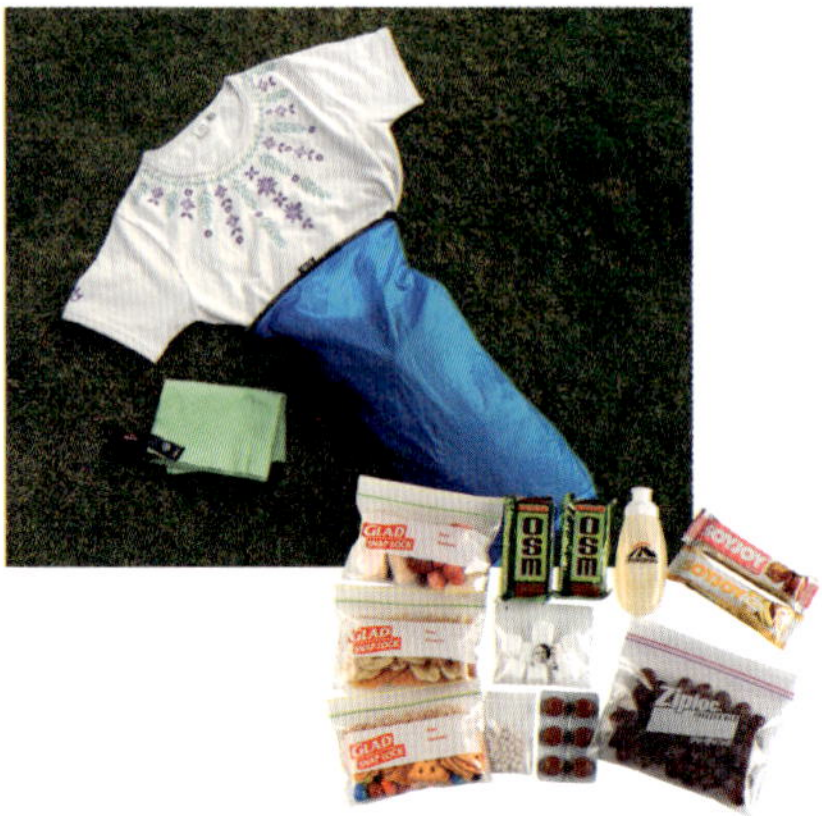

▼出発前に家族や身近な人に連絡

事故、登山道の崩落、悪天候による足止めなどで、行程に変更が生じることも。山に入ることを、家族や身近な人に出発前に連絡しておこう。家族と一緒に暮らしていない場合も、誰かに知らせておくよう心がける。山のなかでは携帯電話が通じないことが多いので注意。公衆電話がある山小屋もあるので、テレホンカードも持参を。

▼状況判断の経験を重ねる

大自然のなかで人間は無力。山歩きは命にかかわるアクティビティなので、無理しないのが基本。予定外の事態が起こったとき、天候・ルートの状況・自分の技術レベルによって、「ここは進んでもいい」、「この状況では戻る（停滞する）」という判断が必要に。こういう経験を重ね、臨機応変に対応していくスキルが身についてゆく。

▼登山届けを出す

だれが、どのコースで、どのような装備をもち、下山はいつかなどを記入する書類。登山口にあるポストやインターネットで提出可能で、フォーマットがWebにある場合も。遭難時にはそれを基に捜索活動が行われる。いざというときのため、日帰りでも必ず提出を。

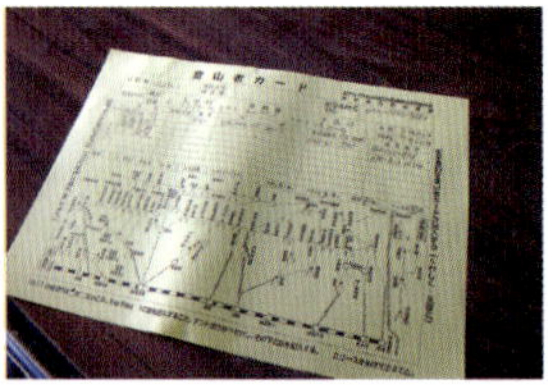

2010年8月

Step 7

そして憧れの山域へ……

目標達成後も、標高や難易度を上げることにこだわらず、同レベルの山歩きを四季を通して楽しんでいました。そんななか、7度目の上高地で、あと少し空に近づきたいと思い、涸沢の上へ。でも、高所恐怖症と技術的な不安もあり、ゴールを奥穂高岳の頂上ではなく穂高岳山荘に。7年前には自分がここに来れるとは思わなかったので、感動！ いまの目標は「長く歩き続けること」です。

Time 3泊4日

Day1 ／ 2時間　Day2 ／ 4時間30分

Day3 ／ 5時間

Course

Day1 ／上高地バスターミナル→徳沢※徳澤園泊

Day2 ／徳沢→涸沢※テント泊

Day3 ／涸沢→穂高岳山荘→涸沢※涸沢小屋泊

Day4 ／涸沢→上高地バスターミナル

へっぴりコラム

体力面、技術面での準備も必要

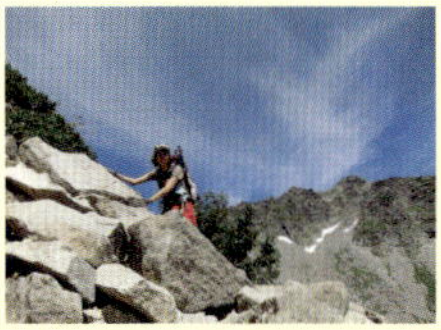

私の場合、穂高岳山荘まで行くために、岩稜（岩の尾根）帯での登り下りを特訓。現場ではやはり怖さが先に立ち、コースタイムの2倍近く（！）かかりましたが、少しずつ少しずつ進歩できることをあらためて確認しました。

Difference between high and low mountains

初心者を受け入れてくれる高い山とは？

ロープウェイを使うと、初心者でも標高の高い山や雲の上の絶景に出会えます。例えば中央アルプスの最高峰、木曽駒ヶ岳。2,612mの千畳敷駅から、森林限界上の岩稜や稜線を歩けますが、標高差はたった316m（コースタイム約4時間）。これは、京都の里山・大文字山の火床までとほぼ同じ（約3時間半：P84参照）。ただし、低山と高山では自然環境がまったく異なることを理解し、技術、準備を備えましょう。

大文字山・火床

京都市内を見渡す大文字山・火床。観光客や子どもも気軽に登れる親しみやすい山

≠

木曽駒ヶ岳

岩肌が姿を見せる高山エリアながら、ロープウェイを使えば比較的行きやすい

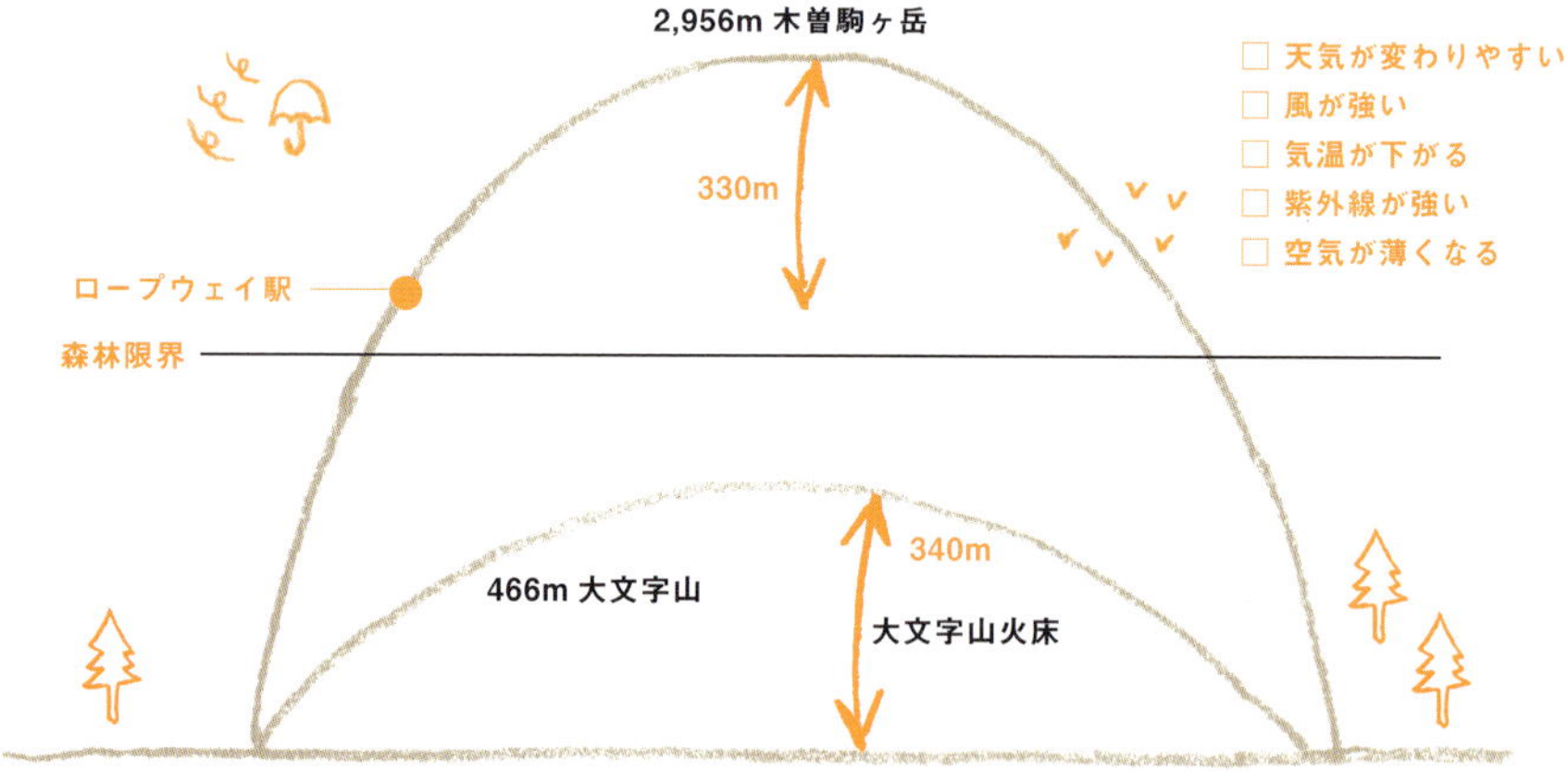
2,956m 木曽駒ヶ岳
330m
ロープウェイ駅
森林限界
466m 大文字山
340m
大文字山火床
□ 天気が変わりやすい
□ 風が強い
□ 気温が下がる
□ 紫外線が強い
□ 空気が薄くなる

これらをクリアすれば、あなたも雲上のアルプスへ！

1 ウエアと装備

防水透湿レインウエア、速乾着、登山靴は必須。下半身をサポートし、筋肉疲労を軽減してくれるタイツやトレッキングポールがあると、より安心

2 歩く技術と体力

高山は、高尾山などの低山と比べ、標高やトレイルの状況が違い、石場を安全に歩く技術や急坂を登る体力が必要になる。空気が薄いことで疲れやすくもなる

3 状況判断

天気が変わりやすく、気温変化も激しいので、ウエアを脱ぎ着しての体温調整、雨天時や強風時のアウター装着、体調管理など、迅速かつ臨機応変な対応が重要

ロープウェイ登山の魅力

私が初めて、森林限界を越える高山デビューをしたのは木曽駒ヶ岳。ロープウェイを降りると、そこには見たことのない景色が。可憐な高山植物、そして抜けるような空の蒼さなど、高山の見どころが濃縮されていて、一気に「登山」の世界に引き込まれました。一方で、ガイドブックに「初心者向け」とはありましたが、歩き慣れていない岩場や高度感にすさまじい恐怖を感じ、人によってレベルの体感にはかなりの違いがあることも痛感。自分の「苦手」を把握することで、余裕をもって時間を組めるようになり、山の嗜好も見えてきました（苦手だから行かないor苦手だからこそ克服……という選択肢も）。

それまで低山や森歩きが好きだった私に、山にはまた、新しい世界があることを見せてくれたのです。未知の刺激をもらったことで、より深く、山の魅力を知るキッカケとなりました。

Column

おすすめのロープウェイ登山ルート

木曽駒ヶ岳へ

中央アルプスの北に位置する標高2,956mの木曽駒ケ岳。ロープウェイの駅から山頂まで往復約4時間で、初心者向きの山として人気。氷河によって削り出され峰々に抱かれるような千畳敷カールは、夏は高山植物、秋は紅葉で彩られ、遊歩道もあるため観光客も多く安心

【MAP】

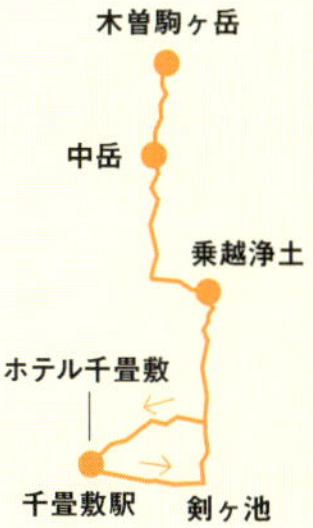
木曽駒ヶ岳
中岳
乗越浄土
ホテル千畳敷
千畳敷駅
剣ヶ池

【山行アドバイス】

千畳敷駅からお花畑の遊歩道を越えると、岩が積み重なる急こう配の山道になる。乗鞍浄土の馬の背へ出るとアップダウンはあるものの穏やかな稜線歩きに。宝剣岳は上級者向けルート

【アクセス】

JR飯田線駒ヶ根駅から路線バスで45分でロープウェイしらび平駅へ。さらにロープウェイで千畳敷駅へ

中央アルプス駒ヶ根ロープウェイ TEL.0265-83-3107

上）乗鞍浄土から中岳・木曽駒ヶ岳へと続く稜線。「その先へ歩いてみたい」と思わせる距離感と地形が魅惑的。左下）咲き乱れる高山植物。右下）山の神様にお礼を

Map reading

地図を読み取る

『地図使用承認 ©昭文社第 12E024 号』

ひとりずつ地図を

グループ登山のときでも、必ず各自で地図を持つこと。写真は、「山と高原地図37　槍ヶ岳・穂高岳　2011年版」（昭文社）

「習うより慣れろ」&「妄想登山」のススメ

地図は山のなかで「現在地と目的地を確認する」ためだけでなく、山へ行く前の計画時に「具体的なイメージをする」ためのものでもあります。この「脳内登山」こそ、山歩きを安全に楽しく成功させる〝カギ〟です。

私が歩くレベルのコースでは、5万分の1の「登山地図」を活用。コースタイムや、危険箇所、水場、急坂（等高線が高密度な箇所）を事前に把握できると登山計画を立てるのもスムーズ。

実際に歩くときは「現在地確認」を習慣化することが大切。地図は取り出しやすくしておき、眺望がいい場所、分岐点、標識、休憩地点ごとに、地図を見て照らし合わせれば、それだけでも道迷いの可能性は減少します。

地図読み経験の蓄積が、登山をより楽しくしてくれますよ。

Read 1

山小屋とキャンプ場

ここに泊まってみたい！

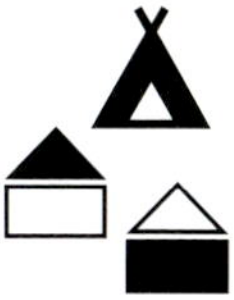

右上はテント場の記号。山小屋の記号も屋根部分が黒いのは期間営業、白いのは通年営業など違いがある。コース上にある山小屋は宿泊だけでなく、昼食・トイレなどでも利用できるので、チェック

Read 2

コースタイム

この時間で歩けるかな？

「40代の標準的な登山者」を基準にしているコースタイム（休憩時間は加味していない）。慣れや体力、技術によって変わってくるのであくまで参考に。自分なりのコースタイムの考え方は次ページに

Read 3

注意点

苦手なクサリ場だちょっと心配……

クサリ・ロープ

コース上には、「クサリ・ハシゴ」などの注意事項など、登山道の情報が書かれているところも。その難易度を知るために、写真付きのガイドブックなども併用し、登山道のイメージを

Read 4

標高

防寒対策をしていかなくちゃ

3190

山のピーク（頂上）に書かれている数字は標高。標高がわかれば、気温（P19参照）などを読み取ることができます。また、頂上からの等高線を追って、そこまでのコースの標高や勾配も確認可能

Read 5

等高線

上りが続く！気合い注入!!

コース上の等高線に注目。間隔が狭いところは傾斜が急で、広いところは傾斜が緩やか。登りが多いコースは前者の場合。標高やコースタイムとともに、どんな地形なのかも想像してプランを立てよう

Read 6

水場

水場の位置は必ず確認！

飲み水を補給できる場所。湧水や雪解け水などを利用しているところも。時期によって出ない場合もあるので、地図にあるからといって盲信はせず、現地の山小屋などに最新状況を確認するといい

Read 7

登山道＋難路

こっちの道は避けて通ろう

右ページ「山と高原地図」では、一般登山道は赤い実線で書かれ、不明瞭な道や歩きずらい難路は破線で表示されている。そこに記載されている注記も必ず熟読。初心者は実線コースを選ぼう

Read 8

注意を要する場所
コースを誤りやすい場所

道を間違えて迷ったら大変！

ガケや岩場などの危険箇所。踏み跡や分岐が不明瞭だったり、広々として道迷いが多発したり、といったマークの理由を事前に調べる。そこを避けるか、その前に休憩をいれて難所に備えるなどの対策を

How to plan your trekking

計画のたて方

自分のコースタイムをつくる基準を見つける

地図やガイド本に載っているコースタイム。でも歩くペースはひとそれぞれ。「自分だけの山計画」を立ててみましょう。

まずコースタイムが往復3時間程度の日帰り登山に何度か行き、一般的なコースタイムと比較して、自分のペースが早いか遅いか、登り・下り・難所などの状況によって、どのように変化するのかの判断材料を集めます。これによって自分のコースタイムの「基準」を作れます。

また地図には、ランチ、体温調整、トイレ、写真撮影の休憩時間は入っていないので注意。

道中&下山後に分析をしていけば、次の計画が立てやすくなります。事故にならない「小さな失敗」は自分の力になります。トライ&エラーで原因を探っていくと楽しいですよ。

Q 自分の**歩くスピード**は**コースタイムに対して**どれくらい？

A 私は歩くペースが遅い上に、慣れるまでは、休憩後の準備でもモタモタしていたので、最初は2倍で計算し、徐々に縮めました。コースタイムで歩けるようになった今も、余裕をもちたいので1.2倍にしています。

慣れるまでの**休憩時間**と**コースタイム**の考え方

- ▶ コースタイムの1.5倍に
- ▶ 50分に10分の頻度で休憩を入れる
- ▶ ランチ休憩は、最初は60分で計算

※最初はもたつくため計算上はゆとりをとる
※本当は30分程度が理想→P125にて

▼金時山の場合

自分の場合は？ ← 休憩を含めた時間 ← 地図上の表記

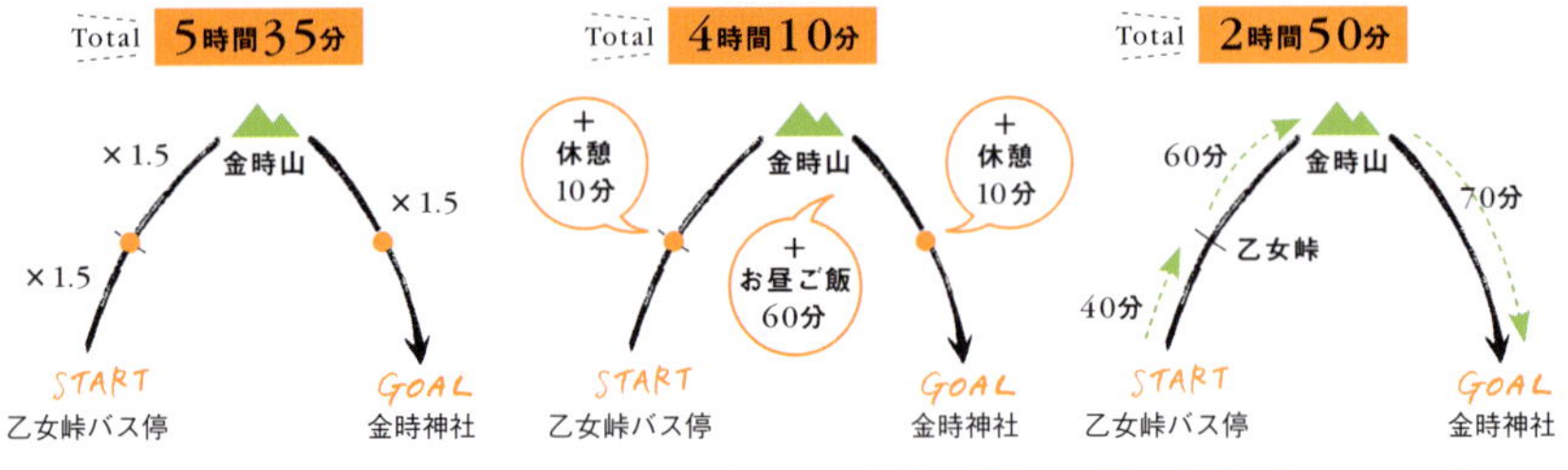

Total 5時間35分
×1.5
金時山
×1.5
×1.5
START
乙女峠バス停
GOAL
金時神社
Total 4時間10分
＋休憩10分
金時山
＋休憩10分
＋お昼ご飯60分
START
乙女峠バス停
GOAL
金時神社
Total 2時間50分
60分
金時山
70分
乙女峠
40分
START
乙女峠バス停
GOAL
金時神社

自分が歩けるペースと標準コースタイムの差を考え、歩く時間を増やす。私の場合は1.5倍にしていた

上り下りの歩く時間に休憩やお昼休みの時間をプラスして、実際にかかる時間を考える

最初に地図の「コースタイム」のみを合算していきます。これは単純に「歩いている時間」だけを計算

逆算して出発時間を考える

このときは、下山後に温泉に寄りたいので15時下山と設定。すると、9時25分には歩き出すことに。入山前の準備を考慮し、9時前には到着したいと算出

へっぴりコラム

3時間のコースタイムを6時間で歩き「2倍!? 遅すぎる!!」と勘違い。でもそれだけの時間、野外にいるだけで体力は消耗すると気づき、逆に慎重に

計画を立てる段取り

1. 山の候補をいくつか選ぶ
2. コースタイムを自分の速さによって加減する
3. 休憩時間をプラスする
4. 日没時間を考え、下山の目安時間から逆算する ※1時間以上余裕をもつとベター
5. 入山口までの交通手段を調べる

▶ 行ける？
▶ 行けない？

Various courses

ルートの種類

特性を確認してコースを決める

同じ山でも、複数のコースを選べる場合があります。行き帰りを違うルートにしたり、自分のレベルに合わせて道を選んだり、見たいポイントを優先してコースを決めたり。ぜひ、地図を見ながら想像をして、シュミレーションしてみましょう。

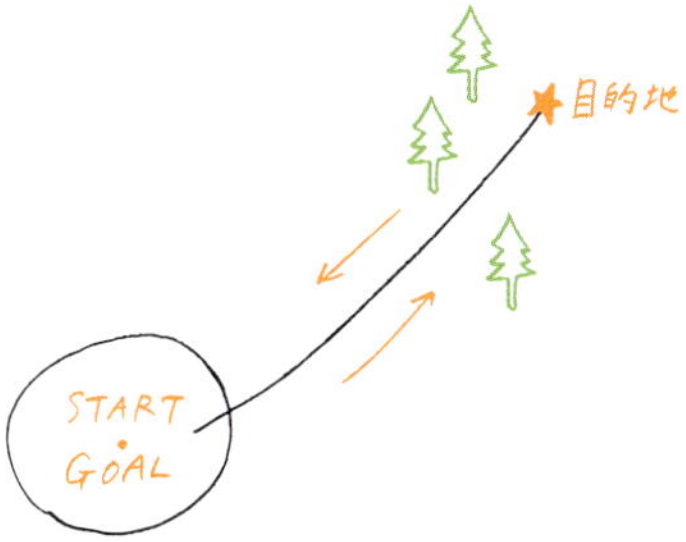

course 1
ピストン

行きと帰りが同じ道は初心者向け

上りと下りが同じ往復コース。一般的には下山時に道迷いが起こりやすいが、同じ道を通るので、精神的に安心だし迷いづらい。同じ山道を違う角度で見られるため、新しい景色が発見できることも。

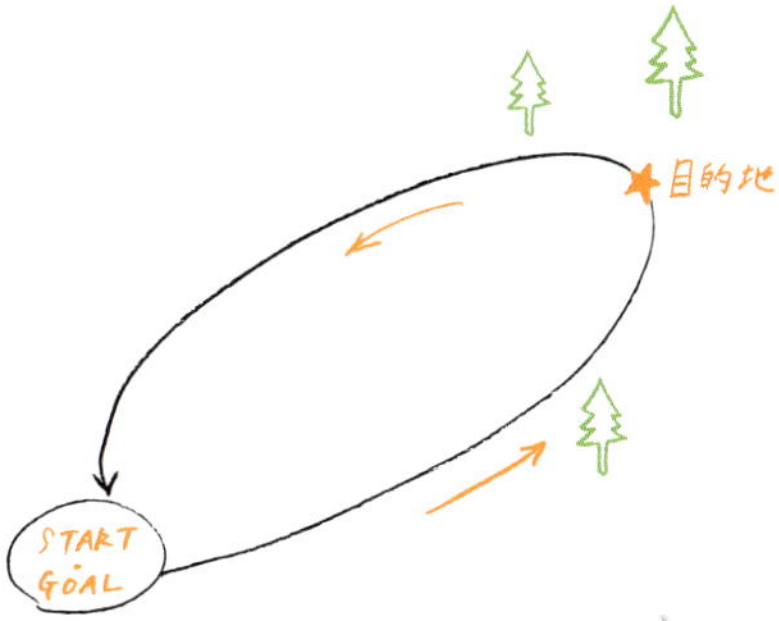

course 2
ループ

スタート、ゴールが一緒でも違う風景

スタートとゴールが同じで、目的地まで登った後、違う道で下る周回コース。縦走とピストンの要素を兼ね備えている。車で行く場合におすすめ。同じ山域でも景色やコースの性質が行き帰りで違うことも。

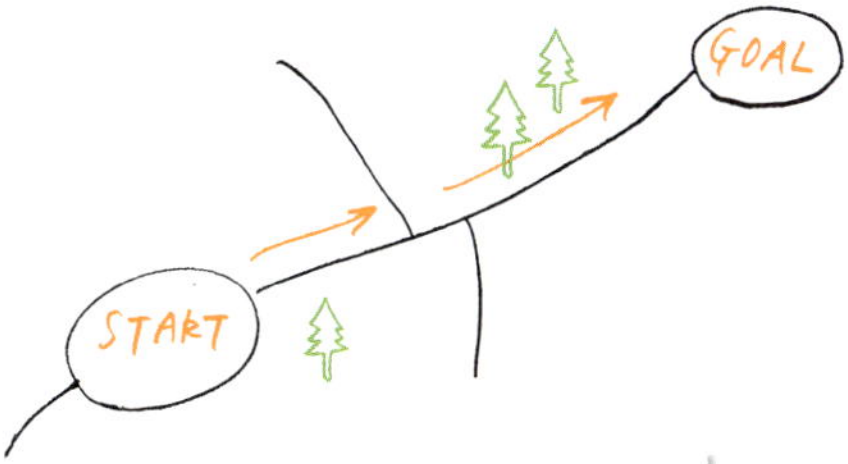

course 3
縦走

山の旅の醍醐味を味わえるコース取り

スタートとゴール地点が違う場所で、山から山へ、尾根づたいにふたつ以上の山をつないで歩くコース。日帰りや低山でも「縦走」はできる。まだ見ぬ新しい世界を見に行く気分に！

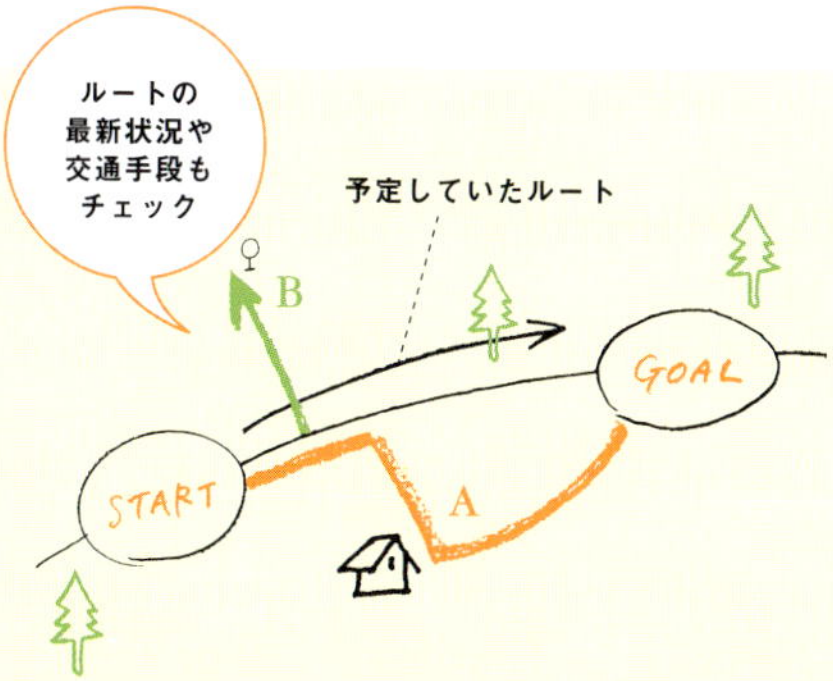

Column

エスケープルートと予備日の設定について

ケガや天候悪化など不測の事態に備えるために、コースを決める際は、エスケープルート（危険個所を回避したり、途中で予定していたルートより早く下山できるルート、山小屋への避難）の確認を。いざというときのために、予備日も設定しておくと安心。

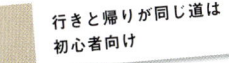

Manners for hikers

山のココロエ

あいさつと道の譲り方のマナー

登山道ですれ違うときには「こんにちは」と挨拶。笑顔の交換をすると気持ちも体も元気になるのが、山の魔法。また、狭い登山道では下りの（景色を味わい終わった）人が止まって、上りの（頑張っている）人に道を譲るのが山でのやさしさ。「景色を見てるから、ゆっくりでいいんだよ」と温かい言葉で待ってもらったときなど、心が軽くなります。上りが大人数のグループのときなど、例外もあるので臨機応変に。すれ違う際は、バックパックや体が接触し、バランスを崩して転落しないよう、必ず「谷側」ではなく「山側」に身をよせて待つ。

山岳保険に入る

いくら準備をしても、自然のなかでは何が起こるかわからない。自然のなかで人間は無力。だからこそ、治療費や入院費、遭難した際の捜査費用などを保障してくれる山岳保険などに入り、もしもの不安に備えよう。

濡れる事にシビアに

濡れた衣類をそのままにすると、低体温症を招く可能性が。雨が降りはじめたらレインギアを着る、汗は冷えると体温を奪うので頻繁に脱ぎ着するなど、街とは違うという認識を忘れないように。

無理ならやめる勇気を持とう

山行の途中で天候が悪くなったり、体調がすぐれない、実際に行ってみたら想定以上に自分にとってはキツいルートだったりすることも。「無理かな」と少しでも思うなら、進むのをやめ、引き返す勇気を持つことが大切。つい「行きたい気持ち」が募るけれど、焦りは禁物。山は逃げないと言い聞かせよう。想えば想うほど、たどり着いたときの景色は美しく見えるもの。

ゴミは持ち帰ろう

行動食はなるべく個別包装から出して袋にまとめておき、ゴミが出たらジッパー付きビニール袋に入れる。悪意はなくても、お菓子の袋がポケットから落ちたり、強風で飛ばされたりするので気をつける工夫を。

山の植物は"見るだけ!"

さまざまな動植物が暮らしている自然界。人間が足を踏み入れるだけでも負荷がかかっています。山では、私たちのほうが彼らの暮らしのなかにお邪魔していると考え、そっと見るだけに。自然とどうやったら共存してゆけるだろう……と考えるキッカケをもらえることも山歩きの魅力。

日帰りでも必須アイテムアリ

歩くペースが遅かったり、頂上でのんびりして日が暮れてしまったり。慣れてきても油断にはご用心。低山の日帰りでも危うい目に遭う可能性がある。万が一を考え、ヘッドランプ、レインウエア、おやつ、水は必ず持参。

"早出""早着"を守る

山では街以上に、季節によって天候や日没時間がまったく違う。夏場は午後になると天気が崩れやすく、冬は日が落ちるのが早いので、朝は早めに出発し、午後3時くらいには下山するか山小屋に着くことが、身の安全を守る手段。

天気で元気な日を選ぶ

天候が良く、自分の体調も万全な日を選ぶこと。前日までにきちんと準備しておき、寝る前には軽くストレッチをして体調を整えよう。天気予報は直前に変わることもあるので何度もチェックを。

静岡と神奈川の県境の山頂には軽食をとれる「金時娘の茶屋」と「金太郎茶屋」が。環境に配慮されたバイオトイレも

My favorite trail 01

ひたすら「乙女」にこだわる

金太郎伝説の発祥の地といわれる金時山。
頂上からの富士山や芦ノ湖、大涌谷の噴煙の眺めは絶景です。
おいしいお汁粉、金太郎とマサカリも魅力のひとつ。

Part_01

金《きん》時《とき》山《やま》

【標高1,212m】

「乙女峠登山口」バス停下車。
〝乙女峠〟を通って
金時〝娘〟の待つ茶店へ。
下山後は〝温泉〟に入り
帰りは〝ロマンス〟カーに乗って。
乙女心（？）をくすぐる
キーワードにこだわったのは
女性4人、初めての
メンバーでの登山だったから。
頂上からのハイライト!!……、の

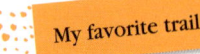

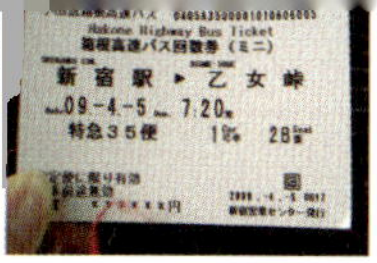

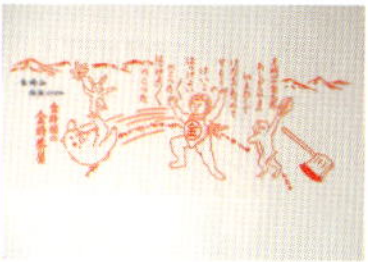

とにかく「乙女」の記録を残すべく……のルートセレクト（笑）。金時山には、金太郎が遊んだという伝説が残り、金太郎にちなんだグッズやスポットも多い。頂上にはマサカリも！

富士山は分厚い雲のなか。
けれど、全員が笑顔でよかった。
いっぱい歩いて笑って
足も、ほっぺも、筋肉痛に。
自然と口をつく、「次はどの山へ行く？」。

山の
しおり

日帰り

歩行時間：	2時間50分
累計標高差：	+466m
	−571m

春の乙女登山

注意事項

- 乙女らしい登山を！
- お互いの写真を撮りまくろう！
- 気分が悪くなったら我慢しない！
- 笑顔で登れるペースを保とう！
- 会話ができるペースで歩こう！
- 下山後は写真を3日以内にUP！

ゆりっぺ's Advice

さまざまある登山口の中から、「乙女峠登山口」をスタート地点に選んだのは、一番標高が高いから。新宿から直行バスがあり、山歩きが初めてのメンバーの、体力の消耗を少しでも減らせると考えました。どの登山口にも近くにトイレがあるので安心。広場のような長尾山、真っぷたつに割れた金時宿り岩など、各所にスポットがあってモチベーションも維持しやすく、大きな石や木の根の多い登山道の練習にもおすすめです。

Access

行きは御殿場駅から箱根登山バスで約20分、乙女峠バス停下車。または新宿から小田急高速バスで2時間。帰りは金時神社入口バス停から御殿場駅へ

Info

箱根町役場観光課
TEL.0460-85-7410

My favorite trail 02

目指せ!おいしい山ごはん

神奈川県・丹沢エリアで人気の山。
具だくさんの天ぷらや半熟玉子が乗った
名物の鍋焼きうどんを求め、はるばる山の上へ。

Part_02

鍋《なべ》割《わり》山《やま》

【標高1,272m】

「山の上の鍋焼きうどんが食べたくって……」
不純な動機かもしれないけれど
大好きな山に登りたい理由は
いくつあってもうれしい。
新緑のブナトンネルを抜けて、森の上へ。
前へ前へと、心が、足が、向かってゆく。
胸の高鳴りが、一歩一歩のエンジンになる。
こうやってぐんぐん歩いていると、
「人間は前に進みたい生きもの」だなぁと心底思う。
急登を抜けた頂上には、鍋焼きうどんだけでな

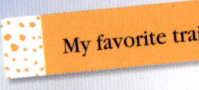

落葉樹が多く、新緑や紅葉の彩りが美しい山。鍋焼きうどんの食材はご主人が自ら荷揚げされている。5月からのかき氷も人気メニュー

鍋割山荘から小俣への尾根歩きは眺望もよく、縦走気分を味わえる。体力があれば、塔ノ岳まで足を伸ばすといい。丹沢では野生の鹿に出会うことも。6～8月はヒルが多いので注意

海と山の両方を味わえる景色が待っていた。
湘南の海や箱根の山々を見渡しながら、
アツアツの鍋焼きうどん。
ここまでの道のりも味を引きたてる。
思わず「鍋焼き山」と呼びたくなった。

日帰り

歩行時間:	5時間
累計標高差:	+818m
	−807m

ゆりっぺ's Advice

大倉バス停～二俣までは歩くと片道1時間半。私はこの日はあまり時間がなかったので、奮発して渋沢駅から県民の森ゲートまでタクシー（2,400円ほど）を使いショートカットしました。また、行きと帰りで景色が変わるループコースのなかで、メジャーな花立山荘経由のコースではなく、一番行動時間の短い「二俣～（後沢乗越）～鍋割山～小丸～（訓練尾根）～二俣」をセレクト。体力に自信がない人は、このようにタクシーを利用することで行動時間が減り、自分の行ける山の射程範囲が広がることもあるので検討してみては？　行きに後沢乗越を通るほうが、登りで展望があるのでオススメです。鍋割山荘はバイオトイレのため、使った紙を持ち帰るためのゴミ袋の持参が必須。

Access

小田急線渋沢駅からタクシーで表丹沢県民の森までタクシー利用。そこから二俣までは徒歩30分ほど

Info

秦野市観光協会
TEL.0463-82-8833

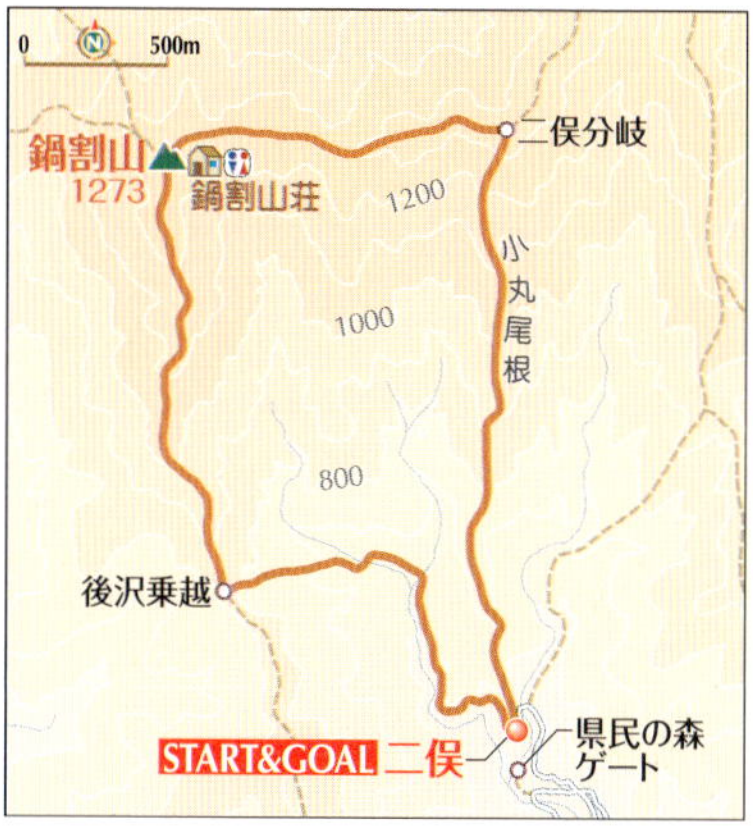

上高地が教えてくれた自分なりの山歩き

「自然」×「自分」が触れる瞬間を求め、
心と体を動かしながら、あなただけのスタイルで。

「何もしないアウトドア」。感動を味わうことで、心が敏感になることと気づいた体験

憧れに近づくステップをゆっくり歩んでいく

私の山デビューは今回紹介した上高地。山歩きの最初の一歩を踏み出すその前に、実は4年の年月がかかっていました。

私は運動能力が低く、体力もありません。「アウトドアってスポーツマンのもの?」と思っていたんです。だから、私の初アウトドア体験は、湖畔での読書。そこで、刻々と向きが変わっていく風とその匂い、葉についた朝露の粒の美しさなど、自然のなかに溢れている小さな感動に心が満たされました。

「何かをすること」よりも、自然の美しさを「感じること」。それがアウトドアの本質なのだと、森が教えてくれた気がしたのです。すると、自然がどんどん好きになり、「もっと奥深くと繋がってみたい」という山への憧れが生まれました。

上高地は、目にした景色の奥に穂高の山々が見え、心が奪われたように恋焦がれてしまった特別な場所。そこに近づきたい気持ちはありながらも、体力や経験不足を考えて、通常1泊2日で歩くコースを2泊3日で挑戦するなど、芽生えた「山の憧れ」に私なりの方法で一歩ずつ近づいてゆきました。人と比べない自分なりのスタイルで、自分なりの山歩きを見つけられた場所でもあります。その体験が私に「憧れには必ず近づける」、「ゆっくりでも夢は叶う」という自信を与えてくれたのです。また、運動をしたことのなかった私に、自分の体とも向き合う大切さを教えてくれました。

いろいろな山へ行けるようになった今でも上高地は特別。大正池からの1時間の「散策路」は、いつまでも新鮮な感動を呼び起こしてくれます。

心に宿るあなただけの「特別な景色」。そんな山に出会えたら、たくさんの感動と「夢への一歩」が待っているはずです。

何年も目標にしていた涸沢ヒュッテに初めて訪れたとき。雄大な山々を見ながら飲んだカモミールティーの味は格別でした

すべての出発地点となった大正池と、初めての2時間のトレッキングのゴール「徳澤園」そしてソフトクリームの味は忘れられない

Chapter

山ウエアのはなし

2

山への敬意をこめたウエアを身につける

大好きな自然のなかで
安全に楽しくいたいと願う気持ちを
後押ししてくれるのが山ウエアです。
あの山に合う装いに着替えましょう。

日光白根山にて。身につけた色すべてが自然とシンクロ。山の天気や風の変化に敏感になり、想像力を働かせ、そこに奇跡が重なって完成した「礼装ウエア」

Chapter_2

山への敬意をウエアに込める

山を想う気持ちがウエア選びを導く

私は着物の着付け師です。山歩きと着物は縁遠いようですが、実は和装の思想が、私の山ウエアに大きな影響を与えています。

着物に携わりながら、アウトドアの世界に触れて驚いたのは、その共通点の多さでした。「自然を味わう感性」と「着ていくものの選び方」がその代表。山ウエアをどんな状況で、何を着るべきかと考えるとき、着物で大切にされている「礼装」という思想がしっくりきたのです。

「礼装」とは、「相手に〝礼〟をつくす」服装です。単に結婚式などの「フォーマルな服装」という趣旨だけではなく、季節、着る場所、その場で会う相手に敬意を払い、着るものを選ぶのが「礼装」の考え方。そこには複雑な決まりごとがあるように思われますが、いたってシンプル。それは相手（場・人）への「敬意を払う」という想いが集約され、自然な流れで生み出されたひとつの「作法」であり、神聖なものに対する畏怖の「感情表現」でもあるのです。

　山のウエア選びでも同じことが言えます。自然という「相手」の存在があったうえで、自分が存在する事実を理解する。そして、相手（山）のことを考え抜いた上で「礼の尽し方」を導き出す。登るところはどんな場所か、どんな気候でどう変化するか、どんなものを着て対応すべきかと考えることこそ「山を想う」行為。この礼装の思想は、安全な山歩きのために不可欠な、「想像力」にも直結しています。

　私にとって山は大好きな場所。そして、たくさんのことを教えてくれる場所です。しかしながら、一転、危険な場所にもなり得ます。優しく、雄大な山の姿に惹かれながらも、恐ろしい横顔が垣間見えるときがあります。そんな大自然に対して、感謝や愛情だけでなく、畏敬の念も抱くようになりました。だからこそ、山に対して失礼でないウエアを身にまとって、山に入りたいという気持ちでいるのです。

　山ウエア選びで私が大事にしているのは、「山が喜んでくれる服装」＝「自分が快適なコンディションで歩ける服装」という視点。そして、自分らしいウエアで、山への愛情を表現する気持ちも込めるようにしています。相手のことを想い、大切な人とデートをするように山に逢いに行きたいのです。自然のなかで、安全に、笑顔溢れる時間を過ごさせていただく。そんな、精神的にも機能的にも、自然と真摯に対峙できるウエアこそが、「山への礼装」だと思っています。

　山への敬意と愛情を、ウエアを通して表す。そんな気持ちでウエアを選んでみませんか。

山への気持ちを表現する

Spring

藤の花、菖蒲、青々とした楓など、自然界の芽吹きの喜びを春めいた色に閉じ込めて

Summer

撫子、桔梗、萩という「秋の七草」模様の帯。ひと足先に季節を先取りするのが、着物の“粋”

Autumn

菊や風に舞う松の葉を、しっとりと憂いを秘めた色で描き、秋の静かに流れる空気感を表現

Winter

雪の結晶を図案化した「雪輪模様」。冬だけでなく、夏に着ると“涼”を演出でき「洒落」とされる

Girl's Mountain Style

基本の山コーディネート

wear 1
雨風から身を守る
アウタージャケット

wear 2
体温調整の要
ミドルレイヤー

wear 3
肌を快適に保つ
ベースレイヤー

基本＋自分で考える応用力が必要

山ウエアは「レイヤリング」という重ね着が基本です。寒すぎず暑すぎない、という体にとって快適な状態を維持しながら歩くためのシステム。上記のようなアウター、ミドル、ベースという3層で、激しい気候や体温変化に対応していきます。……という基本を理解して私は各アイテムを購入したものの、「このウエアで○○山へ行けるの？」、「今これとこれは組み合わせてもいいの？」と、実際に山で刻々と変わる状況のなか、どう着こなせばいいのか疑問ばかりでした。登る山、季節、天気など、状況は毎回違うし、体力や体質は人それぞれ。ここでは、ウエアの参考例をたくさん出しています。基本を押さえて「ベスト」なウエアを選び、山で応用して下さい。

各アイテムの役割と選び方は？

【アウタージャケット】
Outer Jacket

外側に着るアウタージャケットは、「ハードシェル」とも呼ばれ、雨・雪・風などの天候条件から身を守ってくれる。防水・防風性だけでなく、透湿性（体から出る湿気・汗を外へ逃がす機能）と軽量性も必須。真冬以外の山歩きでは、レインジャケットを併用するとよい。重すぎると体力が奪われるので、私はいつも200〜300gの軽いものを選んでいる。風だけを防ぎたいときは、高透湿で軽量のウインドシェルがオススメ。

【ミドルレイヤー】
Middle Layer

ベースレイヤーの上に着て、体温を維持する役割のもの。山歩き中もっとも活躍するのは、比較的薄くて軽い素材のフリースやウールシャツなど、肌寒いときに着る「行動着」。これに必須の機能は、吸汗速乾性と通気性だが、強風に吹かれると温かい空気を失うので、アウタージャケットでブロックする必要が。また、休憩中や寒いときに着るダウン素材の「保温着」や。防風性も兼ね備えた「ソフトシェル」をミドルレイヤーとして使うことも。

【ベースレイヤー】
Base Layer

肌の上に直接身につけるベースレイヤーは、体の汗や湿気を吸い取り、素早く乾かすことで汗冷え（汗が冷えて体温を下げてしまうこと）を防ぐ。そこで大切なのは素材選び。コットンは汗は吸い取るが、乾きにくいため汗冷えを引き起こす。吸汗速乾性の高い、化繊かウールのものを選ぶのが基本。防臭抗菌効果をもつ素材を選べば、連日でも気持ちよく着られる。人の体は歩くだけで汗を出すため、私はたとえ日帰りでもコットンは着ない。

Column

変わりやすい体感温度も考慮したウエア選び

「山に敬意を払う」ことは、「山での状況を想像する」と同義。その際に私が意識しているのは、自分の体感温度。歩くと発汗し、休憩時に汗冷えし、強風で体温が奪われたり。それは気温以上に激しく変化します。山歩きは、自然だけでなく自分の体と向き合う行為でもあります。あらゆる天候と体温変化に対応できるウエアを選びましょう。

Category of Tops

トップスの種類

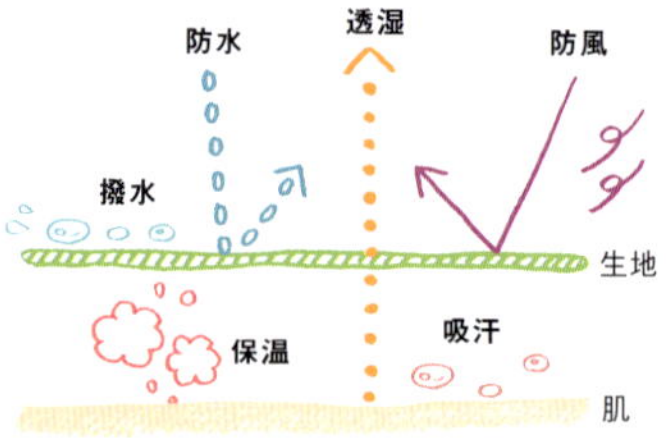

万能ウエアは存在しない 補い合って最強に

アウター、ミドル、ベースのレイヤリングは、単純な「重ね着」ではなく、それぞれの足りない機能を補い合う「組み合わせ」のテクニックを駆使することで、さまざまな天候や運動量に対応できるようになります。

各アイテムの個性（強み、弱点、相性）を理解し、54ページ〜の実例のように、状況に合わせ自分にとってもっとも快適な組み合わせを見つけましょう。

必要な機能

▶は、その機能がない場合に起こりうること

透湿
体が発する湿気を外に出す機能
▶蒸れて水滴となり、体を冷やす

吸汗
体が発する汗を吸い上げる機能
▶肌の不快感、汗冷えの原因に

防風
ウエア内に風が通るのを防ぐ機能
▶風にさらされ続けると体温が低下

保温
体を温かい状態に保つ機能
▶体温を放出してしまい体が冷える

防水
ウエア内への雨の浸入を防ぐ機能
▶体が濡れることで体温が奪われる

撥水
ウエア表面で水分をはじく機能
▶雨が簡単にウエア内に浸入する

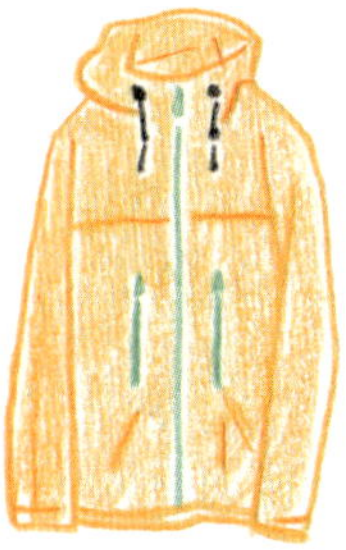

ウインドシェル

重さわずか50〜100gで、防風撥水のペラペラなジャケット。「風が吹いて肌寒い、でもレインギアだと暑い」というときに大活躍！

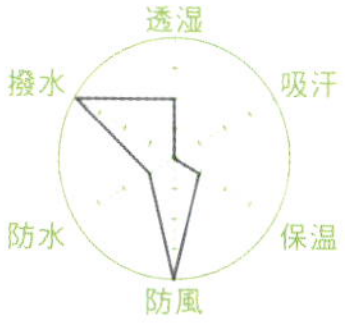

防水透湿ジャケット

雨の浸入を防ぎ体からの湿気は外に出す。防風ジャケットとしても活躍。本領発揮させるために吸汗速乾性のベースレイヤーは必須

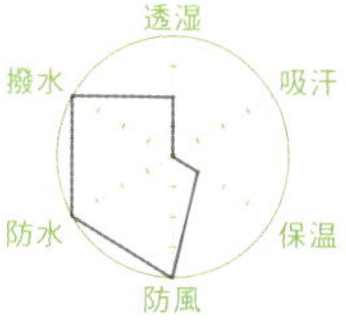

羽毛ダウンジャケット

化繊の中綿に比べて、羽毛ジャケットは保温性と軽量性に優れるが、水に濡れることで保温力が失われる。若干、お高い

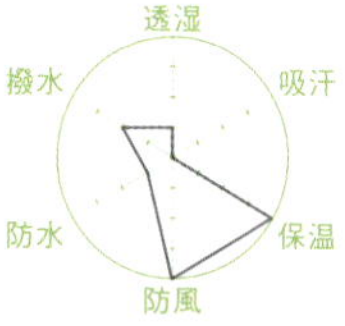

化繊の中綿ベスト

化繊素材の中綿が入った保温機能の高いミドルレイヤー。水に濡れてもカサが減らずに保温性をキープ。ここではベストを紹介

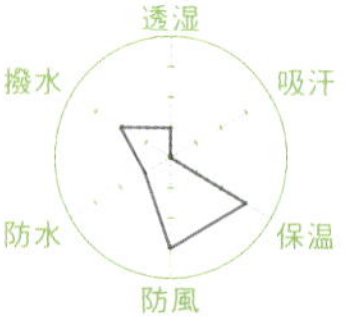

吸汗フリースウエア

数あるフリースのなかで、ひっそりと才能を発揮している孤高の天才。吸汗機能のあるフリースは、最近ブレイク中

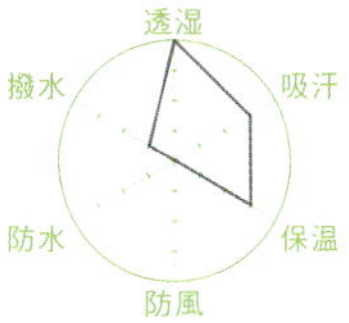

一般的なフリースウエア

街でも人気者のミドルレイヤー。吸汗性はないが、保温性や着心地のよさが人気の所以。通気性が高いため風にはめっぽう弱い

ソフトシェル

謎めいた存在だが、透湿、防風、撥水性も備えたソフトな着心地の優れモノ。アウターorミドルレイヤーふたつの顔をもつ

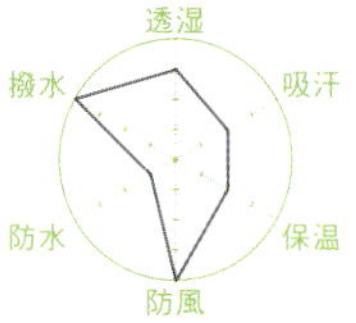

山シャツ

山ウエア独特の雰囲気が光るシャツは、最近ぐんと洗練された。素材の進化によって快適な着心地に。化繊かウールのものがおすすめ

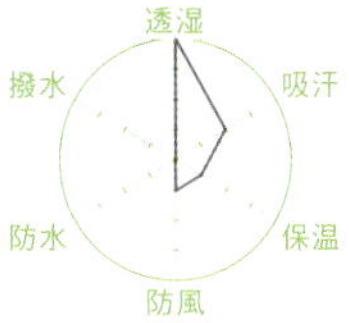

化繊ジャージ

ミドルレイヤーとして活用する。比較的安価でデザインも豊富。普段着にも取り入れられるデザインも多いので、ひとつ持っていても

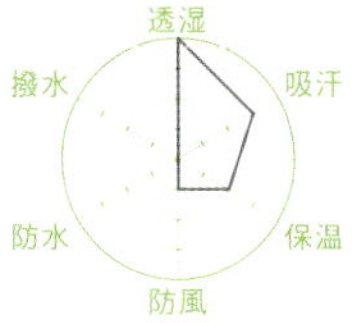

ウールニットパーカ

天然系の女王・メリノウール。肌にやさしく吸汗性にも優れる。フリースに比べて重く、虫食いに弱くデリケートなのが玉にキズ

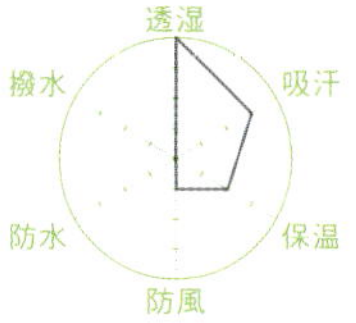

レイヤリングで弱点を補い最強コンビに

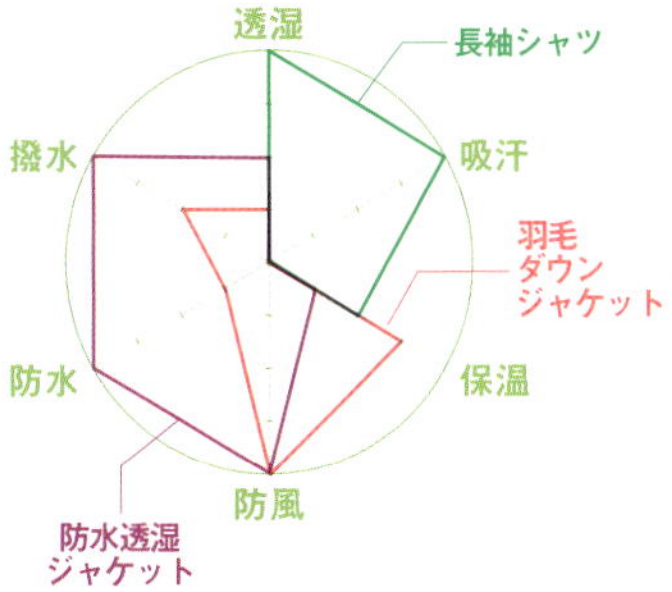

半袖シャツ

化繊の吸汗速乾素材が絶対！　アームウォーマーを味方につければ、長袖シャツの座も狙える。全アイテムの相棒として引っ張りだこ

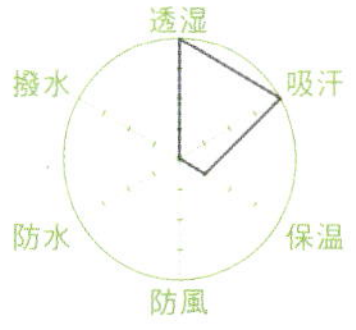

長袖シャツ

コットン製は戦力外。いろいろな化繊素材があり、好みで最適なものをセレクト。長袖は腕の汗も吸い取り、紫外線＆虫よけ対策にも

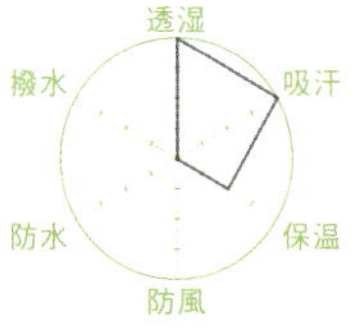

Variety of bottoms

目指す山に合わせたボトムス選び

▼ボトムスをどう選ぶ？

登山の定番ロングパンツ。寒いときや岩稜帯では丈の長いパンツの保温力・保守性が発揮される

これはキュロットタイプ。一見スカートのようなショートパンツで、体形を隠すことができる

近年、選択肢が増えたボトムス

山ウエアで、私が最重要視するのがボトムス。なぜなら、女性にとってもっとも悩みが多いのが下半身だからです。

ラフでアップダウンが激しい山道を、何時間もかけて進む山歩きで一番酷使するのは、やはり下半身。そして女性は、体力的なハンデがある上に、トイレの手間、生理時のむくみ、蒸れ、冷え、そして体形が露見しがち……と、女性特有の精神的なストレスが集中するのも、実は下半身なのです。

さらに上半身に比べて、こまめな脱ぎ着がしづらく、レイヤリングでの体温調整がとても難しいのもボトムス。男性ならば、人前でササッと着替えてしまえるかもしれませんが、女性はそうはいきません。男性以上にボトムス選びに慎重になってしまうのは当然なのです。

例えば、2泊3日の縦走となると、1万回近く、足を前後に動かさないといけません。ボトムスが、自分の体型や歩き方にフィットしないことで生まれる、ほんのわずかな「違和感」を無視して歩き続けると、驚くほど大きな負担が体にかかり、街では考えられないほどの疲労感につながります。さらに、前述した女性特有の精神的な悩みが加わると、山歩きは一転して「辛い行為」になってしまいます。

山歩きは苦行やトレーニングではなく、楽しむもの。憧れの景色に出会うためのワクワクする行為です。だからこそ、私はこれまで「どうすれば快適に歩き続けられるだろうか」と、体力がなかったからこそ、人一倍こだわって、「快適なボトムス探し」をしてきたのです。

ぜひ、あなたにとってベストな一枚を見つけて下さい。

【ロングパンツ】 Long Pants

脚全体を覆うので、安全性が高いアイテム。薄手・厚手、伸びのいいもの・ないものと、さまざまな生地のものがあり、選択肢が一番多い。難点は通気性が低く、体温調節がしにくいうえ、足がつっぱりやすいこと。気になる人は、ファスナーでひざ下が切り離せるタイプを試してみてもいいでしょう。

購入の際は試着して、膝などの各部位のひっかかりや内股のこすれなど、長時間歩く場合に生じそうな不快点がないかチェックを。

脚全体を守ってくれるボトムスの代表

【ショートパンツ】 Short Pants

タイツとの組み合わせでもっとも幅広く対応

最近では、ハーフパンツにタイツ姿で山に登っている男性も多く見られるように。もちろん、女性にとっても動きやすく、通気性もあるので手に取りやすいアイテム。弱点はロングパンツに比べて、膝下の防御が弱いことと、スカートに比べて着替えやトイレが少しわずらわしいこと。しかし、もっとも多くの状況で使える頼もしい相棒だ。

購入時は、生地の強度、股上の丈、足を上げたときの太もものつっぱりの有無を必ず確認しよう。

Skirt 【スカート】

快適性とファッション性の両方を兼ね備えていることから、選択肢のひとつに加わった新顔。女性の気分を上げてくれるだけでなく、機能面の高さが人気の秘密。利点は、トイレがしやすい、脱ぎ着が楽で体温調整が容易、下半身の体型を隠せるなど、女性特有の悩みを解消してくれること。さらに通気性が高く足さばきもよい。弱点は、稜線上での強風時やハシゴ場のような難所にはマッチしないこと。購入時は、厚めの生地で長め丈を選ぶとよい。

女性のための高機能ボトムス

Column

▶ スカートの種類

スカートとひと口に言っても、いくつか種類があります。それぞれの特徴を生かして活用を。

【ラップ】

巻きスカートは着脱が簡単で、脚が開きやすい。はだけずらい形で、裾があおられないような厚手の生地のものを

【ボックス】

ミニ丈とヒザ上丈があり、素材やスリットなどに工夫が。必ず試着して歩幅や体型を考え、合っているものを探して

【キュロット】

これは見た目はスカートだが、機能はショートパンツ。岩場・鎖場が連続する山や、頂上で渋滞する山に。パンツ部分が食い込まないか確認

Selection of trekking pants

トレッキングパンツの選び方

Check 1 丈の長さ

膝上丈のショートパンツ、七分丈、ロング、ジッパーで長さを変えられるタイプと、その種類は豊富。特徴を押さえて、行く山の状況と自分に合ったものを。

ジップオフ

ファスナーで途中から切り離すことができるので、体温調整が素早くでき非常に便利。ただし、ファスナーのごわつきが歩きの邪魔をすることがあるので注意。太めのデザインが多いのが特徴

ロング

足全体を保護し、保温性もある。他のタイプに比べて、足の上げ下げがしづらいが、最近は、軽い上にストレッチ性が高いもの、膝に画期的な立体裁断がなされ、動きやすいものが増えてきた

七分丈

ロングに比べて、蒸れにくい。左右の裾同士がブーツと擦れる心配がなく、足運びがスムーズ。ショートよりも肌の露出が少なく安心感があるが、体型に合わないと膝がつっぱり歩きづらいので注意

ショート

通気性が高く、膝周りがつっぱらないので動きやすい。ロングパンツに比べ、膝下の保温力と保護力は落ちるが、タイツの重ね履きやゲーターなどで調整可能。かわいいデザインのものが多い

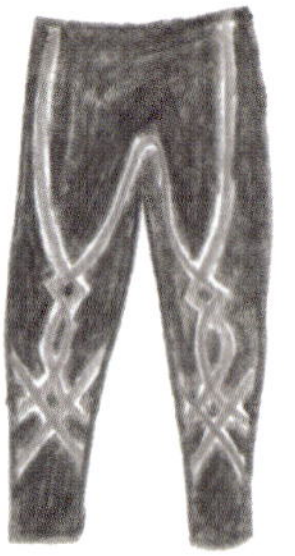

Check 2 生地

吸汗速乾の生地を選ぶこと。撥水性、防風性、耐久性、ストレッチ性に加え、軽さもチェック。タイツと合わせる前提なら、持参して試着し、生地同士の相性や擦れの度合いを確認しよう。

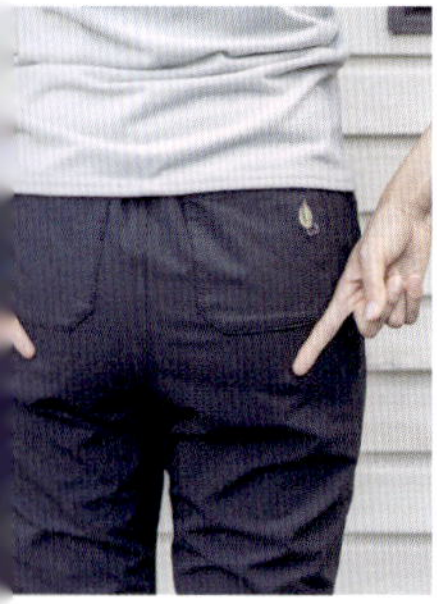

Check 3 形状

バックパックを背負ったときの違和感や、ポケット位置の確認を。さらにベンチレーション機能や立体裁断、お尻への食い込みなども調べる。下着ラインの露呈度も要チェック。

Check 4 動きやすさ

長時間の登山で一番大切なポイントは、疲労感を左右する「足さばき」。試着時に屈伸や開脚、スクワットなどをして動いて、ストレスなく足を上げ下げできるかを確認。

ボードショーツもおすすめ

サーフィン用のボードショーツは軽量な上に、濡れた状態で岩に擦れることを想定しているため耐久性に優れ、速乾性も高い。ウエスト部分がフラットで幅も広いため、バックパックのウエストベルトに干渉せず、トレッキングパンツとしても大活躍

着こなしポイント

行き先や時期によって、パンツの選び方や着こなし方が違ってきます。見た目もバランスよく、快適な着こなし方とは？

▶ ロングの場合

初夏や秋の縦走に。ソフトシェル素材のパンツなら、ストレッチ性があり稜線歩きも安心。山シャツや帽子などボーイッシュなアイテムを合わせつつ、キレイ色をセレクト

春や秋のハイキングは、ロングパンツをレギンス代わりにチュニックと合わせて。小物でフェミニンな印象に。パンツの上からレッグウォーマーを着けて保温も完璧

▶ 七分丈の場合

秋のハイキングでは、保温性のあるウールの七分丈パンツで。ニッカボッカスタイルのようにクラシカルにまとめて。タイツやソックスの柄や色で遊ぶのがおすすめ

▶ ショートの場合

夏の縦走は涼しく軽快に。タイツを合わせ、膝下はゲイターで補強すると安心。下半身にボリュームが出るので、上はコンパクトにまとめれば、バランスも◎

Column

ディテールも確認してより快適な一着を

上からレインパンツを履きやすいか

ゆとりのありすぎるデザインだと、上からレインパンツを履いたときに動きにくいことも。逆にピタピタすぎても動きにくいので、きつすぎず太すぎない形、サイズ選びを

裾にドローコードがついているか

暑いときやトイレに行くとき、ゲイターを付けるときに、裾を上げてドローコードで固定できると便利。ただし、コードが邪魔にならないかどうかを試着して試そう

股上が浅すぎないか

股上が浅すぎると、勾配の急なルートでかがんだり、休憩時に座ったりするときに、背中やお尻、下着が出てしまうのが気になる。試着時に屈伸などをして確認を

ウエストベルトとの干渉

ウエスト部分に太いギャザーや、生地のゴワつきがあると、長時間歩いているうちにバックパックのウエストベルトと摩擦する。腰骨の皮膚を傷めるので要注意

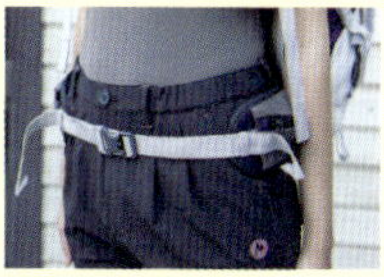

ウエストの種類

ゴム、ファスナー＆ボタン、ゴム＆内蔵ベルト、ドローコードなどの種類がある。どれが自分のウエストに合っているか、着替えやトイレのときに手間取らないかを確認

ウエストの紐

紐タイプのパンツでサポートタイツを下に履くと、トイレでふたつの紐が混同し手間取ることも。紐の太さや色が似ていないものを選ぶのも、ちょっとしたポイント

Chapter_2

スカートで山登り Q&A

使い方を理解して 正しいスカート選び

正しい知識と判断材料があれば、山スカートは、多くの煩わしさを解消してくれる機能的なアイテムに。着替えがしやすい、トイレが楽、足さばきがいい、などがそのメリットです。

ただし、ロングパンツに比べて、ショートパンツと同様、下にタイツを履いていたとしても、脚の保護性で劣ります。それぞれに、メリットとデメリットがあるので、それを考慮したうえで、選択するといいでしょう。

さらに、行き先の山のレベルや、自身の体力と技術レベルとのマッチングを考えることで、おのずと自分にとってのベストアイテムが見えてきます。

スカートは低山ハイキングだけという方、北アルプスの主峰にもスカートで登られる方など、いまや多種多様。昔より、選択肢が驚くほど増えたことで、女性がより自由に、しなやかに、山へ向かえるといいですね。

Q1 スカートスタイルのいいところは？

▶ **体温を調整しやすい**

着脱がラクなため、レインパンツ、防寒用スカートやタイツを重ねるなど、細かいレイヤリングが可能

▶ **ベンチレーション効果がある**

パンツと比べ通気性がよく、夏の歩行時にレインパンツを重ねても蒸れにくく体力消耗や汗冷えを軽減する

▶ **体のラインが出にくい**

おしりやおなか周りのラインが目立ちにくい。食後や生理前のウエストの変化にも、調整がしやすく安心！

▶ **着替えやすい**

山小屋泊をする場合、タイツやショーツを人目の多い場所でもさっと取り替えることができる

▶ **足さばきがイイ**

ズボンで足を曲げたりしゃがんだりするときのような、生地がつっぱる感覚がなく、足が開きやすい

▶ **おトイレがラク**

床にズボンの裾がつかないようにまくり上げる必要がなく、野トイレの場合はおしりをカバーしてくれる

Q2 選ぶとき気をつけるポイントは？

A スカートでもパンツでも同じですが、形やサイズが自分の体型に合っているか、素材の伸縮性はどうかなどをチェックして、動きを妨げないものを選びます。

Point 1 足がしっかり開くか？

試着時に足がしっかり開くかをチェック。目をつぶっても自分の足の開く範囲がわかる（妨げない）のがひとつの目安です。

Point 2 丈が体型に合っているか？

裾周りが狭いと足が開きにくいので、自分の体型に合っていることが大切。丈も短かすぎず長すぎずが理想。見た目の安心感も大事。

Point 3 タイツとの摩擦はないか？

合わせるタイツの素材次第では、摩擦でスカートが上がったりすることもあるので、試着時にはタイツを持参し相性の見極めを。

Q3 どんなフィールドまでOK？

A

技術力、経験値、歩き方のクセ、体型といった個人の資質と、登る山、季節、天候などの状況によって異なります。初めての方は、樹林帯歩きから始めてみて下さい。山ウエアは技量にあわせ、快適なものを選ぶのが基本。判断基準は「安全に楽しく山旅できるか」です。

鎖場・岩場が連続するとき

クライミングの要素が入るような、自分の技量ギリギリと判断した山では、私はお尻をついてしまうことも多いのでキュロットを着用します。不安材料がある場合はキュロットがオススメです。

スカートでは不安になったら…

スカートで歩き続けることが無理だな……と思ったら、私は潔くレインパンツを履きます。レインパンツは雨天時だけでなく、防寒用や緊急時にも活躍してくれます。

3WAYスカートでフィールドが広がる

ラップスカート、ショートパンツ、キュロットと3通りに使えるものは、状況や気分に応じてのアレンジが可能です。生理時に3WAYを着用したとき、ムレを感じてもすぐにスカートになれ快適でした。

Q4 スカートは寒くない？

A

タイツを2枚重ねたり、休憩時にはダウンスカートを履くなどして、細かく重ね着ができ、防寒対策もできます。また季節にあった素材選びも大切。でも、寒い季節にはパンツの方が安心でしょう。

Q5 ラップスカートで気をつけること

風に煽られるとき

ラップスカート着用時、急斜面などで裾が下風を受けたり、跳ね上がって視界が気になるときは、裾をくるっと後ろに回せばOK

A

ラップスカートを選ぶとき、風でひらひらしづらい重めの素材のものを選びます。また、ラップ部分の巻き込みが深く（絶対、太腿1.5本分以上）はだけずらいものを選ぶようにしています。既成品の内側に紐をつけ、はだけないような工夫もできますよ。

ラップスカートの場合

Q7 ワンピースで本格的な山登りもできる？

A

私がアウトドア用ワンピースを着るのは低山やトレッキングのみ。下山後、街にもなじみ、着回しが便利なアイテム。上下がつながっているため、手を伸ばすと丈も上がるので、本格的な登山では避けましょう。

Column

後ろ姿を知る

下から盗撮気味に撮影した検証写真。常に後ろを歩く主人曰く「中は見えたことがない」とのこと。ただ、体形や選ぶ丈、後続者、傾斜によって感じ方は違います。山の混雑具合にもよるので、安心感と配慮は大切な要素です。臨機応変な選択で。

Q8 視界は悪くない？

A

前傾姿勢をとると、スカートの裾は後方に傾きます。三点支持をして体と面の距離を保てば、踏み出した足の着地点はしっかりと見えるので、意外と思われるかもですが足元はあまり遮られません。

ヒザ下を補強

ニッカボッカソックスや太腿まである膝上ソックスなどは体温調節もしやすい

小石や砂利が入るのを防げるゲイターならどんな道でも心強いので、晴れの日でも着用

レッグウォーマーは素材＆重量がカギ。引っかかりやすい網目の粗いものは避ける

Q9 重ね履きのポイント

ナマ足NG!

A

必ず吸湿速乾素材のタイツと合せ、肌を保護します。またレッグウォーマーや、ヒザの上まで温めるロングソックス、雨や砂利の侵入を防ぐゲイターを履けば、足元をしっかり補強でき、防寒・怪我対策にも◎。

レインパンツの履き方

レインパンツの履き方って意外に難しい。
より快適に雨の日の山歩きを楽しむための、ちょっとした工夫をご紹介。

パンツのとき

ロングパンツでもショートパンツでも、その上からレインパンツをさっと重ねて履きます。タイツ＋ロングパンツだと「足全体が3枚重ね」になり、激しく蒸れてしまったり、生地の摩擦で動きにくくなるので注意しよう

出発時の天気予報で、終日雨が確定しているときなどは、パンツを履かず、タイツの上に直接レインパンツを履くことで、蒸れを大幅に軽減できる。

スカートのとき

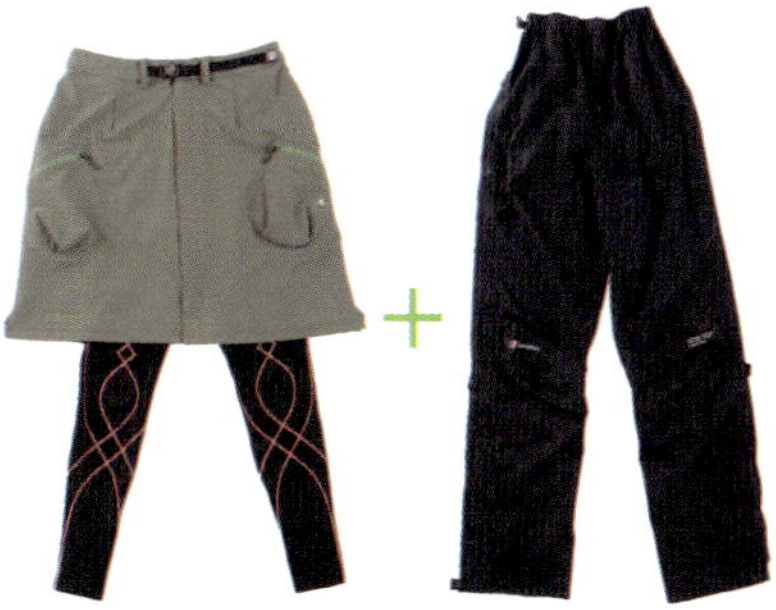

体育の授業の着替えのように、スカートの下からレインパンツを履き、一時的な雨なら、そのままレインパンツの腰元に入れておく。長時間の場合は脱いでしまうことで、パンツでは避けられない腰全体の蒸れを軽減できる

スカートをオフする

ラップスカートや、フルジップのハイブリッド・ボックススカートが便利。スカート下からレインパンツを履き、足を通さずにスカートを外せる。雨が上がったら、またサッと着直せる

くしゅっと中に入れる

レインギア装着後すぐに行動しないといけないときや、短時間の雨のときには、スカートはレインジャケットの腰元にまくり上げるか、レインパンツのなかに入れてしまえばOK

キュロットの場合

一体型に縫製されたキュロットは、そのまま上からレインパンツを履くしかなく、かさばってしまう。ラップスカートの前布を被せて履くタイプは、布部分を片足に折り畳んでしまう。この点も考慮してセレクトを

レインスカートって必要？

夏の樹林帯歩きなど、レインパンツだと蒸れて体力を消耗したり、汗が冷えて体温低下をおこすことも。小雨のときや一時的な雨のときにはレインスカートが有効に。ただしレインパンツは必携

Layering Technique

日帰り＆2泊3日 レイヤリングテクニック

日帰り

日帰りの山歩きでは、おもに上半身のウエアを脱ぎ着することによって体温調整することになります。歩いているときと休憩中では、体温が大きく変化することを学びましょう

★ …… 北アルプスを目指すなら持参したいアイテム

［　］ …… あると快適なアイテム

1 歩き始めは肌寒いくらいで

▶ 基本のコーデ

ベースレイヤーには、吸汗速乾性素材を。歩き始めると一気に体温が上昇するので、「もう1枚必要かな？」と思うくらいで出発すれば、歩いているうちにちょうどよくなる。

夏
春・秋
半袖シャツ
長袖シャツ＋
半袖シャツ
スカート
保温タイツ
アーム
ウォーマー
高機能
タイツ
＋

私は、夏は「半袖＋アームカバー」、春秋は「長袖＋半袖シャツ」という組み合わせにすることが多い。また、肌寒いときには、高機能タイツの上に保温タイツを重ねる

1日目

700m 9℃

入山口

8:00

2 上りで汗をかいてきた

歩き始めて体温が上がり汗ばんできたとき、我慢して歩き続けると無駄に体力を消耗してしまう。サッと1枚脱いだりして、自分の適温を維持しながら歩くのが長時間でも快適に山を楽しむためのコツ。

夏
春・秋
off
off

安全面では長袖がよいとされるが、汗かきの私の場合、夏は暑くてバテてしまうので半袖が快適。半袖の弱点を補完するため「＋アームカバー」という形に辿り着いた

10:00

体力に自信がない人ほど上手な体温調整が重要に

標高や天気、運動量によって、体感温度が変わります。

実は、私は「面倒くさがり」な性格。登山口で着ていたレイヤリングのまま歩き続け、バテることがよくありました。汗をかいても脱がずに我慢し、休憩時に汗冷えでゾクっと悪寒がして湯冷めのような感じに。そこでも、面倒くさい病が顔を出し、「15分くらいの休憩だから平気」とバックパックから上着を取り出さず。すると出発時、冷えて体はガチガチ。駆け足をして体を温めた経験があります。

山で「我慢」は美徳ではありません。面倒くさがらず、暑くも寒くもない状態をキープすると、体力が向上したわけではないのに、ラクに歩けるように。体の声に敏感になり、応えることが、気持ちよく歩くコツです。

3 休憩時や、肌寒いとき

高度が上がって気温が下がったときや、長い休憩では汗が冷えないように、上に何か羽織って保温し、体温低下を防ぐ。風がある場合は、ウィンドシェルやレインジャケットなど防風性のあるウエアを。

4 雨が降ってきた

朝晴れていても、途中から雨が降ることはよくあること。レインウエアの上下は山のマストアイテム。

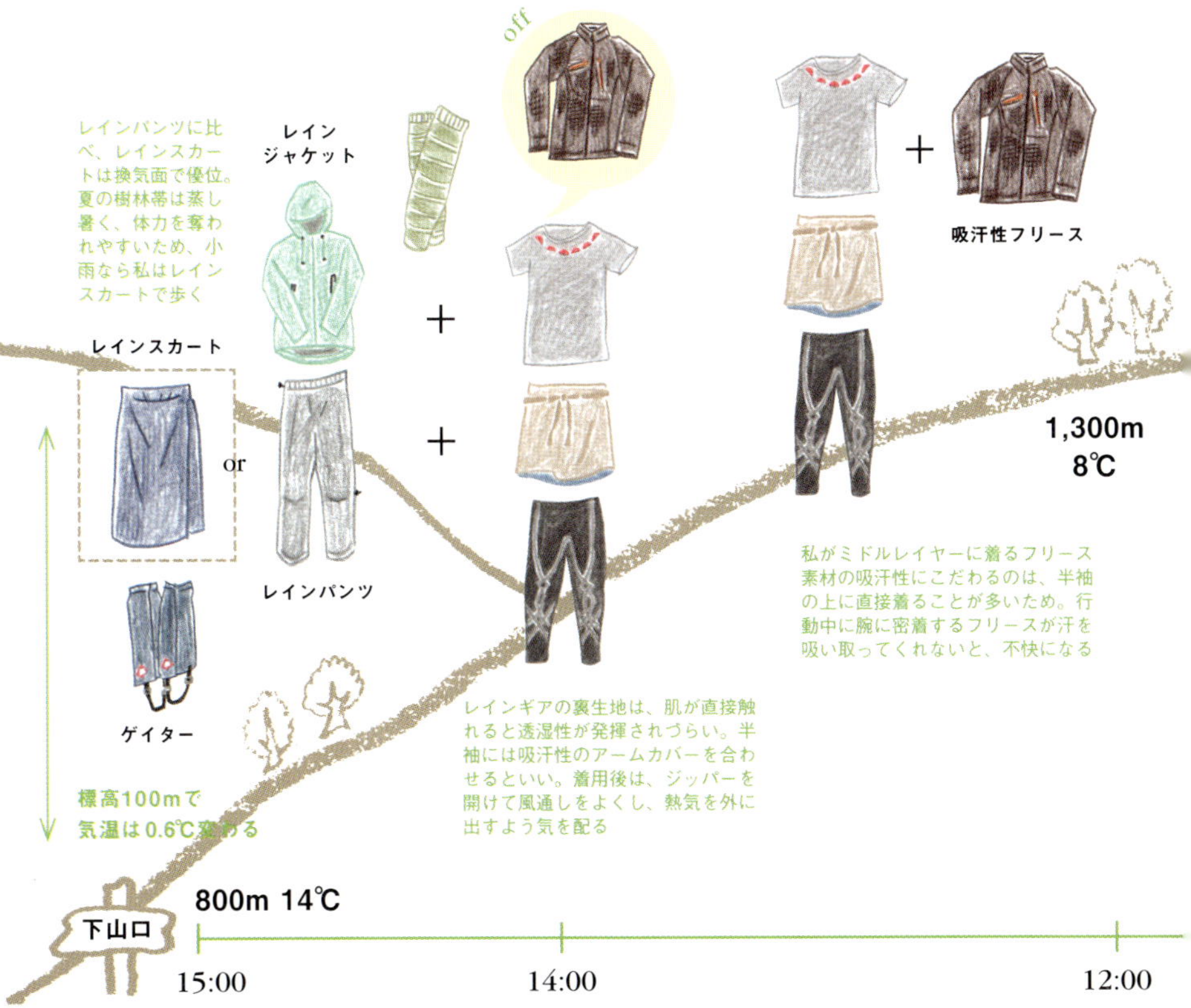
雨具を着る前は、一枚脱ぐようにしよう。雨で慌てて「雨具を重ね着したら暑くなる」ことを忘れがち
off
吸汗性フリース
1,300m
8℃
私がミドルレイヤーに着るフリース素材の吸汗性にこだわるのは、半袖の上に直接着ることが多いため。行動中に腕に密着するフリースが汗を吸い取ってくれないと、不快になる
レインジャケット
レインパンツ
レインスカート
or
ゲイター
レインパンツに比べ、レインスカートは換気面で優位。夏の樹林帯は蒸し暑く、体力を奪われやすいため、小雨なら私はレインスカートで歩く
レインギアの裏生地は、肌が直接触れると透湿性が発揮されづらい。半袖には吸汗性のアームカバーを合わせるといい。着用後は、ジッパーを開けて風通しをよくし、熱気を外に出すよう気を配る
標高100mで気温は0.6℃変わる
800m 14℃
下山口
15:00
14:00
12:00

6 体温調整しやすい装いに

丸一日山のなかで行動する日は、運動量が多く汗をかいたり、風の強い稜線に出ると、体感温度が激変したり。暑かったり寒かったり、蒸れたり冷えたり……、そのすべてに対応できるようにするのがポイント。

1泊2日以上

日帰りと違って、急激に温度が下がる朝晩も山のなかで過ごすので、しっかりとした防寒用の装備を加えて。また、運動時間も長いので、レイヤリングのバリエーションも必要に。

半袖シャツ
アーム
ウォーマー
＋
吸汗性フリース
スカート
＋
膝上
ソックス

予備の
アンダーウエア上下
ダウン
ジャケット
ダウンスカート
P075にて紹介

小屋泊にダウンのボトムスは必須ではないが、朝晩に外で空をじっくり見たいので、体力がついてからは持っていくように。行動中に重ね着ができるダウンスカートがオススメ

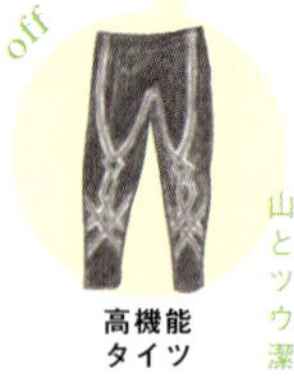
off
高機能
タイツ

山小屋では、高機能タイツと行動中着ていた半袖シャツは脱ぎ、予備のアンダーウエア上下に着替える。清潔なウエアを着て体も心もすっきり。初夏や秋は、保温性の高い素材を選んで

山小屋
1,800m 6℃

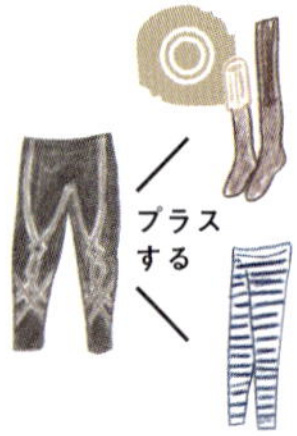
プラス
する

「寒い暑いの両方」が混在しそうなときは、タイツをを2枚重ね履きするよりも、膝上ロングソックスのほうが応用が効く。もも上まで伸ばせばタイツ2枚に近い保温感があり、足元に下ろせばクールダウンできる

森林限界

標高が高いと、背の高い木々がなくなり野ざらしに。気象条件ががらりと変わり、風や雨が四方八方から吹きつけます

5 山小屋でリラックス

予備のアンダーウエアに着替えて、体をリラックスさせる。標高が高い山小屋では、ストーブがあっても寒いので、ダウンジャケットなどを活用。ニット帽や足先の防寒具があっても◎。

2日目

7 稜線で風が吹く

周りに高い木がなくなる稜線上では、強い風が吹き付ける。そんなとき、フリースでは保温性はあっても防風性がないため寒い。ウィンドシェルやレインジャケットを身につけて風をシャットアウト。

ウィンドシェル
+

プラスする

フリース＋レインジャケットだと暑すぎるというシチュエーションは意外と多い。薄くて透湿性の高いウィンドシェルは買って大正解だったアイテム。もっと暑いときには、Tシャツ＋ウィンドシェルに

8 出発時、下山時は暖かく

早朝、山小屋を出発するときには氷点下のことも。体も目覚めていないため寒さがこたえるので、レインジャケットなども着込んで、しっかり防寒を。上りよりも体温が上がらない下山時は、暖かめの格好で。

+
レイン
ジャケット
+

レインジャケットは防寒着としても使う。また、山小屋でのリラックス用タイツも、高機能タイツに重ねて防寒着に変身

山小屋
2,800m 2℃

9 下山後の着替え

万が一、衣類が濡れたり遭難した場合を想定し、乾いたウエアを一組、常に持ち歩くことが重要。下山して温泉でさっぱりした後に、それを着れば、電車やバスでも気持ちよく帰ることができる。

長い縦走中、ずっと着替えを持ち歩くのは重いなぁと思う場合は、比較的清潔な山小屋で着たリラックス用アンダーウエアを兼用。これらは必ず防水バッグに！

3日目

下山口

短い丈パンツの体温調整&防寒対策

寒さレベル

Level 3

ゲイター

＋ ソックス

＋ 保温タイツ

＋ タイツ

＋ ショートパンツ

・ロングパンツ並みの保温
・少し動きづらい

2枚履いても腿やお腹まわりがキツくならないように、重ね着する保温タイツは、締め付けが緩いタイプを

パンツから出る腿より下はタイツ2枚、腰まわりは3枚の重ね着状態に。膝下にゲイターを合わせれば、さらなる防寒が可能

Level 2

ゲイター

＋ ソックス

＋ ニーウォーマー

＋ タイツ

＋ ショートパンツ

・ロングパンツより涼しい
・動きやすい

暑くなったらずり下げてゲイターに収める

ニーウォーマーは厚いときはゲイターの中に、寒いときは隙間風が入る膝をカバー。体温調整の天才

1枚履きタイツの上にニーウォーマーを引き上げることで、タイツ2枚に近い保温力に。足運び時の太腿のもたつきもナシ

Level 1

膝上ロングソックス

＋ タイツ

＋ ショートパンツ

暑くなったら折り曲げる

・とても足さばきがよい
・体温調整が容易

太ももまで伸びるロングソックスは、暑くなったら折り曲げて、普通のソックスのように使えるので便利

「ショートパンツ＋タイツ」の基本は同じ。太腿までのロングソックスでタイツ2枚履き状態に。ゲイターを足してもよし

細かな調整が可能に ボトムスのレイヤリング

ロングパンツの独壇場だった山用ボトムスの世界に、ショートパンツ、スカートと選択肢が増えました。それに伴い、ボトムスのレイヤリングシステムの概念が変わり、驚くほど進化。私がスカートで行なっている、下半身の防寒対策と体温調整のテクニックは、ショートパンツにも応用可能なので、ぜひ参考にしてください。

　レイヤリングの調整がほぼ不可能だったロングパンツに比べ、こまめに小物を足し引きできるため、無駄な体力を失わずに歩けるように。さらに生理時の蒸れも解消されました。

　タイツに、ゲイター、ニーウォーマー、レッグウォーマー、ロングソックスというアイテムを掛け合わせて、トップス並みの創意工夫をしてみましょう。

どれを買う？着る？ミドルレイヤー

種類が多く、どれが必要なのか悩んでしまうのがミドルレイヤー。
自分がどんな体質なのか？　また、どんな山に行くのかによって
持っていくべきものが決まります。そこで、私の使い分けをご紹介。

フリースジャケット
400〜500g

私はベースが半袖が多いため吸汗性のあるフリースを選ぶが、ベースに長袖を着るなら、吸汗性のない通常のフリースでもOK。街でも着られるかわいいデザインのものが多く、冬の低山ハイクでは、私も街着としてもお気に入りのものを着用。山登りをしなくても持っている人は多いと思うので、まずはそれを最初の1枚にしてみては

ソフトシェル
200〜300g

本格的に登山をするようになり買い足したアイテム。4日間の縦走や、稜線歩きがメインのとき、荷物の軽さ重視の「挑戦登山」のときにセレクト。汗はかくが風が強いといった状況で活躍する、ミドルレイヤーとアウターのハイブリッド的な存在。山歩きでは400gを超えると重くて肩がこりやすく動きづらいので、300g以下のものがベターだった

吸汗フリースウエア+ウィンドシェル
300g+80g

一年を通し、高山・低山ともに一番活用するのがこのセット。ソフトシェルより重くなり、かさばるものの、保温性はアップ。フリースは肌触りがよく、就寝時に着てもリラックスできるのが、これを選ぶ理由のひとつ。この組み合わせは薄手で重ね着しやすく、吸汗性が高いのがポイント。「寒がりで汗かき」な私の体質には、一番合っているよう

ダウンベスト
100〜300g

実は、最近の長袖グースダウンとさほど重量が変わらないので、登場回数が減ってきたが、個人的には好きなアイテム。体幹をしっかり温められ、重ね着をしても腕がもたつかないのがお気に入りのポイント。着まわしの幅を広げてくれるアイテムのひとつで、普段使いもしやすい

山シャツ
夏素材…150g
ウール素材…300g

化繊にウール、薄手（半袖または長袖）から厚手まで、バリエーション豊富。袖をまくったりボタンを開ければ体温調整もカンタン。日焼け防止や虫除け機能のある素材も。ただ「かわいい！　買いたい！」のに、コットン混紡素材で断念した経験多し

化繊ジャージ
300g〜400g

アウトドア初心者のころ、自分のワードローブのなかで唯一、山で使えそうなのが化繊ジャージだった。スポーツ用ジャージは、素材次第で山でも使えることもある。アウトドアブランド以外からウエアを選ぶ楽しさもある。この写真は、ナイキのジャージを着たときのもの

メリノウールパーカ
300〜500g

フリースよりも重くなってしまうのが難点だが、天然素材ならではの着心地のよさと吸汗性があり、行き先によっては着ていくこともある。生地の厚みによって、重さと保温性も変わってくるので、しっかり試着して、自分の体とマッチするかどうかをよく確認してから購入している

▶ 基本がわかれば応用できる

フリースベスト、セーター、七分丈パーカーなども、ミドルレイヤーとして活用可能。山のレベルと自分の心地よさのバランスがとれれば、イレギュラーなアイテムも「着ていけるかな？」の答えが出る

山ウエアを選ぶポイント

1 ▼ 雨を楽しむレインウエア

雨風を防いでくれて、山や森での雨景色を味わせてくれるレインウエア。着るのが待ち遠しくなるものを見つけよう。

「アークテリクス」のアルファ SL ジャケット（306g）。脇に熱を放出するジッパーがつくなど、構造的な理由から、超軽量タイプではないが、水と空のような色が好きで愛用。ゴアテックス・パックライトを採用

軽さも重要!!

「モンベル」のトレントフライヤー。187gと驚くほど軽くこちらも愛用。重いと、着たときに肩が凝り、着てないときは重荷となり、体力を奪う。軽さはストレスを減らす大事な要素

Point 1 防水透湿性

当然、防水素材のものを。プラスして透湿性も備わっているものを選ぼう。透湿レベルはタグで確認を

Point 2 フードの形

フードをかぶったときに、頭の大きさや形に合っているか、視界を遮らないかを確認するために必ず試着を

Point 3 ベンチレーショ

脇ジッパーやポケットがベンチレーションになるタイプは通気性がよく、汗かきな私には夏の山で必要な機能

ゆりっぺ先生コラム

色が大事！

「雨も楽しいとなかなか思えない」という人はぜひ、街でも着れるようなデザインや大好きな色のものを選んでみよう。すると雨が楽しみに！　高価で長く着るものなので気分も上げてくれるようなものを。

Jacket【防水透湿ジャケット】

レインジャケットは雨や風を防いでくれる上に、防寒アイテムとしても大活躍する。選ぶときに重視しているのは、素材と軽量性。汗などの湿気を放出し、雨の浸入を遮る防水透湿性のある素材が絶対。高価だが、もっとも信頼度が高いゴアテックス製を迷わず選ぶ。山では、どんな環境下におかれるか予測不可能なため、高機能な雨具はお守り代わりに。重さは300g以下を目安にしている。

山歩きを楽しむためのウエア選び

山ウエアは機能性がしっかりしているものを選ぶのが基本。その理由は、天候変化が激しく危険も多い山のなかで身を守り、安全で快適な状態で過ごすため。そして、その状態でいられるからこそ心の余裕が生まれ、山や自然とのつながりを感じることができるのです。機能とは、「山のなかでより楽しく過ごすため」のもの、と私は考えます。

例えば、雨は自然現象であり、山が見せてくれる表情のひとつ。機能的なレインウエアを着て、雨の中歩くのが楽しくなれば、山にもっと近づける気がしませんか？　寒さを気にせず、ずっと朝焼けを見つめていたくありませんか？　そのほか、サポートタイツやかわいい小物も、山での快適さ、楽しさを提供してくれる大切なアイテムなのです。

Rain Pants【レインパンツ】

雨が強くなってきたら、レインパンツの登場。ブーツを履きながら着脱できるものなら、面倒くささを感じず、雨に濡れる前に素早く身に付けられる。また、レインウエアは上下同じブランドである必要はなし。それぞれ機能性で優れたものを選んで。

Point 1 ファスナーの長さ

ブーツやゲイターを履いたまま、内側を汚さず速やかに着脱できるよう、ファスナーがなるべく大きく開くものを選ぼう

Point 2 ベンチレーション

レインパンツを履いて歩き続けると、下半身は大量に汗をかく。ファスナーの開口部が大きくて換気ができるタイプが◎

「バーグハウス」のバックライトパンツ（220g）。両脚のサイドファスナーが腿部分まで開き、着脱しやすい。ベンチレーションにもなり◎

Rain Skirt【レインスカート】　一着あると便利なウエア

小雨や雨の降り始めに使用。夏の樹林帯を歩くときなどレインパンツより蒸れず、体力消耗を軽減でき、素早く着脱可能で、男性にも愛用者が多い。大雨時や稜線上ではレインパンツに履き替える。腰回りの防寒、敷物にも活用できるが、必携アイテムでない分、軽さと汎用性を重視。

Point 1 立体裁断でないもの

立体裁断やベルト付きだと、着用以外の用途に使えない。広げたときに平らになるラップタイプが◎

Point 2 いろんな用途で使える

広げるとフラットな長方形になるタイプだと休憩時や山小屋で荷物の整理をするときに、敷き布として使える

1）エーグルでつくった四角友里コラボアイテム。巻きつけるタイプなので丈も調整できる。2）モンベル／レインラップスカート。プラスαのアイテムだけに98gという軽さはうれしい

2 ▸ 山歩きを サポートする足もと

機能性タイツや靴下、小物たちは、より一歩先に足を運ぶ力を与えてくれる。そして防寒の頼もしいアイテムでもある。

Tights【タイツ】

下半身の汗を吸い、肌を傷などから守ってくれる速乾タイツ。体力を補ってくれるものもあり、私の山歩きの大きな味方。また、防寒や山小屋用のウエアとして保温タイツも使います。

【高機能タイツ】

テーピング効果で筋肉や関節の動きをサポートしてくれるタイプのものや、着圧効果で血流を促進して疲れをとったり、パフォーマンスをアップしてくれるタイツがある

1
マーモットのメリノウールと化繊のハイブリッド「アドバンスドウール」素材

2
フォックスファイヤーの化繊タイツ。薄手なので用途が広い

3
スキンズの疲労回復タイツ。着圧効果で血流を促進して、疲れを取ってくれる

4
人気のCW-X。筋肉と関節を強力にサポートするスタビライクスモデル

【保温タイツ】

吸汗速乾の化繊やウール素材がマスト。私は高機能タイツの上に重ね履きすることが多いので、薄手で締め付けのないものをセレクト。高機能タイツが苦手な方は、これをベースに

5
「ハリソン」のニッカボッカ用ウールハイソックス。クラシカルな雰囲気が好き

6
「マーモット」の太ももまで伸ばせるニーハイソックス。ずり下がりにくく便利

7
「バーグハウス」の着圧ソックス。足首の関節がぶれないようサポートする

8
「スマートウール」は履き心地抜群。抗菌し濡れても冷えにくいメリノウール製

【短丈ソックス】

肌触りのよい天然素材のメリノウール、もしくはメリノと化繊の混紡素材がお気に入り。足首の関節サポート機能がついたソックスも◎

【ロングソックス】

ロングソックスは、膝上〜太ももまでの長さがあり、歩いていてもずり下がらないものがおすすめ。伸ばして履くと、タイツの2枚重ねと同じくらいの防寒力を発揮する

Socks【ソックス】

頭や手についで発汗が多い足は、運動中にコップ1杯以上の汗をかくといわれる。登山靴の中が蒸れると皮膚がふやけ、靴ずれの原因に。足元を快適に保つよう吸汗性と厚みや機能を厳選。

Gaiter【ゲイター】

ゲイターは、トレッキングブーツからふくらはぎ部分までを覆うアイテムで、泥よけ、雨よけ、小石よけのために身につけるもの。タイツにショートパンツやスカートを合わせるときに、足元にゲイターを付けていると安心だ。足元の安全強化とともに防寒にもなる。私は常に付けていることが多いので、ゴアテックスなどの防水透湿素材で、堅牢性の高い構造のものを選んでいる。高撥水加工のされたソフトシェル素材のものもオススメ。

Q

ゲイターって いつでも 付けていいの?

雨天時だけ使う人もいますが、私は足元の保護のため高い頻度で使用します。足元が汚れないので、山小屋で部屋を汚さなくてすむメリットも。

1
「バーグハウス」のゴアテックス素材の独立型ゲイター。分厚く保護力が強いので安心

2
軽め＆薄手の「エーグル」製。携帯しやすく、ゲイターを履き続ける必要のない山歩き用

3
靴下専門店で買ったアクリル製のレッグウォーマー。薄くて使いやすい

4
ふわふわで軽く、伸びがいい素材で、ニーウォーマーのように使うときも

5
山の専門店で購入したウォーマー。厚手でも、ゴムのコードがついているのでズレにくい

へっぴりコラム

素材選びで ちょっと失敗

レッグウォーマーは多種多様あり、選ぶ際は、いくつかのチェックが必要。私が以前に失敗したのは、伸縮性のない分厚いもの。暑過ぎるのに脱ぎづらく、持ち運びも重くて困りました。輪の部分がキツすぎて、血が止まりそうになった経験も！　また編み目が粗すぎると、枝や杭、登山靴の金具に引っ掛かることもあるので注意が必要です。

【レッグウォーマー】 Leg warmer

足元を保護するのと同時に、防寒にも役立つアイテムがレッグウォーマー。私は晴れた日の日帰りハイキングなどで使用している。選ぶときには必ずずり下がらないか、引っ掛かりづらいかなど、山で使うためのポイントをチェックしている。

レッグウォーマーはコーディネートのポイントとなったり、日常生活にも使えるうえ、下山後の移動中に街でも馴染むのがいいところ。また山小屋の中での防寒具としても持っていく方も。

Hat&Cap
【帽子】

日よけ、あるいは防寒対策として山での帽子は必須アイテム。万が一の落石物などからも頭を守ってくれる。

　コーディネートのアクセントになるアイテムなので、私はアウトドアブランドにこだわらず選んでいるが、頭の発汗量はとても多いので、必ず化繊やウール素材のものに。薄手のニットキャップから、つばが広めの帽子まで、山の気候や条件を考えてチョイス。

3 ▸ ワンポイントで力をくれる小物

帽子やアームカバー、ネックウォーマーは日焼け対策や防寒機能がありつつ、コーデのアクセントになる大事なアイテム。

Glove
【グローブ】

防寒用のアイテムとしてだけではなく、登山道で地面や岩場にとっさに手をついたときに、グローブをしていると安心。滑り止めが付いているものやフリース素材で保温性のあるものなどを使い分けている。雨天用の完全防水タイプもある。

Arm cover
【アームカバー】

半袖シャツと一緒に身につけることが多いアームカバー。一番の利点は体温調整が容易なこと。バックパックを下ろさずに、歩きながらでササッと着脱ができ、無駄な動きを省くことができるのだ。もちろん、日焼け対策や虫さされ防止としても活躍。

Neck
【首まわり】

ネックウォーマーとして使っているのは「バフ」と呼ばれる高ストレッチの化繊素材で筒状の布。防寒、日焼け対策、マスクとしても使え、ヘアバンド、ターバン、ニットキャップのようにもなる便利アイテム。最近登場したメリノウール素材のものも◎。

4 影の重要人物 アンダーウエア

直接、肌に触れる下着は、背中やお腹など、発汗量の多い場所をカバーします。女性だからこそその快適さも大切に。

高品質のメリノウール。寒いときには暖かく汗をかくと速乾性を発揮し、汗冷えしない。上）W スプライト レーサーバック ブラ￥6,300、下）W スプライト ホットパンツ￥4,200（アイスブレーカー）

ブラ内蔵型キャミソール。速乾性素材で汗を吸収し、抗菌効果でニオイも気にならない。ジオラインシェイプ キャミトップ ウィズブラ￥4,900（モンベル）

吸湿速乾性に優れた素材。ブラはサポート力もありながら、締め付けすぎない。上）ウィメンズ オーバーヘッドブラ￥5,775、下）ウィメンズ アクティブボーイショーツ￥3,675（パタゴニア）

Underwear
【下着】

肌に一番近い下着の選択が、山歩きの快適さを左右する。特に女性の場合、ブラジャーは全身に血液を送る心臓に一番近いため、きつ過ぎず、冷やさないことが重要。ウールや化繊の吸汗速乾性素材がマストだ。

私はアウトドアスポーツ用の下着で、なるべく胸の形がきれいにみえるものを探している。また、山小屋ではブラジャーを付けたまま寝るので、締め付けすぎないデザインをセレクト。

コットンが山ウエアに不向きな理由

山を歩くときは、コットン素材を身につけてはいけないというのがある種の「常識」。一方、着物の世界では、下着は木綿（コットン）であるのが「常識」です。山と着物、双方で逆の「常識」となっていますが、それはどちらとも、コットンがもつ特徴から成り立っています。

コットンには、水分をよく吸い取り、溜め込む性質があります。そのため、着物では、上にまとう絹地などの大切な着物を汗ジミから守るために、汗を外に逃がさないコットンの下着を着ます。化繊の下着は、汗を吸ったあと、すぐに外に逃がすため、シミの原因になるのです。

着物を脱いだ後は、下着と補正タオルは湿ってずっしり重くなっていて、「日常生活」でも、こんなに汗をかいているんだ、と毎回びっくり。運動量の多い山では、絶対にコットンは身につけられないと思いました。この経験が「濡れる」のは雨だけではないと身に染みて感じさせてくれたのです。そして、濡れた服で風に吹かれたり、休憩で冷え、一気に体温が奪われると、「綿が、生死にかかわる事態に結びつく」理由も教えてくれました。

私は、寒がりなのに汗かき体質。さらに体力がないこともあって人一倍、細心の注意を払ってウエア選びをしています。

そして、素材選びや防寒対策と同じくらい、私が気をつけているのは「汗をかきすぎない」ことです。大量に汗をかけば、それだけで疲れます。そして、汗で服が濡れている量が多いほど、寒くなる。それを避けるために、常に体の温度変化に敏感になり、こまめにウエアを脱ぎ着する「レイヤリングの基本」が重要になってくるのです。

街や着物生活を支える肌触りのよいコットンが、山では縁遠いものに。でも両方の「常識」を理解することで、ふたつの世界をより楽しむことができるようになったとも言えるでしょう。

5 ▼ 大地とつながるトレッキングブーツ

自分の足の代わりに大地に触れるのがトレッキングブーツ。新しい景色へ導いてくれる山での大切なパートナー。

「メレル」のブーツは8年使っている愛用品。ヒモを付け替えて使っています

中敷きを自分の足や歩き方に合わせカスタムしてくれる「アルカ・クリスピー」も相棒

Trekking boots 【登山靴】

靴底、丈ともに、山のレベルと目的に適したものを。コンディションの悪い道や石の凸凹などを足裏全体で支え、少しの接点でもグリップし重さを分散できると体のバランスを崩しにくい。また雨の浸入を防ぎ、汗を逃がす防水透湿素材でないと、肌の熱気が内側で結露し、足が濡れてしまう。靴が合わないと、楽しい山道も一変、地獄の道のりに。何足も試着し自分のベストな一足を！ 実際に山へ行く前に、試し履きをして慣らすことも重要。

Point 1 ソールの硬さ

背負う荷物の重さや、行く山のレベルにマッチするソール（靴底）の硬さがあるので、専門店でスタッフに相談を

Point 2 防水透湿性

水の浸入を防ぎ湿気を出すゴアテックス素材が◎。濡れた状態で歩くと、不快なだけでなく靴擦れやマメの原因に

Point 3 フィット感

長さ、幅、甲の高さのフィット感が重要。自分の山用靴下を専門店に持参し、店員さんに相談しながら何足も試そう

へっぴりコラム

靴ヒモ結びがラクに！

写真のブーツはモンベル製で、靴ヒモ部分をカチカチとリールを回して調節するシステムを採用。片手で締められモタモタせず時間短縮でき、なにより面倒じゃないので、きちんと締め直そうと思える。

Insole 【中敷き】

人それぞれ足の形や歩き方の「クセ」は違います。そんな歩行のブレやバランスを矯正してくれるカスタムメイドのものから、ヒザや足首への衝撃を吸収するクッション性があるものまで機能もさまざま。どちらも体の負担や疲労を軽減してくれる。ブーツを買い換える前にインソールを見直してみるのもオススメ。

女子の山ウエアに必要なポイントとは？

快適で安全であること、またそれを約束する機能の重要性はいうまでもありませんが、“おしゃれ”もモチベーションを上げるという立派な機能のひとつとだと考えています。

大好きな色やデザインの服を着ることが、気持ちを高揚させてくれる。すると次の一歩が軽くなり、新しい山の世界に触れられる

アウトドアスカートとの出会い それからの探求の歴史！

山スカートは自然との架け橋

1999年、アウトドアを始めたころ、「ウエアは機能第一」と刷り込まれ、「命にかかわるから仕方がない」とデザイン性を望むなんて考えもしませんでした。その数年後、ニュージーランドでのトレッキング中に、衝撃の出会いが。初の山小屋泊で、着替えにとまどっている私の横で、4日間の縦走をしてきた女性が、スカートを使って堂々と着替えていたのです。その「かわいくて、たくましい」姿といったら!!

帰国後、日本ではほぼ取り扱いがなかったアウトドア用スカートを、数年かけて海外通販で40着ほど集め、キャンプや山歩きで検証。丈や形状、素材、自分の体型やシチュエーション別のスカートとの相性をとことん研究しました。そこで気づいたのは、やはりスカートも山のギアのひとつであること。体力的なハンディとストレスを補ってくれる機能性があったのです。それあってのデザイン、ファッションなのだと。

トイレの際にズボンの裾を気にしなくていいし、着替えの目隠しになる。慣れた人には当然の不便でも、初心者の私には苦痛でした。山スカートは、私が苦しんだわずらわしさを解消し、すっと山の世界に導いてくれたのです。また、初心者の女性の心のハードルを下げるだけでなく、ワクワクを高めてくれます。私自身も「大好きな場所だからこそ自分らしくいたい」という気持ちを今も大切にしています。与えてくれたパワーは計り知れません。

山スカートの普及活動をはじめたころ、「ファッション偏重」と誤解されたこともあります。賛否両論の意見が飛び交い、眠

＼ ニュージーランド ／

Start

2004年、初めてスカート姿の女性に出会ったニュージーランドのケプラートラック

2005年、ジャックウルフスキンのワンピースで行ったニュージーランドでのハイキング

2006年、丹沢での山歩き。まだ山歩き自体に不慣れだったのでロングパンツで

2007年、尾瀬ではアップダウンが無いので、スカートを着用してトレッキング

2007年、木曽駒ヶ岳では安心感のあるキュロット。行き先に応じてタイプを選ぶように

2006年～2008年ごろ、アウトドアスカートの良さをまとめた企画書を作り普及活動開始

れない夜を過ごしたことも。それでも、キッカケとなればと思い、出演するメディアやホームページ、コラボウエアの開発時に、山の状況や技術、経験に合わせスカートとパンツを使い分ける重要性やデメリットも徹底して伝え直しました。

山を汚さず、安全に歩けるなら、いろんなスタイルの山歩きがあっていいと思うのです。山行や心境の変化にも柔軟に対応すればいい。……夢に描いたのは、女性の選択肢が増え、楽しみ方が多様化することでした。

伝えたいのは山スカートそのものではなく、その先にある、あの景色の素晴らしさ。新しい人たちが山へ行かなければ、山の魅力は広がらぬまま途絶えてしまいます。多くの女性たちが自然を感じ、当たり前のように山へいく世界になればいいな……といつも願い、発信を続けていきたいと思っています。

初期に集めたアウトドアスカート。当時は情報もなく、いろんなところから取り寄せて自分に合った「スカート像」を模索。私のトライ＆エラーの歴史ともいえます

2008年ごろから山スカートスタイルについて、ショップなどでトークイベントをするように

2009年、雑誌『PEAKS』の表紙に出たことで、これまでの活動が認知されるように

スカートの情報をより正確に伝えるため、当時の所有スカート約40着のスペックをウェブで公開

スカートをはく女性の気持ちを理解してほしいと、山岳関係者が集まる講演会で説明

2010年の涸沢フェスでは、実際にスカートをはいている多くの女性に出会う

2012年、スカートをはいた年配の女性に遭遇することが増え、価値観の広がりを感じる

続く

My Favorite Brands

おすすめアウトドアブランド

Berghaus《バーグハウス》

アウトドアにおけるすべての冒険をサポートする英国アウトドアブランド。ニュージーランドにやってくる海外のバックパッカーたちにも愛用者が多い。ワンランク上の山を目指したくなる、冒険心そそられるアイテムが多いのも特徴。同時に、女性らしさも同居したデザインです。

㊐バーグハウス　TEL.03-6804-3913
www.berghausjapan.com

防風性と高い透湿性を兼ね備え、夏に着やすい薄手かつ軽量なソフトシェル。4方向にストレッチする生地を採用し、表面の耐久性も高い

ウィメンズサルトロジャケット ￥16,800

体のシルエットを美しく見せてくれるTシャツは、一方で、描かれているモチーフはハードだったりして、そのバランスが絶妙で◎

ウィメンズディレクションレスTEE ￥4,095

Patagonia《パタゴニア》

デザイン性に優れカラーもきれいなアイテムが多数。本格的なアウトドアからライフスタイルウエアまでボーダレスに展開するブランド。地球環境に配慮した企業理念にも共感できます。フリースやジャケットなどは山やキャンプで、ワンピースなどは旅先や普段着として愛用中。

㊐パタゴニア日本支社カスタマーサービス
TEL.0088-252-252
www.patagonia.com/japan

保温性が高く、撥水加工が施されているのでちょっとした雨にも対応可能。超軽量で胸ポケットに本体をコンパクトに収納できて便利

パタゴニアを代表するR1ジャケット。フリースなのに吸汗性に優れ、薄手なので重ね着しやすい。普段着として着こなせる

Mountain equipment《マウンテンイクイップメント》

1960年にイングランド北部で生まれ、ハイクオリティなシュラフとダウンジャケットで知られようになったブランド。高機能でありながら繊細なデザインとカラーリングが魅力。華やかでビビッドなカラーだけでなく、日本人に合う優美な色味が豊富に揃っているのも特徴です。

問アクシーズクイン　TEL.03-3258-6211
www.axesquin.co.jp

W's Grit Stone Short Two Toned
¥7,980

汗をかきやすい腰回りにベンチレーションがついて快適。ウェストが紐で調節しやすく裾にはスリットが入り動きやすいのも◎

W's Moor Jacket　¥22,050

軽く、透湿性に特化したウィンドストッパーアクティブシェル素材。夏場の低山トレッキングだけでなく、ランニングでも活躍しそう

Mont-bell《モンベル》

軽量な上にハイスペック。コストパフォーマンスも高く、日本が世界に誇るブランド。私にとっては、モンベルが機能性のすべての基準。ウエアやギアを買うときにはまず先にチェックし比較します。モンベルクラブのツアーやイベントは初心者向けのプログラムも多いのでオススメ。

問モンベル・カスタマー・サービス
TEL.06-6536-5740　www.montbell.jp

EX ライトダウンジャケット
Women's ¥17,800

900フィルパワーのダウンは世界最軽量125g。日本とニュージーランドの往復は常に一緒。コンパクトで山でも旅でも役立つ

極薄ながら強度と防風性を備えたウィンドシェル。透湿性もあり、ベンチレーションもついているので歩行中でも快適。な、なんと40g！

EX ライトウインドジャケット Women's ¥7,700

Mammut《マムート》

マンモスマークが目印のスイスの山岳ブランド。高スペックなアイテムが多く、最近インドアクライミングを始めてますます好きになりました。機能性を徹底的に追求し、不要な要素を削ぎ落とした結果、軽量でシンプルなデザインに。機能美がデザイン性の高さにもつながっています。

問マムートスポーツグループジャパン
TEL.03-5366-0587　www.mammut.jp

街でもフィールドでも着られる洗練されたデザイン。脇にストレッチ生地を使っているため動きやすいダウンジャケット

Micro Zephir Chalk Bag
¥2,940

ロープから始まったブランドだけあって、クライミング用品が充実。チョークバッグもたくさんのデザインから選べるのが魅力

Fjallraven 【フェールラーベン】

スウェーデンでスクールバッグにも採用されている「カンケンバッグ」で知られるブランド。なかでも、私が愛用するTシャツは、紫外線が当たると臭いを消してくれる素材が使われ、UV加工も施されています。洗っても毛玉になりにくいのもポイント。

㈱フェールラーベン日比谷シャンテ店
TEL.03-3502-3410　www.fjallraven.jp

PPSUカンケンレディースTシャツ ¥5,775　PPSUレディースTシャツ ¥5,250

これまでいろいろ試した中で、最も消臭機能が高かったこのTシャツ。キツネのロゴや北欧らしい温もりのあるデザインもGOOD

Outdoor Research 【アウトドアリサーチ】

シンプルでありながら、フィールドに出たときに女性が映えるシルエットや色の美しさが好きで、日本に入ってくる前から海外通販で購入していたブランド。シンプルなので、どんなアイテムとも合わせやすく、使い勝手のいいアイテムがそろっています。

㈱エイアンドエフ　TEL.03-3209-7579
www.outdoorresearch.jp

右）ゲイターから始まったブランド。ほかの防水アイテムも充実。左）シンプルな色とデザインのスカート（※現在、取り扱いなし）

Foxfire 【フォックスファイヤー】

帽子やアームウォーマー、レッグウォーマーなど小物が充実した日本のブランド。ディテールに女性らしさを感じるデザインが多く愛用アイテム多数。特に帽子はバリエーション豊富で、ベンチレーション付き、UVカット、虫除け機能のある素材なども。

㈱ティムコ　TEL.03-5600-0121
www.foxfire.jp

サプレックスハット ¥4,725

パッチワークニットキャップ ¥5,250

右）冬に愛用している、フェミニンな色とデザインのニット帽。左）撥水加工がほどこされ、サイドがメッシュなので通気性もいい

Smart Wool 【スマートウール】

メリノウールのソックスで知られるブランド。通気性がよく快適で、一度履いたらやみつきになります。アンダーウエアやベースレイヤーもあり、薄手から厚手までバリエーションも豊富。ウールはチクチクするイメージですが、これは肌触りが良く快適。

㈱ロストアローユーザーサポート
TEL.049-271-7113　www.lostarrow.co.jp

W's マイクロウェイトジップT ¥8,505

右）首のジップを開けると、登りで体温調整でき、閉じると温かく保温性あり。左）柄や厚みが選べて、靴下はもはやコレクター状態

Montura 【モンチュラ】

細身で体にフィットするシルエットながら、動きを妨げない立体裁断を取り入れたウエアを展開。トップクラスのクライマーやアルピニストも愛用するほどの高い技術が、初心者やハイキング向けモデルにも落とし込まれています。いさぎよいデザインも◎。

㊂エアモンテ TEL.06-6307-1828
www.airmonte.co.jp

ストレッチ パイル
ジャケット ウーマン
¥18,060

ヴァーティゴ ライト パンツ
ウーマン ¥22,890

右）クライミングを想定し、ウエストがゴム仕様かつ強度・伸縮性も高い。脚を細長く見せてくれる。左）吸汗性をもつストレッチ素材のミドルレイヤー

HAGLÖFS 【ホグロフス】

街で着ていても違和感がなく、スタイリッシュに着こなせるスウェーデンのブランド。細身のシルエットでありながら、立体裁断で体にフィットし動きやすさ抜群。華やかでありながら、身にまとうとほっとする洗練されたカラーリングにも惹かれます。

㊂ホグロフスジャパン
TEL.0120-707-585 www.haglofs.jp

TANA Q SS SHIRT ¥8,610

RIVEL Q JACKET
¥36,540

右）細身のシルエットで軽い着心地を実現したゴアテックス素材のレインジャケット。フードの調整がしやすい。左）軽量で吸汗速乾に優れた半袖山シャツ

山と道 【やまとみち】

ウルトラライトにこだわった日本のブランド。創業者がグラフィックデザインの分野で活躍されていたため、デザイン性の高さは突出しています。軽量性と使い勝手のよさを追求し、日本的な機能美が凝縮。写真左は色をカスタマイズしてオーダー可能。

㊂山と道
http://yamatomichi.com

山と道：MINI ¥26,775

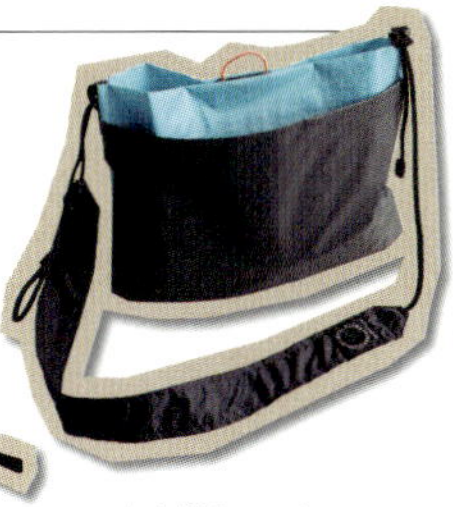

山と道サコッシュ
¥4,830

右）行動食や地図、カメラなどを入れておくと便利なサコッシュ。左）25ℓと小型ながら8kgくらいまで快適に背負うことができる

Macpac 【マックパック】

ニュージーランドの代表的なアウトドアブランド。さまざまな自然環境に対応し、ハードに使っても長く使えるタフな製品が多数。ザックなどは日本でも購入できます。ニュージーランドの自然をイメージできるような、明るいネイチャーカラーが特徴。

毎日のウォーキングに使っているメリノウールのTシャツとショートパンツ。着心地のよさと、明るいカラーリングが気に入っている（※写真は日本未発売）

My collaborations

コラボアイテムに込めた想い

Chapter 2 ▼ 山ウェア

▶ 疲れていても華やかな表情に

美しい景色のなかでは、記念写真をたくさん撮ります。でも疲れてゲッソリしていたり、顔が汗だくになっていたりすると、後から写真を見たときに、ちょっとがっかりすることも。そんな気持ちにならないために、このエーグルの山シャツとTシャツには、表情を明るく見せる工夫を施しました。着物の半襟は、小さな面積なのに、差し色をすると表情が華やかに見えます。半襟をヒントに、首周りに華やかな植物のモチーフを描きました。

キモノの"半襟"の発想
長襦袢の首もとにつける半襟。白だけでなく、刺繍入りや柄物もあり、顔映りや雰囲気を左右する重要なアイテム

▶ 荷物を増やさず、気分を変えたい

山歩きでは、荷物はできるだけ減らすのが原則。でも街とは違い、連日同じ格好をする山小屋泊は、初めての人にとっては戸惑うもの。このエーグルのスカートは、無地と柄のリバーシブル。一枚なのに印象がガラリと変化。気分が変わると一歩を進む原動力に。長期縦走をする上級者の方にも愛用されていました。

reversible

reversible

DAY2 DAY1

山行中の写真が、すべて同じ服装!! という悩みも、これで解決。無地面の裾から、ちらっと柄面が見えると楽しい気分に

柄物でもコーディネートしやすい着物の小紋柄を参考にして提案。柄面にはシダの新芽を描き、無地のほうは裾にテープで重みをつけ、風の煽り対策を

※掲載は '09〜'13年発売の商品です。一部、発売終了しているものがあります

こんなモノが欲しい！を形にしたアイテム

私がウエアを考えるとき、具体的な〝ひとりの女性〟をイメージします。例えば1泊2日で山小屋デビューをする女性。彼女が、どんなことを不安に思い、喜びを感じるのかと想像し、さらに自分自身を重ね、応援の気持ちを込めます。

まず、山では必須の機能性を押さえた上で、「初心者の女性」ならではの着眼点をプラスし、とことんこだわります。体力のなさに悩んでいる私だからこそ感じた、率直なギモンを形にするのです。また、山歩きは大自然に身をおく素敵な機会。色や柄で、その一部となれるように、自然に対する想いもギュッと込めます。すべて山のなかで思いついたアイデアばかり。

そんな私から生まれたコラボアイテムをここでご紹介します。

低く狭いテントでの着替えは、無理な体勢になり、ちょっと億劫だった。寝袋のなかでスカートを外しタイツで寝るときも楽

テント内でラクに着替えたい

ラップスカートの着替えやすさのメリットと、裾がはだけやすいデメリットを解消してできたハイブリッドタイプです。前のジップが全開になるので、レインパンツの着脱も便利。スカートが回転しないように、タイツとの静電気を抑止する糸で縫い、ベルトを付けてウエストでも腰でも履けるようにしました。

夏は吸湿速乾性の高い素材を、冬は防風性の高いソフトシェルを使用。裏側はフリースで寒い日でも安心

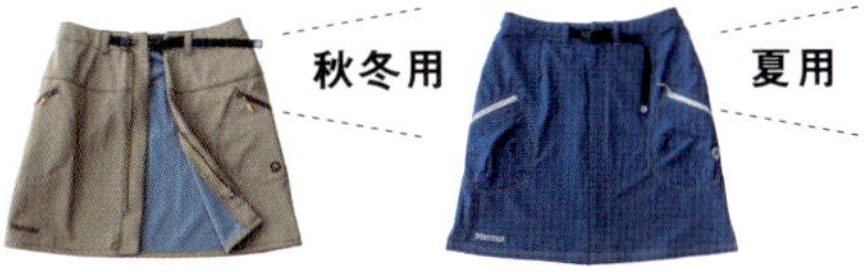

汗をかく腰裏はメッシュ素材。カラビナをつけられるアクセサリーループもなにかと便利

大地のエネルギーをもらいながら歩きたい

大地から芽生え、大地に還る命のサイクルを、枯れ葉や花で表現したフォックスファイヤーのトレッキングポール。1本152gと軽く、SG保険付きなので初心者でも安心

右）虫に食われた葉まで、ありのままの自然の姿を美しく描く加賀友禅。左）屋久島の倒木更新。朽ちた樹のうえに新芽が

休憩時・山小屋でも暖かく

ボタンを組み替えるとショートパンツに。高品質830fillダウンで暖かいうえ超軽量の186g。防寒用だけでなく、山小屋での着替え用でも活躍

食後にもお腹がきつくならないパンツを

マーモットのレギンスパンツ。ウエストがゴムでお腹や腰回りがラク。細身でタックが入っているので、シルエットはスッキリ

レインパンツを履くのに困らないキュロットを

後続者からはズボンに見えるエーグルのキュロット。スカート部分の布を折りたたんで止められレインパンツを履くのを容易に。ターバンにもなる布ベルト付き

行動食が入る大きなポケットを

私が初めてコラボを手がけた2009年発売のバーグハウスの山スカート。厚手のストレッチ生地で強度、防風、撥水性が高い。行動食が入る大きなポケットを

体温調整を楽にしたい

マーモットのニーハイソックスは、ウール混紡素材で、伸ばすとタイツを重ねたような暖かさ。暑いときは折ったりくしゅっとさせればいいので体温調整が簡単

冷え対策をしたい

腰回りを暖めたいときに便利なマーモットのホットパンツ。薄手の起毛素材で、汗を吸うと発熱する。腹巻きと違って歩いてもズレず、女性の大敵「腰冷え」をシャットアウト

女性ならではのゴミを隠したい

市販のジップロックがぴったり収まるサイズ。トイレの使用済みティッシュや生理ナプキンの匂いをジップロックで漏らさず、外から見えないよう持ち帰るために作ったマーモットポーチ

自然界の組み合わせをお手本に

自然のなかには、ハッとさせられる色の組み合わせが無限に存在します。そんな色を商品開発の参考に。逆に、私が意外な組み合わせだと思って作ったマーモットの手袋（写真右）と同じ色が、自然界に存在するのを発見したときには、うれしくなりました。

マーモットのダウンベスト。上高地の紅葉の葉と枝を参考に、各部位の色を組み合わせた

雨の日を楽しくしたい

雨の日がハッピーになるウエアを！　と思って作ったのがエーグルのレインウエア。以前、雨の屋久島をトレッキング中、登山靴にずっとくっついてきてくれた小さな葉に励まされた経験があります。着てくれた人が、そんな気持ちになれたらと、自然に映える明るい色を使ったり、意外なところに柄を入れるなどしました。

歩きながら見えるフードの内側の模様は、辛いときに励ましてくれる

ヴィヴィッドな色と柄のパッチワークがパワーをくれるレインスカート

疲れると下ばかり見て歩いてしまう。元気になれるようゲイターに刺繍を

こころに大切な空を持っていたい

山で夜空を見上げて気づいたのは、ただの暗い闇ではないということ。グラデーションになっていたり、雲が芸術的な螺旋を描いていたり。刻々と色も変わります。マーモットのTシャツは、そんな「特別な空」を体に取り込めたらという想いで作りました。

夕暮れ時。分厚い雲の切れ間から、沈みゆく太陽のオレンジの閃光が反射して、空が黄土色に輝いたあの空気感を閉じ込めて

海と空の境界線。ニュージーランドの海辺のハイキングで見た雲ひとつない快晴の空。夏の強い日差しは、水色をさらに美しく輝かせる

朝焼けでドラマチックな桃色と紫に染まった空と雲。それを湖が受けとめ、鏡のように反射。この美しく幻想的な時間は一瞬のことだった

夜、真っ暗だけど月明かりに照らされた空。遠くに墨絵のように山並みがうっすらと浮かび上がってくる神秘的な風景を表現

自然の造形美を着物の感性で

着物から表現のヒントを得ることが多くあります。無地に思えるほど細かい柄の江戸小紋と、織りで地模様を入れた生地。自然の芸術を、そんな着物の手法で取り入れたのが、マーモットのダウンジャケットとパーカーです。

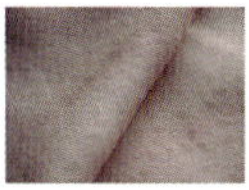
×

▶ 生命力の強いオオシラビソを地模様で描き、落ち着いた上品な柄に

×

▶ 江戸小紋の点表現と繊細な苔を合わせ、無地感覚の奥行きのある生地に

Wearing like a KIMONO

キモノ的山ウエアの着こなし

「着物一枚、帯三枚」の考え方で着こなす

私が山歩きで大切にしている、着物の「礼装」という思想。もうひとつ、着物が私の山ウエアに大きな影響を与えてくれたのが「自然を味わう感性」です。着物は、春夏秋冬を愛する日本人の精神性が強く表れた衣装。四季や自然の変化に応じて装いを変え、相手を愛おしむ心を表現する着物の考え方を、私は山ウエアに応用しています。

和装には「着物一枚、帯三枚」という概念があります。これは着物の着まわしの幅広さを示すもの。同じ着物でも、帯を変えるだけで、装いの「格」（カジュアルまたはフォーマル）が変わります。雰囲気、年齢、季節など、「場」に沿うようなスタイリングが可能になるのです。

山ウエアでも、基本的に同じアイテムを使いながらも、着方を変えたり、小物（防寒用アイテムなど）を足すことで、表情を増やせます。標高や季節、気候によって装いを調整する、山ウエアの根本的な考え方は着物に通ずる部分があるのです。

四季の自然に想いを馳せ ともに映える色選びを

着物には「萌黄《もえぎ》色、東雲《しののめ》色、赤朽葉《あかくちば》色」……名前を聞いただけでも胸が高鳴るような色使いがあり、「自然の色を写しとる」と呼ばれています。

また、色の組み合わせで、季節や情景を体現しています。たとえば、薄茶に赤茶色を重ねて「栗＝秋の大地の実り」を、雪の白に紅梅色の配色は、冬景色に訪れた春の気配を表現します。季節感、心情、温度、さらに味や匂いまで感じさせる配色美を「襲色目《かさねいろめ》」といいます。

そして「柄」はひと足早い草花があしらわれた装いで、「季節の先取り」をすることが粋とされています。こうした「自然が着るものを教えてくれる」思想には、古来、自然とともに生き、その摂理からずれないように暮してきた知恵が息づいています。

私は、こうした考え方を山ウエアのコーディネートでも参考にしています。季節によって叙情的に変化する自然のなかに、自分が入っていくことを想像してみるのです。私は自然ともっと近づきたいという気持ちを「色」に託すコーディネートを意識しています。

81ページの「Ｃａｓｅ3」では、自然の色に共鳴できるよう、紅葉の時期に存在する植物の色をウエアに取り込みました。そうすると八幡平の森のパワーを分けてもらえたような気分に。

また80ページの「Ｃａｓｅ2」は、シダの森に行くときに、緑の補色（一番鮮やかに映る色）となる赤の色を差し色にしています。この場合は、自然のなかで映える色を着ることで、逆に自然の色の魅力をより引き出せます。赤（自分）があることで緑（相手＝シダの森）がより際立ち、つながりを感じることができるのです。一方、82ページの「Ｃａｓｅ7」は全身がカーキ色の〝いわゆるアースカラー〟。

目を引く色とひそやかな色。一見、正反対にあるように思える色が、両方「自然が主役」と相手を引き立てるアプローチであることが、着物の奥深さです。

空を見上げれば、心洗われる爽やかな空色が。雨をたくわえる寂しげな灰色も。感情的ともいえる曖昧な色世界。どちらも、〝カラフルなアースカラー〟です。深く沈む色も、華やかな色も、すべて自然の「いのちの色」。鮮やかでも穏やかで、落ち着いていても心を惹きつける。それが自然の色なのです。

着物で学んだ無限の表現方法と、山に教わった自然の色の多彩さ。自然と心が寄り添えるような色を選び、山ウエアの組み合わせを考えると、さらに自然との距離が縮まります。

自然を想う気持ちをウエアにこめる

移りゆく季節を追いかけ、
まだ見ぬ季節に恋焦がれる気持ちを
山の装いに投影させてみては。

シダの森を想い浮かべ

Case 2

↓

ニュージーランドの巨大樹が覆う森歩きのトレイルにて。常緑の森に身を置くことを想像し、緑とその補色（一番鮮やかに映る色）の赤をベースにコーディネート。自然界のなかに、「茶×緑×赤」の自分と同じ色の組み合わせをした葉と実を発見すると、うれしくて足取りも軽やかに

晩秋の葉を差し色に

Case 1

↓

10月上旬の北アルプスにて。スカートを枯れかけた葉の色に見たて、全体的に落ち着いたカラーでまとめている。ゲイターからちらりと見せた赤は、紅葉のハッとする鮮やかな色をイメージ。それに合わせ、アウターのファスナーや山シャツの刺繍を赤のものをセレクト

青空を願って

Case 4

↓

夏、白馬の八方尾根にて。憧れの白馬の雪渓と青空のコントラストを味わいたい、その想いでブルーを着用しました。天気予報も曇りだったので、青空が見えますように……と願いも込めている。夏は涼しげな色で、"涼" を演出するのもポイント！

黄色い紅葉に寄り添う

Case 3

↓

紅葉まっさかりの東北ロングトレイルにて。黄色い紅葉が一面に広がるなかを歩いたとき、黄色いスカートとまったく同じ色で、自分も自然の一部に染まるような感覚になり、幸せな気持ちを味わった。ロゴの刺しゅうも、葉の茎と同じカラーで感激

Case 5

高山植物をお手本に

山ではなかなか身につけない白も、自然界には多く存在する色。ニュージーランドのルートバーントラックで見つけた花も美しい白。紫のスカートと合わせ、高山植物の可憐さを表現

Case 6

夏の日の大地と空

活火山帯でマオリの聖地でもある、ニュージーランドのトンガリロ国立公園。熱と土地のパワーがあふれる場所なので、大地と同じ色のキュロットに、小物は夏の抜けるような空をイメージしたブルー

Case 7

枯れてもなお輝く色

秋の木曽駒ヶ岳にて。全身茶色のコーディネートは、微妙に違う色味でグラデーションに。晩秋の植物のように、ひとつとして同じ色がなく、枯れてもなお惹きつける色をイメージ

Case 8

胸震わす漆黒の光

紫黒の装い。ニュージーランド、キーサミットにて。ダークグレーは、私にとっては星空の色。頭上には天の川、眼下には雲海が広がり、夜空って真っ暗じゃないんだと勇気をもらったときの感動が蘇る

下山後は街になじむ装いをする

帯でがらりと変わる着物の表情。
着物的スタイリングで山の装いをつくると、山でも街でも相性のいいコーデに。

Town

Point

ポンチョ、ストールにもなるガウンは着物でも愛用。他にも兼用アイテムを賢く使って、荷物はできるだけ軽く

Trekking

Point

化繊やウール素材のものなら、街のアイテムも低山ハイクに取り入れます。コットンは避けつつ、かわいさを追求

山での予備アイテムを使って、街コーデを作成。ワンピースとパーカ、タイツは、右の山コーデと同じ。着物にも合わせられる化繊素材のストールポンチョは雑貨屋で購入。襟をつくりガウン風にしている。ヘアバンドにもなるネックウォーマーは「エーグル」製。「マーモット」のトランスダウンスカート。レッグウォーマーはフェスで購入したネパールのフェアトレード商品。これらは防寒用として登山中に持ち歩いていたもの。サンダルは、テント泊などで愛用中の「クロックス」のマリンディ

帽子は「無印良品」のウール混ツイードドゴール。「マーモット」のウォッシャブルウールパーカと、ワンピースは「エーグル」のマオリテックドレス。タイツは「AIGLE×CW-X」のエキスパート、靴下は「ハリソン」の厚手アーガイル ニッカホーズ。靴は昔買った「バーグハウス」の旧モデル

キーアイテムは変えずに街にもなじむコーデに

京都や鎌倉など、自然と街が近い場所では、山から下りてきた後にも街で楽しい時間を過ごしたいもの。そんなときにも着物的コーデ術が役に立ちます。

キーアイテムとなるものは変えずに、小物で山でのコーデから街のコーデに変身。まさに「着物一枚、帯三枚」の考え方で、山にも街にもなじむ〝一着二役〟の装いができるのです。

例えば山用ワンピースはキーアイテムになる代表格。大人っぽい雰囲気も、アクティブな雰囲気にもスタイルをつくれます。

さらに小物をプラスすることで、場に応じたコーディネートを作りやすいアイテム。山での予備アイテムを使うのがヨスミ流です。そこに、ストールを加えるなどすれば、印象が変わり、街でも違和感なく過ごせます。

My favorite trail 03

京都を登山靴で歩く

歴史、文化、信仰、暮らしのなかに息づき、
そっと寄り添うように存在する京の山々。
古都の自然と文化を感じながらの山歩きを。

Part_03

大文字山

【標高465m】

「山の高さと感動は比例しない」
そんな大切なメッセージを
この景色が教えてくれる。
夏の風物詩〝五山の送り火〟の火床は標高330m。
そこから見える景色は
荘厳な山々でも、雲海でもない
人のぬくもり溢れる愛おしい景色。
碁盤の目に広がる街を流れる川、
京都御所の豊かな緑、平安神宮の朱い鳥居。
京の都が、山に守られているのがよくわかる。

おすすめの山
京都を登山靴で歩く

1）京都一周トレイルの起点である伏見稲荷から大文字山へと17キロの道のりを縦走するのもオススメ　2）東山エリア・清水山の山頂は眺望なし。242.5mの小数点を隠して遊ぶ　3）阿弥陀ヶ峰の森に芸術的なシダの壁が広がる　4）琵琶湖の水を届けるインクラインのトンネル。京の街ならではの趣きがある

京の文化は、四季と強く密接し
自然と人が共存してきた歴史なんだ。
街におり、視界に入った京の山々の風景は
自分の大切な一部になっていた。
わたしたちの暮らす場所と山はつながっていて
いつだって延長線上にいてくれる……
そう思えたら、山との距離がぐんと近づいた。

日帰り

歩行時間： 3時間10分
累計標高差： +406m
−396m

ゆりっぺ's Advice

「JR京都駅キャリーサービス」では、8〜14時までに荷物を預けると京都市内のすべてのお宿へ17時までに運んでもらえます。朝、東京を出発して京都駅で宿泊用の荷物を預け、バックパックひとつでデイハイキングを楽しむことができるのです。観光のために発達した京都ならではのサービスを山歩きにも活用しましょう！　また観光都市・京都は、バスなどの公共交通網が張り巡らされ、登山口へのアクセスがよいのも魅力。私は、下山後にも寺社の夜間特別拝観やライトアップを楽しめる桜と紅葉の時期に遊びにいきます。京都の夜景を一望できる大文字山ナイトハイクも最高でした。

Access

地下鉄東西線蹴上駅から三条通を東へ進み日向大神宮の参道へ。境内の中から山道が始まる

Info

京都市産業観光局観光企画課
TEL.075-222-4130

山と街をつなぐ「京都一周トレイル」

今も伝統が息づく京都。街のすぐそばにある山々をたどるトレイルでは、山歩きが身近になるだけでなく、山と街の「つながり」を感じることができます。

また、来ます!

写真上右）鷹峰三山を望む光悦寺前にて。お寺が森への入り口のよう。上中央）江戸時代から、愛宕山への参拝登山客がお団子を食べに賑わったという茶店。上左）レンタサイクルをしたら行動範囲がさらに広がる。中央）常宿のお女将も山好き！ 中央左）下山後は寺社の夜間拝観を。山も街も遊びつくす。下段左から）生八つ橋を炙っておやつに。錦市場で京ならではの行動食探し。登山靴と草履。どちらも私の「核」

古都を囲む山々をたどれる幸せ

全長70㎞の「京都一周トレイル」を少しずつ歩き続けています。最初は、京都に着物で訪れていたけれど、登山靴で通うようになり早5年。全トレイルを制覇したい！ と思いつつ、このルートは誘惑が多く、なかなか踏破できません。……道中、気の向くまま寺社に寄り道して、山歩きを途中で切り上げるもよし。京ならではの甘味やお弁当を入手し、山で食べるのも格別。宿坊に泊まって、山を歩くプランも実現させたい。バスが張り巡らされた京都の利点を活かし、オリジナルの「山旅」を作り出せるのです。京都一周トレイルは、歴史、文化、自然が密接に影響し合う京の魅力を凝縮した場所。ぜひ登山靴で京都へ。

Chapter

山道具の
はなし

3

山歩きを
サポートしてくれる
道具を相棒にする

山歩きを存分に楽しむには、
体の負担を減らしてくれる
味方をいっぱい作りましょう。
いっしょにあの山へ向かうのです。

2泊3日のトレッキング中、ニュージーランドの無人小屋で。山登りに必要な機能を知った上で、軽さと自分に大切な要素を選ぶ

Chapter_3

道具次第で荷も心も軽くなる

荷物を軽くすると自然との距離が近くなる

２００９年にこんな出来事がありました。ふと自分の荷物の重さを量ったら、2泊3日の山小屋泊の荷物と水で7〜8kg。驚いたのは、バックパック自体の重さが3kg近くあったこと。

一生懸命背負っていた重量の約3〜4割がバックパックだったのです。愛着はありましたが、最新の軽量なものに変えたら、山歩きが格段に楽になりました。荷を軽くすると、自然との距離が近くなると痛感し、軽量化を心がけるようになりました。

その際、新しい発見を与えてくれたのが「ウルトラライトハイク」という考え方。それは文字通り、荷物の軽さを重視するスタイル。アドバイスをくれたのは、その分野の第一人者で、友人でもある、東京・三鷹のアウトドア店「ハイカーズデポ」

のオーナー、土屋智哉さん。

「持っていく荷物の全部の重さを量っておいで」と言われ、初めて細かく自分の荷物の「重量」について考えました。

同時に、荷物はただ軽量化すればいいわけではないと教わりました。「目的（山でやりたいこと）があって、『軽さ』はそれを叶えるための手助けになる」というのが彼の思想。

「体力のない女性こそ、軽さにこだわったほうがいい。劇的に変化があるよ」、「少しでも遠くまで歩けるようになったら楽しいでしょ？」という言葉に後押しされて、持ち物すべてを見直すきっかけになったのです。

もともと体力がなかった私にとって、「体力をつける」こともそうですが、「荷物を軽くする、減らす」努力も、美しい景色への〝近道〟だったのです。以来、ウエアとギアを選ぶときは必ず、グラム単位で軽さにこだわるようになりました。

道具の取捨選択をし、私なりの「ウルトラライト」を探求するうち、「心を軽くすること」も自分の大切なテーマだと気づくようになりました。たとえば、100g重くなったとしても、それによって快適さを得たり、ストレスが軽減されるなら、それは「必要な重さ」になります。

山道具は安全を確保するためと、山の魅力を最大限に味わうために選びたいと私は考えています。そんな私が身に付けた創意工夫と、私の相棒である山道具たちは、これまでの長い試行錯誤の結果です。

もちろん、まだ模索は続いています。おそらくこの旅にゴールはないでしょう。そして答えはひとつではなく、各自のなかにあると思うのです。

ここでは、「荷」も「心」も軽くする、私なりのアイディアとギアを紹介したいと思います。

My 1st backpack

長年愛用していた、重めのバックパックを使っていたときの写真。バックパック自体の重さを意識したときに、体力をつける以外にもできることがあり、「荷物を軽くすること」で見える景色が変わるのを知りました

Mountain gears for girls

女子の山道具リスト

◎ ＝必ず必要なもの　○ ＝持っていった方がいい　△ ＝コースや時期、プランによって必要
□ ＝あったら便利　× ＝なくてもいい

カテゴリー	アイテム	日帰り	山小屋泊
衣類	帽子	◎	◎
	Tシャツ or 長袖シャツ	◎	◎
	アームカバー	□	□
	ボトムス	◎	◎
	サポートタイツ	○	○
	下着	◎	◎
	靴下	◎	◎
	予備の服（シャツ&靴下 & シャツ）	○	◎
行動中の道具	バックパック	◎	◎
	登山靴	◎	◎
	トレッキングポール	□	○
	ハイドレーション or 水筒 & 水	◎	◎
	防水時計	◎	◎
	サコッシュ or サブバッグなど	□	○
	軽アイゼン	△	△
雨に備えて	レインウエア上下	◎	◎
	レインスカート	□	□
	ゲイター	□	○
	レインハット	×	□
	バックパックのレインカバー	◎	◎
	防水スタッフサックなど	○	◎
寒さに備えて	ダウンジャケット or ベスト	△	○
	ダウンパンツ or ダウンスカート	×	□
	フリースなどのミドルレイヤー	◎	◎
	グローブ	○	◎
	ニットキャップ	△	○
	軽量ネックウォーマー	△	○
	カイロ	△	□
万が一に備えて	ファーストエイドキット	◎	◎
	トイレ用品一式（トイレットペーパー含む）	◎	◎
	ヘッドランプ & 予備電池	◎	◎
	細引きロープ（靴紐の予備）& ガムテープ（少し）	○	◎
	登山計画書	◎	◎
	ホイッスル	◎	◎
	マッチ or ライター	◎	◎
	レスキューシート（全身用保温シート）	◎	◎
	ツェルト（緊急時用シェルター）	△	○

※春～秋の無雪期の山小屋を利用した山歩きを想定しています

小物	財布 & 多めの100円玉	◎	◎
	保険証 & 身分証 & テレフォンカード	◎	◎
	地図 & コンパス	◎	◎
	各サイズチャック付きビニール袋（ゴミ用）	◎	◎
	サングラス	△	○
	小型多機能ナイフ	○	◎
	携帯電話 & 防水ケース & 予備充電池	◎	◎
	吸水パッド	×	□
食料 or サプリメント	行動食	◎	◎
	サプリ	□	○
	非常用食料	○	◎
洗面道具	吸水速乾タオル	◎	◎
	ティッシュ & ウェットティッシュ	◎	◎
	ハンドサニタイザー	×	□
	メイク用品	□	□
	日焼け止め & UVリップ	○	◎
	虫よけ	○	○
	生理用品	◎	◎
	耳栓	×	○
	洗面用具（メイク落とし & 汗拭き & 基礎化粧品 & デオドランドなど）	×	◎
	ハンドクリーム	×	□
	歯ブラシ	×	◎
	軽量ミラー（緊急時に反射板として使用）	○	◎
その他	シリコンコップ or シェラカップ	□	○
	エコバッグ	□	○
	デジカメ & 予備バッテリ & 防水ケース	○	○
	ノート & ボールペン	□	□
	温泉グッズ	△	△
無人小屋泊のとき	寝袋 & 圧縮防水バッグ	×	◎
	シュラフカバー	×	△
	マット	×	◎
	山用軽量まくら	×	□
	調理道具(バーナー&ガスカートリッジ&クッカー)	△	◎
	カトラリー（フォーク・スプーン・箸など）	△	◎
	朝食 & 夕食	×	◎
	浄水器	×	△
	サンダル	×	□
	LEDランタン	×	□
	折り畳み傘	□	○

Packing for your Backpack

行程別、バックパックの中身

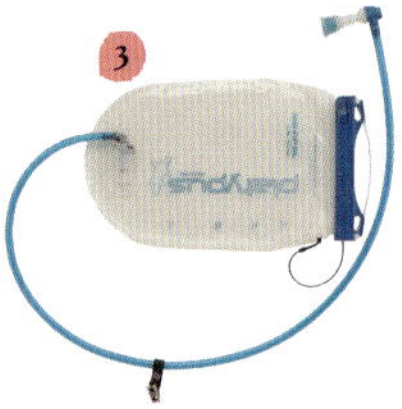

1.レインジャケットは「アークテリクス」のアルファSL。「バーグハウス」のレインパンツ（詳しくはP60～）。レインスカート兼敷物は「エーグル」とのコラボ。2.「エーグル」の吸汗機能が高いフリース。わずか256g。「フォックスファイヤー」のタイツは、寒いとき高機能タイツに重ねたり、下山後の着替えにも。3.本体とホースを簡単に着脱できる「プラティパス」。4.「マーモット」の化繊手袋は滑り止め付き。スマートフォン対応。5.着替えのTシャツと靴下は密閉式ビニール

Case 1

【日帰り低山】

一つひとつに歴史がある道具選び

実際に私がどんな道具を持って山に行くのかを紹介したいと思います。真の相棒（道具）にたどり着くまで、それぞれに物語と思い入れがあります。

今までのトライ&エラーの結果として、選んだ道具たちは、そのまま私の経験の道のりを表しています。まずは、日帰りで低山に行くときの装備です。

12月上旬ごろ京都・嵐山ハイキングでの装備。バックパックは「ゴーライト」のジャム。トップスはTシャツ&アームウォーマーにセーターを重ねて。ボトムスは「エーグル」の機能タイツに、「マーモット」のダウンスカート&ニーハイソックス。ブーツは愛用の「メレル」。「コンパデール」のトレッキングポールは低山でも必需品。ニット帽は「ティンバーランド」

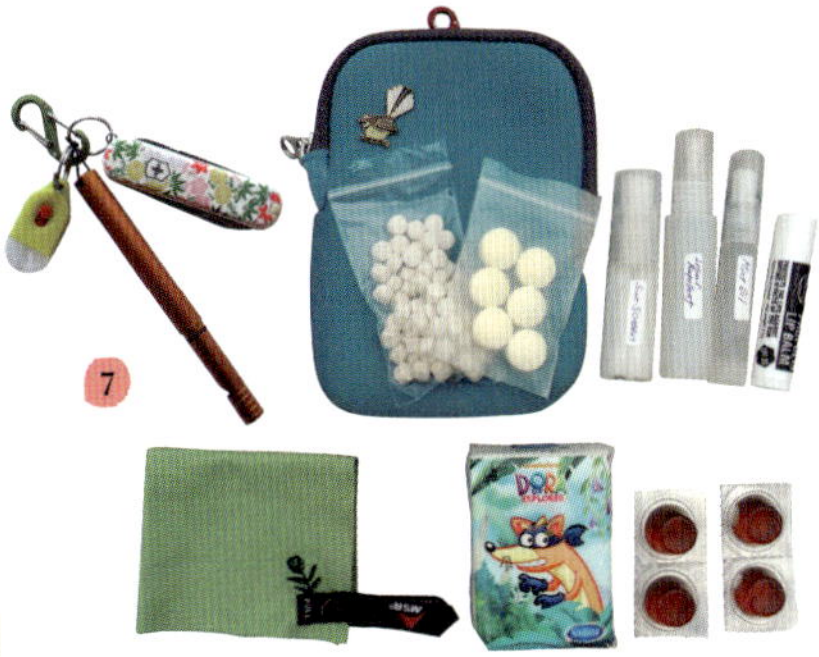

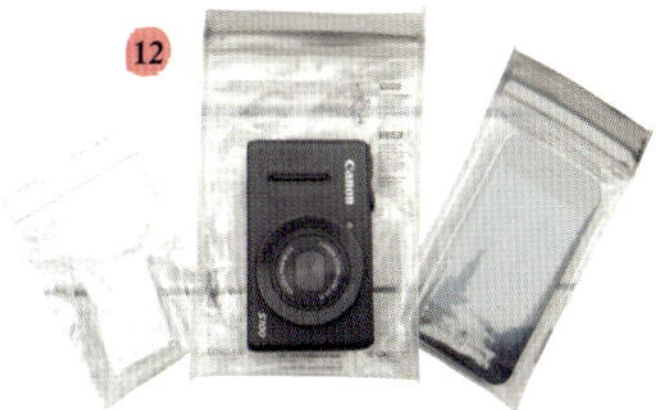

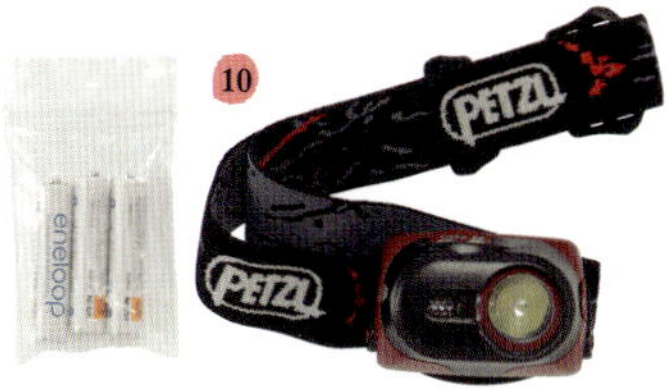

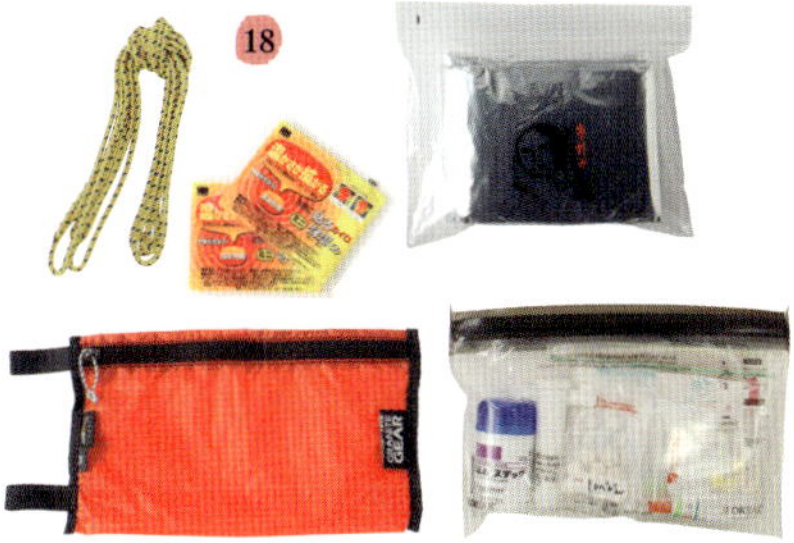

低山の場合は遊び心をプラス

山に合わせて

緊急用の薬セットやトイレセットは、一式すべてを持っていくのではなく、山の環境によって引き算するときも

袋に。6.バックパックのレインカバー。「バーグハウス」の20〜30ℓ用。7.小分けスプレーは左からDHCの日焼け止め（SPF24）、虫よけ、ハッカスプレー。UVリップクリーム。水色ポーチはバックパックの肩ベルトに装着し、サプリを収納。左は多機能ナイフ、ホイッスル＆防水ペン、ミニライト。右下から、はちみつ飴、子供用のティッシュ、MSRのパックタオル。8.財布にはトイレや山小屋で使う100円玉、1000円札を多めに。テレホンカード、緊急時の連絡先や血液型をメモした紙。保険証など。9.「モンベル」のポケッタブルエコバッグは44gと軽量。ループ付き。10.日帰りでも必ずヘッドランプ持参。「ペツル」のタクティカは高照射で軽量。予備電池（エネループ）も一緒に。11.地図と「スント」のコンパス。12.携帯、カメラ＆予備電池は、完全防水のロックサックへ。13.「モンベル」のトイレキット。14.防水メモ帳は、使う分だけ小さくカット。15.メイク道具。16.日帰りの行動食は好きなおやつ重視。17.ゴミ用の密閉式ビニール袋を数枚。18.緊急用アイテム。靴ヒモの予備にもなる細引きロープ、カイロ、エマージェンシーシート、内服薬／外傷薬セットの一式を、目立つ赤色のナイロンポーチに。19.時計は「ハイギア」のアクシオミニ。高度計・気圧計などが付き高機能＆小型で女性向き。以上、水を除く

▸ 計3.4kg

Case 2

【1泊2日 山小屋泊】

山小屋泊でのプラスアイテム

このページでは、山小屋泊の際の装備を紹介。7月から10月初旬の北アルプスを想定しています。日帰り装備との差は、ダウンウエアと予備服、洗面具、追加のおやつなど。山小屋泊はハードルが高いと思っていましたが、実は＋1・2kg。2泊3日（96ページで紹介）との差は、靴下1枚とおやつ1日分！

日帰りの装備からプラスされるアイテムも、なるべく軽く、かさばらないものをセレクトすることで、初心者でも無理なく背負える重さにまとめられる。私は10月初旬の北アルプス山小屋泊2泊3日（調理道具入り）で34ℓのバックパックに収められるようにしている。1.「アイベックス」のベースレイヤーと「パタゴニア」のメリノウールのショーツ。万が一に備え、常に乾いた状態の予備を一枚ずつ準備しておく。2.「モンベル」のEXライトウィンドジャケットは世界最軽量の56g

帽子は「カシラ」。アウトドアブランド以外でも化繊かウール素材なら採用。化繊Tシャツは「エーグル」とのコラボ。「スマートウール」のアームカバーは、半袖シャツと合わせることで長袖と同様になる。「マーモット」のジェットバリアスカートは、防風・保温性がある秋冬用。タイツは「CW-X」のスタビライクス。関節と筋肉を強力にサポート。「マーモット」のロングソックスは、太腿上まで伸びるので、タイツを2枚重ねずに靴下だけで体温調整できる。ゲイターは「バーグハウス」。登山靴「アルカ・クリスピー」。「グレゴリー」のバックパックは女性モデルで容量34ℓ

日帰りの装備

8

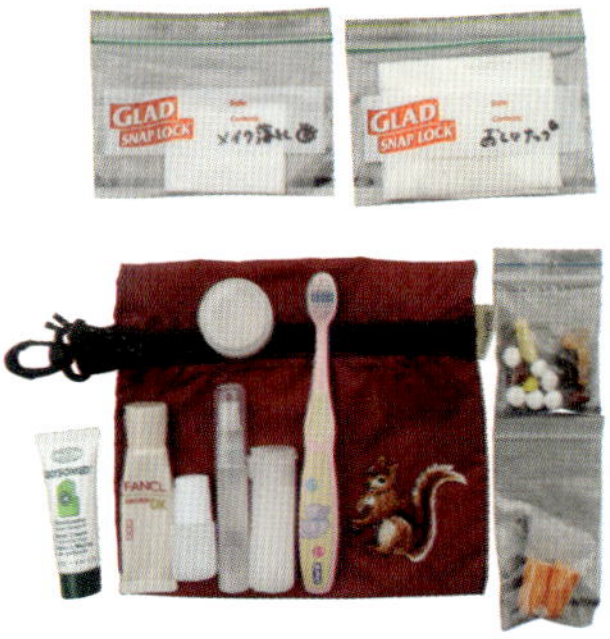

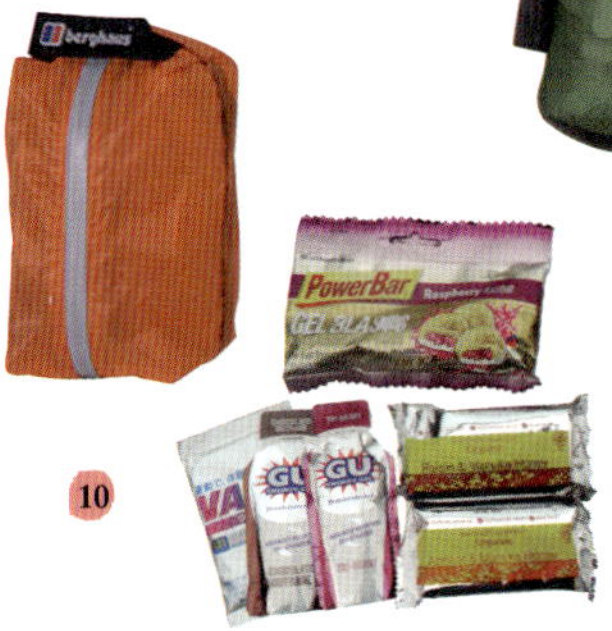

10

9

7

(2013年モデルで40gにバージョンアップ)。3. 夏でも高山の山小屋泊の場合、防寒着は必須のアイテム。「モンベル」のEXライトダウンジャケット（125g）。「マーモット」の830FPダウンスカートも念のため。4. 防寒ウエアと着替えは「グラナイトギア」の防水バッグに。底から上に、出し入れの優先順位で収納するとよい。5.「カブー」の防寒用ウール帽。稜線上での休憩時や、朝焼けを見るときに。ネックウォーマーなどの小物使いが有効。6.「オークリー」のサングラス。「hides H2O」のホルダーはレンズも拭けて、ケースにもなる。7. 洗面道具（詳しくはP104に）。8. 右上から「SUSU」の吸水パッド。濡れたアイテムも拭き取れば、早く乾く。折りたたみコップは小屋や湧き水ポイントで使用。「モンベル」のエコバッグは、山小屋内や下山後の移動用に活用。温泉でも便利なショルダータイプ。9.「プラティパス」の予備水筒。10. 日帰りより、行動食の量を増やし慎重に。スポーツ用のパワージェルやパワーグミは、消化効率がよく行動中の即効性エネルギーに。体内脂肪も活用すべく「バーム」を行動前に摂取。オーガニックのパワーバーは歩きながらパクリ。1日目の分は取り出しやすいところに、不要な分はバックパックの本体へ。以上、水を除く

▶ 計5.0kg

Q 着替えは何枚いる？

＼ ベースレイヤーを私は3着用意します ／

C あると安心の服　B 予備の服　A 出発時の服

基本的に3日間同じもの1枚でOK。ただし乾かないことがあるので必ず1枚は予備を。私はリラックス着も兼ねて念のためもう1枚持って行く。3泊4日でも着替えの量は同じ

Case 3

【2泊3日の着替え】

最終日まで必ず一枚乾いたものを持つこと

2泊3日以上では、基本的な装備は1泊のときと同じですが、ベースレイヤーと下着、靴下の着替えが増えます。ただし、日数分必要なわけではありません。大事なのは、必ず1枚完全に乾いているものを最終日まで持っていること。雨などで濡れた上に遭難してしまったときに、命を落とす危険があるからです。

▶ 雨続きのとき

雨や汗で濡れたものを着続けると体温を奪われるので、山小屋についたら着替えを

Day 1

雨や汗で濡れたまま着続けると体温を奪われる。山小屋に着いたらまず着替える

生乾き

＼ Aを小屋で乾かす ／

山小屋に着いたらリラックス着のCに着替えて、Aを乾かす

Day 2

有人小屋ならだいたいひと晩で乾くので、乾いていたら2日目もAを着る

無人小屋やテントだと乾かない場合もあるので、その場合はBを着る

＼ 晴れなら生乾き程度は着ているうちに乾く ／

（乾いている服を3日目に残せる）

＼ AもBも乾かす ／

Day 3

清潔な服を着たければBを着てよし。Aは乾いた状態で防水バッグにキープ

2日間乾かせばさすがにAは乾くので、3日目の行動時はAを再び着る

＼ 最終日まで乾いている服を残す ／

2日目の夜にAを乾かしておくことで、防水バッグの中にはAとCが残るので安心

＼ Cが残っている ／

が果たす役割 →

① 山小屋でのリラックスウエア：濡れていなければ行動着のままでもいいが、着替えると気分がリフレッシュ＆安眠できる

② 万が一の防寒着：急な天候変化で寒くなったときや、万が一遭難してしまったときの防寒着として活躍

下着の替え

ショーツのみ1枚、3泊以上なら2枚。おりものシートを活用してもよい

ブラジャー	ショーツ
着けているもののみ	1泊～2泊3日 → 1枚
	3泊4日 → 2枚

靴下の替え

靴下は濡れる可能性が高く乾きにくいので多めに。ゲイターをつければリスクを減らせる

1泊2日 → 1セット

2泊～3泊4日 → 2セット

ゆりっぺ先生コラム

臨機応変でOK

同じものを3日間着るのが基本だけど、抵抗がある人は、「必ず1着は乾いているものをキープする」ということを守れば、臨機応変にローテーションしてOK。

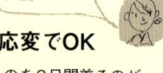

Case 4

【無人小屋泊】

自炊と寝具の分荷物が増える

自分たちで食事と寝具を準備する必要がある無人小屋。その分だけ装備は増えるが、道具の選び方次第では、初心者でも充分可能に。もっとも軽量化しやすいのは食料。慣れないうちはお湯を注ぐだけでおいしいごはんを作れる超軽量のフリーズドライの活用がおすすめ。

無人小屋とは

有人の山小屋とは異なり寝具と食事はないが、ほとんどの場合はトイレと水場が確保されている。緊急時のみしか使えない小屋もあり

調理器具＆食料

山歩きのあとは、なるべく体に優しいごはんを食べたいもの。とはいえ、水分の多い食材を持ち運ぶのは重いうえ、日持ちの問題も。背負える重さとの兼ね合いで考える。

1.マルチツールナイフは、食材を切ったり袋詰め食材の開封に。2.調理用のコッヘル（鍋）。3.SOTOのシングルバーナー。ワンタッチで着火でき、火器の使用に慣れていない人でも安心。4.ニュージーランド製の無添加フリーズドライ。5.柄が長いMSRのカトラリー。6.プラティパスで水を持ち運ぶ。7.ステリペン（携帯UV浄水器）

寝袋

暖房設備がないことも多いため、朝晩かなり冷え込む。スペックの最低温度を確認のうえ、軽量で温かい寝袋を。防水タイプの圧縮袋を活用すると、濡れる心配もなくかさも減らせる

選ぶチェックポイント

中綿には、軽量だが水に弱い天然ダウンと、重いが水に強い化繊ダウンがある。私は軽くてかさばらない天然ダウンを愛用

基本はマットなしの堅い板張りなのでクッション性のあるマットは必ず持参しよう。まれに備え付けのマットがある場合も

その他

トイレや水場が離れた場所にあることが多く、小屋周りでのちょっとした移動が多くなる。少し荷物が増えてもサンダルがあるととても楽

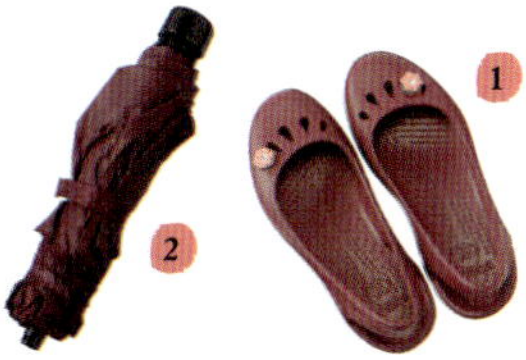

1.クロックスのサンダルは、登山口までや下山後にも◎。2.小屋で雨が降ったときに大活躍する折り畳み傘

Q 行動食の量はどれぐらい？

A 昼食を「時間節約のため、すべて行動食で」という場合。自分に必要なパワーバーなどの行動食の量がわからなかったので、準備時にすべてを写真を撮っておき、下山後に残った量と比較。それを何度か続け、必要な量を算出していきました。

Comfortable Gears

快適をもたらす道具

自分のための道具選び

大切な山道具をすべて入れ、一緒に山を歩いてくれるバックパック。何時間も体に寄り添うものだから、「どれを選ぶか」と、「そこにどうやって荷物を詰めるか」が大切になります。

バックパックを選ぶときは、まず、「どんな山に何日くらいかけて登りたい?」と山歩きのスタイルをイメージします。次に、大きさと重さ、機能性をチェック。そして一番大切な体との相性を検証します。

最後はそのなかに、山道具と山への想いをぎゅっと詰めます。そのすべてを運んでくれるのがバックパックなのです。

私は、装備を取捨選択できるようになり、パッキングも上手になったころ、ふっと、バックパックが自分の体の一部のように感じる日が訪れました。

【バックパック】

Backpack

山歩きのときに、もっとも大きな面積で長く体に密着しているギアはバックパックです。だからこそ、自分の体に合うもの、山歩きを快適にしてくれるものをじっくり考えて選びます。ここでは私のチェックポイントをご紹介しますが、自分の体質や体力などによってポイントも変わってくるはず。自分なりに負担を減らすための基準をもつということも気にしてみてください。

▼チェックするポイント

☑ 軽い

背負う荷物が軽量であればあるほど、負担が減り余裕が生まれます。ただ体に合っていなければ、どんなに軽くてもNG。体にフィットし、快適な条件を満たすものの中で、軽量なものをセレクト

☑ 体に合う

ずっと体に密着するバックパックはフィット感が何より大切。購入の際は、ショップで実際に重りを入れてもらって背負い、背面の高さ、ショルダーの幅、腰周りのマッチングなどをチェック

☑ 汗をかきづらい

私は汗かきのため、背面メッシュパネル（背中に空洞ができ、通気性がよい）が好き。背中に張り付くタイプは軽量で背負いやすいとされるが、私は快適性と、背中の発汗量を減らすことを優先し体力温存を図る

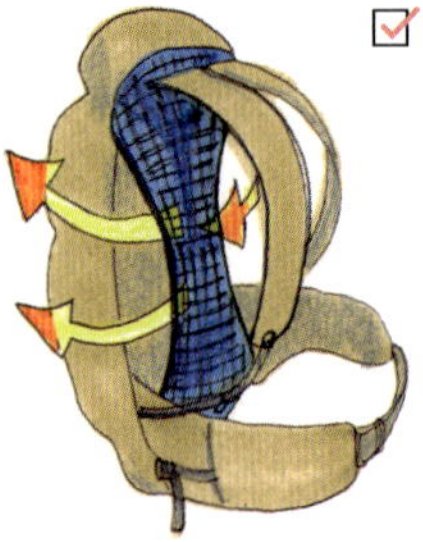

☑ 小物の収納力がある

モノの取り出しやすさは、山歩き中の疲労に直結する。雨蓋、ウエストベルトのポケット、サイドポケットの角度など、収納力がありアクセスのよいものは、「面倒くささ」の解消につながる。(P102へ)

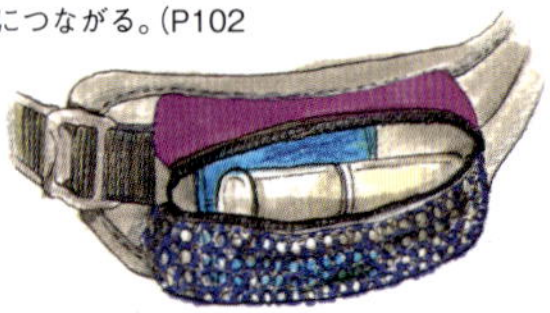

▶ 愛用アイテム

3泊4日の無人小屋泊

**バーグハウス
フリーフロープロ 40**

無人小屋泊では、寝具、食料、調理道具が必要になるため、40ℓの容量を選んでいる。背面メッシュパネル、ウエストハーネスポケットなど、必須の機能が盛り込まれているため、ロングトレイルでも快適。デザインとカラーリングも◎。40ℓ、約1.6kg

**グレゴリー
ジェイド 30**

おもに3日間までの春～秋・山小屋泊トレッキングに。初めはより軽量の別商品を買おうと思っていたが、いざショップで背負ってみると体に合っていないことが判明。メッシュパネルなどの条件を満たした中で一番フィット。今や大切な相棒。34ℓ、約1.3kg

2泊3日の山小屋泊

ショートハイクなど

**ゴーライト
ジャム**

雨蓋のないシンプルな構造。背面が完全に密着するので、汗をかきづらい時期のハイキング～山小屋泊に使用。荷物の増減に合わせて容量を調整できる構造なので、旅先でも活躍。バックパック自体が軽いので、自然との距離も縮めてくれる。20～45ℓ、約0.8kg

▶ 雨のときはレインカバーを付ける

バックパック自体が雨を吸うと重くなり、中身も濡れてしまう。サイズに合ったレインカバーを用意し、すぐ取り出せる位置に入れよう。カバーを標準装備したモデルや、もともと防水仕様のバックパックもある。中身の個別の防水対策も忘れずに。

▶ 容量を考える

「大は小を兼ねる」ではなく、山行の日数やスタイルによって、容量の違うバックパックを使い分けるようにしている。日帰り装備に比べ、山小屋泊の場合には、着替えや食料などが日数に合わせて増えていくため。

日帰り…20～30ℓ
1～2泊の山小屋…30～45ℓ
無人の避難小屋泊…40ℓ～

パッキング次第で軽くなる

バックパックのどこに何を入れるかも歩きやすさに関係があります。基本のパッキング術を確認しましょう。

脱ブラックボックス
居場所を決めてあげよう

まったく同じ道具をバックパックに入れていても、それをどの場所にどのような形で入れるか、によって体感する重さが変わってきます。さらにスタッフサックなどで体積を圧縮してスリムにまとめると、バランスが安定して歩きやすくなるという効果も。また、枝や岩にひっかかったり、突風にあおられるリスクも軽減できます。

歩きやすい
パッキングに

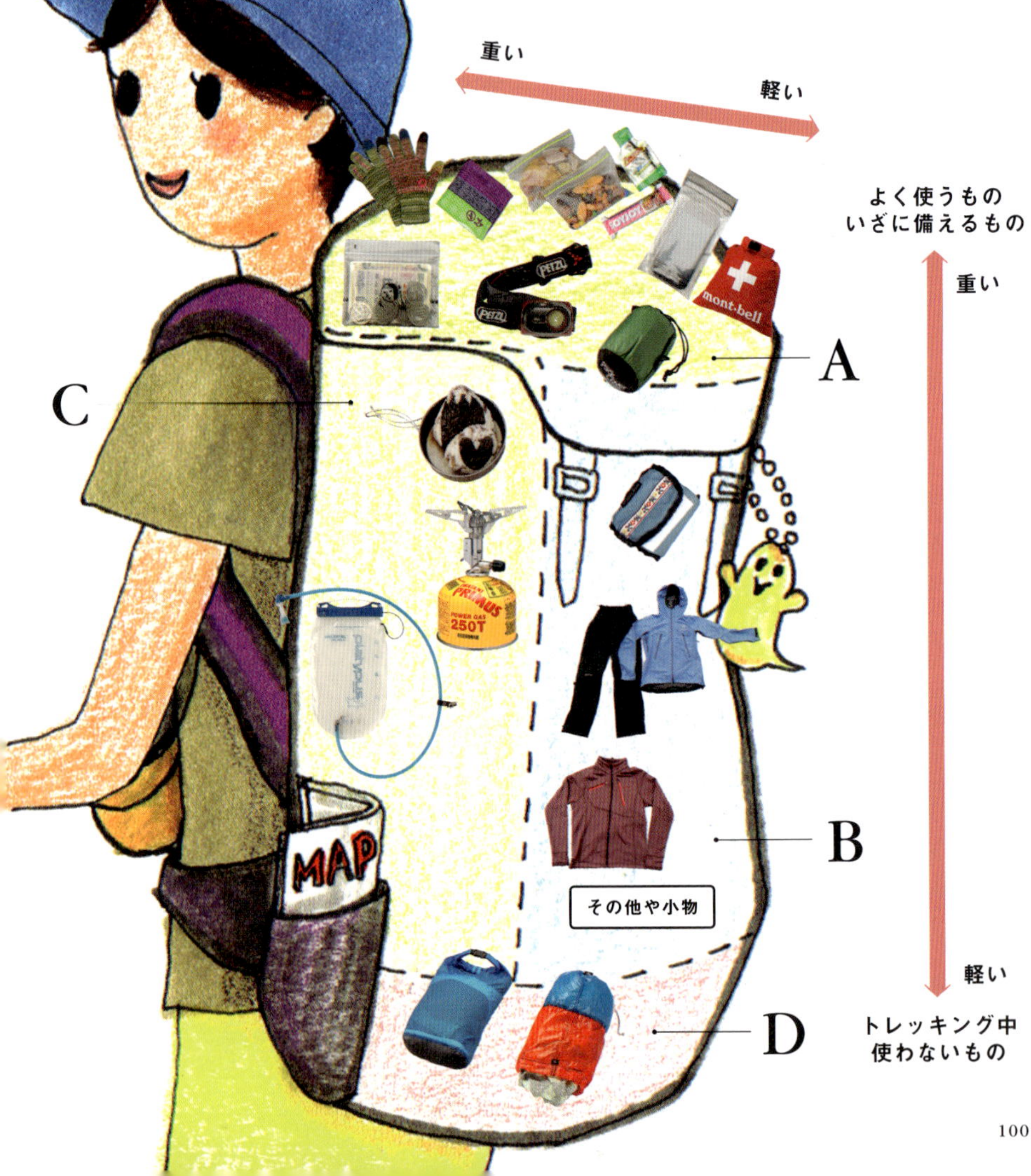
重い
軽い
よく使うもの
いざに備えるもの
重い
軽い
トレッキング中
使わないもの
A
B
C
D
その他や小物
MAP
mont-bell
PRIMUS

C

重量があるものは バックパック背中側に

重量があり、行動中に使わないガス缶やバーナー、調理道具を入れたコッヘルは、より背中に近い場所に配置すると◎。一番重いハイドレーションもここ

Item

コッヘル、バーナー、調理道具 予備の行動食、ハイドレーションなど

B

すぐに取り出す ものは外側に

レインウエアやミドルレイヤーなど、行動中や休憩時に脱ぎ着にする必要のあるものは、出し入れしやすい、バックパック上部か外側に収納しよう

Item

レインウエア、ミドルレイヤー ウインドシェル、トイレセットなど

A

よく使う小物 緊急用ギアの収納場所

ひんぱんに使うマップや行動食、緊急時すぐに取り出す必要のあるヘッドライトやファーストエイドキットは、アクセスが容易な雨ぶたや外ポケットに入れておく

Item

行動食、ヘッドライト、救急セット、防寒小物、身の回り小物など

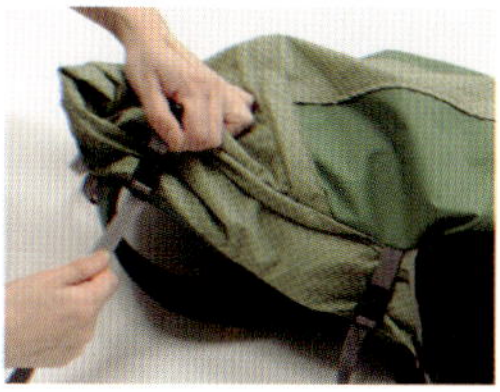

バックパックの内容量に応じて サイズを調整しよう

荷物が少ないときは中身をなるべく均等にならし、サイドのベルトをしめることで背負い心地が格段によくなる。バックパックの容量に関わらず、内容量に応じて調整しよう

ゆりっぺ先生コラム

赤ちゃんを おんぶするよう

ぴったりと背中に寄り添ってくれる赤ちゃんと、泣いて体を揺らす赤ちゃん。おんぶするとき、前者の方が軽く感じられるはず。重い荷物を背中の近くに寄せると軽く感じられるのは、それと同じ感覚。

D

軽くて行動中に 使わないものは下部に

行動中には使わず、小屋に着いてから取り出すような防寒着やサンダルなどはバックパックの下部。軽いものを底に入れるとバランスがよく、衣類がより圧縮される

Item

防寒着、着替え、サンダルなど

Column

▸ 小分けにまとめて 体積を減らす工夫

大きなひとつのスタッフサックにたくさんのものを詰め込むと、出し入れしずらく、ものを探しづらいという難点が。使うシーンやジャンル別に、小分けにするのが得策。防水素材のものや、2層式のもの、手持ちしやすいものなど、いろいろな種類やサイズがあります。自分のバックパックに収まりやすい形状かどうかも見極めて使い分けを。中に何が入っているかひと目でわかるよう色分けするのも便利です。

▸ スタッフサックの使い方

濡らしたくないウエアは、圧縮できる防水バッグでコンパクトに。その入れ方にもコツが必要。今回は私が愛用するグラナイトギア社の底から空気を抜けるタイプを紹介します。

1

ウエアを袋に合うよう畳み、使わないものから底に入れる

2

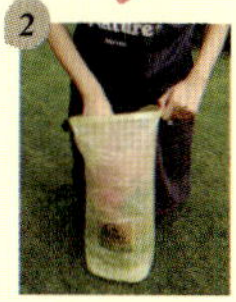

すべて入ったら、手を入れてぎゅっと押しこむ

3

ヒザを置いて体重をかけて潰しながら底から空気を出しきる

4

口をクルクルと3回以上巻き止めば、こんなに小さくなる!!

面倒くさい、を減らすパッキング

バックパックのどこに何を入れるかも歩きやすさに関係があります。私の「体力温存」のための工夫をご紹介。

面倒くさくならないシステム作り

体力がない私にとって「面倒くさい」、「わずらわしい」は、体も心も疲れさせるマイナス要素。実は、その感情をなくせば、山を元気に歩けます。

行動食、疲労回復サプリ、日焼け止めなどは、歩きながら、さっと取り出して使いたいもの。でも、そのためにバックパックを下ろすとなると、「面倒くささ」が先に立ち、結局、使わなくなってしまいます。すると、栄養補給が足りなかったり、日焼けで不快を感じる結果に。

取り出すための大きな動作が頻繁にあると、それだけでも体力を消耗します。水のハイドレーションの導入も得策。動作にも〝節電〟が必要なのです。

パッキングで「面倒くさいを減らす」システム作り。体力は、知恵でカバーできますよ。

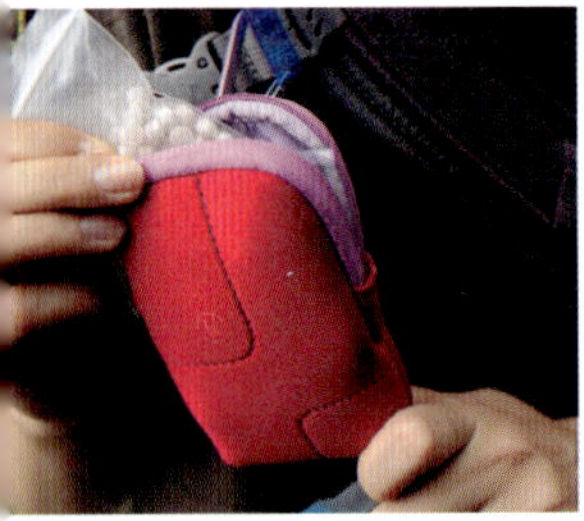

1 胸のポーチ

カラビナでショルダー部分につけたポーチには疲労回復サプリメントを入れている。飲みやすくゴミもでない錠剤を選び、“めんどう”を排除

2 バックパックのポケット

バックパックのサイドポケットには、ドライフルーツや、中身が崩れにくいよう広口のボトルに入れた行動食を。ボトルは掴みやすく、さっと取り出せて、気軽

＼必要に応じて／

3 ウエストポーチ

防水ノートやボールペン、カメラを入れたり、リップクリームやUVファンデなどを入れる場合も

4 ウエストハーネスのポーチ

虫よけや日焼け止めを小分けボトルに入れ替えて収納。日焼け止めクリームは、手がベタっとして塗るのが面倒になるのでスプレータイプのものに

＼必要に応じて／

5 サブホルダー

行動時間が長く、昼食を行動食ですませるときに使用。水筒を入れるメッシュホルダーをウエストベルトにつけ、パワーバー、ジェルなどをイン。動きながら栄養補給

荷物をマイナスすることを考える

荷物をプラスするばかりでなく、「持って行かない」という選択肢も考えてみると、本当に必要なものがわかります。

以前は日帰り登山でも調理することにこだわっていましたが、今は、柔軟な選択をしています。

例えば、山小屋泊の場合、調理道具は持っていく必要はないので、「荷の軽さ」が得られます。けれど、道中で温かい飲み物で体をほっとさせたい、コーヒーを淹れるのが楽しみだ……と思う方は「心の軽さ」を選ぶこともできます。

また「持っていく」選択肢をとった場合でも、①〜③など方法はいくつも。

私は、土屋さんのアドバイスで、荷物をプラスすることから、いったん「マイナス」する思考にリセットし、「自分にとっていらないものが何か」を考えました（88ページ参照）。その結果、「最小限必要なもの」を見つけられたのです。

Case ▶ 山小屋泊なら自炊しなくていいけれどお茶は飲みたい

温かいものを飲んで快適に歩きたい

荷物を軽くして快適に歩きたい

調理道具を持っていく　持っていかない

①
魔法瓶＋ティーバッグ
魔法瓶を持参し、お湯は山小屋で購入。②、③より休憩時間が短縮

②
ワンバーナー＋カップ兼鍋
シェラカップは火にもかけられ一台二役。軽量コンパクトな選択肢

③
最速で湯を沸かす「ジェットボイル」＋かわいいカップ
最短時間で沸騰させたあとは気分が上がるカップでティータイムを

使いやすくカスタマイズする

バックパックも、買ったときのままではなく、自分が使いやすいようにカスタマイズして、より無駄なく快適に。

1 カラビナを付ける

脱いだ帽子などを一時的にかけたり、山小屋でウエアをかけておくときなどにも使える。大きいものは、ひっかかって危険なので注意

2 余分は切ってしまう

長すぎる紐はモタつくので体に合わせて切る。切り口は火で炙ればほつれない。ハイドレーションのホースも余分な長さは切っておく

3 バンジーコードをつける

ゴム紐を付けられるようになっているバックパックも多い。これがあれば脱いだウエアや濡れたレインウエアを一時的にかけられる

4 反射板をつける

スウェーデン製の反射板。山小屋でヘッドランプで照らすと光るので、自分のバックパックの目印になる。また、万が一遭難してしまい捜査されるときには、ライトに反射して見つかりやすいかも……と思い、お守り代わりにしている

5 超小型ライトをつける

ドローコードに付けておくと、山小屋で夜や早朝、荷物整理や物を探すときに迷惑になりにくい。荷物の奥まで照らせる。予備ライトとしても

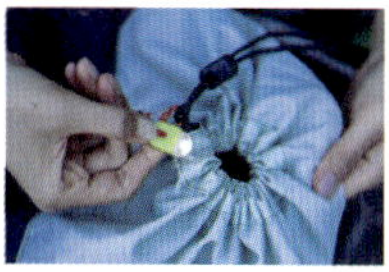

Goods for girls

女性のお悩み解決グッズ

1 ▼ 洗顔

このアイテム数で
約107g

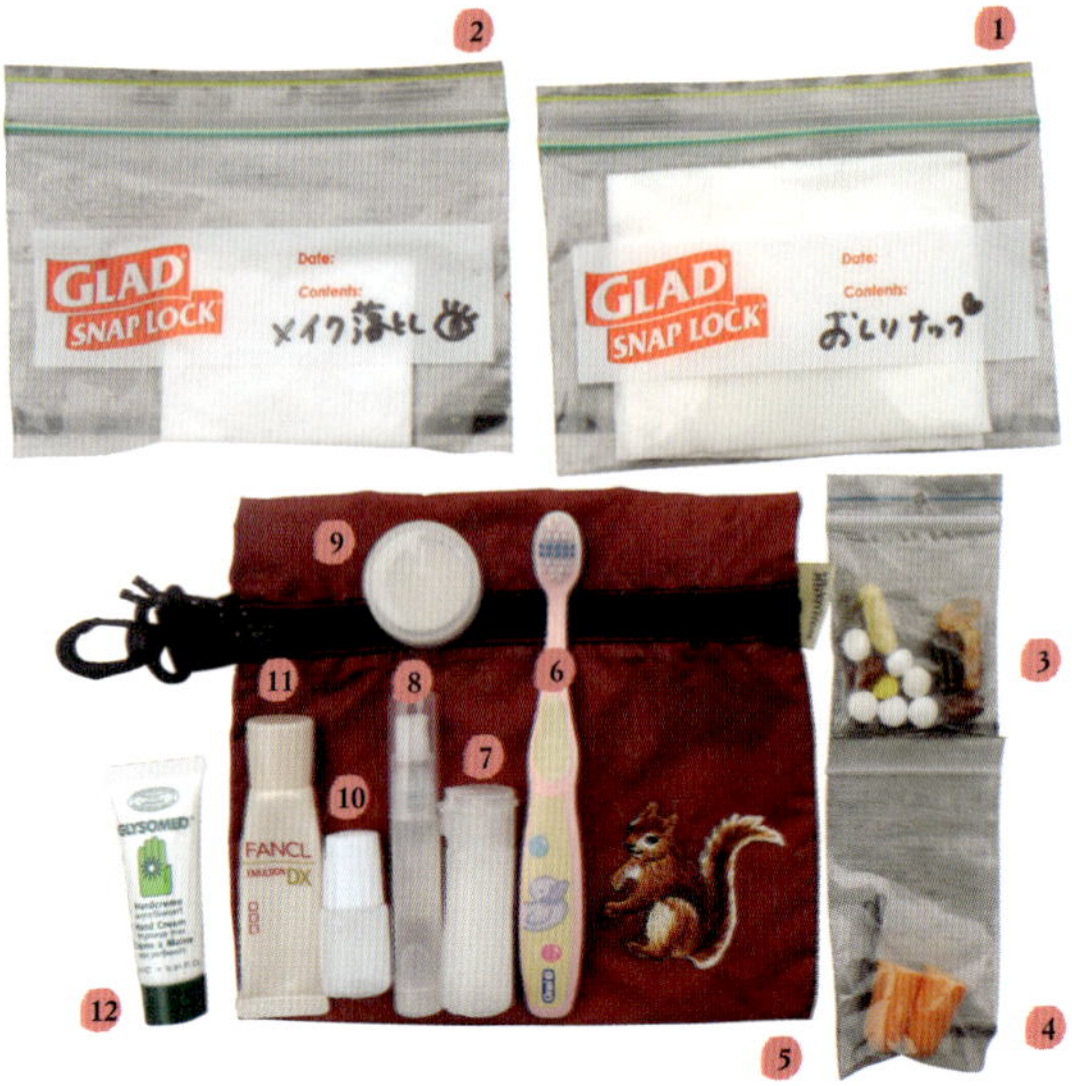

1. ベビー用のおしりふきは、顔&体拭きシートに。使う分だけ密閉式ビニール袋に入れる。2. メイク落としシートも使う分だけ。3. サプリメントを1回分にまとめて（いつも飲んでいるもの）。4. 耳栓&ヘアピン。5. エキノックスのウルトラライトポーチ8.5g。6. 長さが小さいので子ども用の歯ブラシを使う。7. 重曹は下山後の歯磨き粉に。8. ワキ用デオドラントスプレーを極細ボトルスプレーに入れ替え。スプレーすれば、匂いも気にならず、同じTシャツでもすこし快適に。9. オーガニックの日焼け止めクリーム。小分けミニケースに入れ替え。10. 化粧水 11. 内容量8gのクリーム。12. ハンドクリーム

工夫のポイントは "適量&小サイズ"

歯ブラシは子ども用にし、体積ダウンの工夫を。化粧水などの試供品は、一回分の容量を私は使い切れず、余分をぬぐうとゴミや手間になるので、3㎖の点眼容器に入れ替えます。実はこれは4日間の縦走(朝晩2回)+温泉でも充分な量。市販の極小サイズを常に探したりと、小さなダイエットを積み重ね、本当に使う分を厳選しています。

Point 1 カスタムして小さく!?

体積を小さくするため、大人用の歯ブラシの柄を切ったこともあるが使いづらく、子ども用の歯ブラシに行き着いた

Point 2 密閉袋を活用する

シート類は使う枚数だけ持参したいので、密閉式ビニール袋に入れていく。100円均一のものは縦横のサイズが豊富

Point 3 サンプルか既製品か詰め替えか

サンプルだと1回分3㎖で私には多すぎる化粧水。3㎖のケースで4日間もつので、入れ替えたほうがゴミも出ない

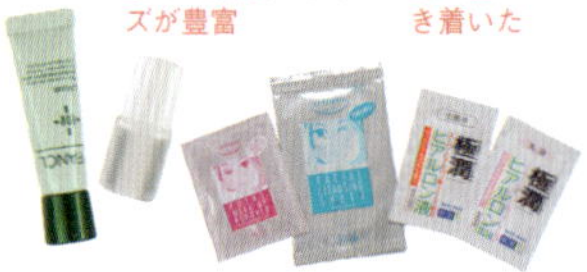

サンプル品や小さい市販品、容器など、普段からアンテナをはって収集するのも楽しみのひとつ

Column

洗顔のしかた

水が貴重なので工夫が必要。メイク落としシートなどでオフしたあと、精製水シートで拭く(朝の洗顔も)。シートの種類を増やさないよう、私はおしりナップを体と顔拭きに兼用

メイク落とし

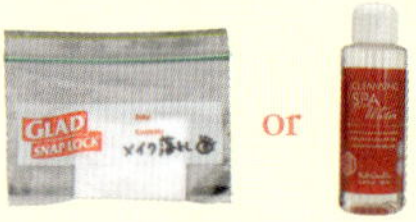

+

コットンに「Koh Gen Do」のクレンジグウォーターを含ませて持参することも。温泉水やハーブ入りで肌にも環境にもやさしいものを選ぶ

フルメイクで
約67g

メイク時間
3分

2▼メイク

※持っていかないこともある

メイクしたい気持ちと軽量化の両立

山に入るとき、ある程度のナチュラルなメイクをしています。それは、山での思い出（写真）のなかでも自分らしくいたいから。写真は、私にとって大切な下山後の楽しみだからです。

メイクはしたいという気持ちと荷物は軽くしたい気持ちを両立させるため、メイク道具の徹底的な軽量化と、コンパクト化を追求してきました。上のアイテムすべて合わせてわずか67g。これでメイクができるならアリ、と思える重さです。

1. ファンデーションは「MiMC」のスーパーミネラルパウダーサンスクリーン。ミネラル100%で肌への負担が少ないのにSPF50+。パフ一体型で片手で塗り直しできる。2.4. カートリッジの先端のみにしたまゆげパウダー＆ペンシル。3. 小さくて軽い下まつ毛用マスカラ。まつげパーマをすれば、ビューラーいらず。5. 綿棒。6. グラナイトギアのポーチ。7. アイシャドウは発色のいい「MiMC」のミネラルカラーパウダー。8. 粉チークは小さい袋に入れて指でつける。余っているチークを崩して入れればOK。1g弱

▶ 日焼け対策アイテム

天然成分で保湿力が高いものをセレクト。汗に強い高数値のものを使用していたが、このほうが肌荒れや乾燥もなく、リカバリーが早い気が。「トリロジー」のクリーム（SPF15）にミネラルファンデ（SPF50）を。行動中の塗り直しはミスト状のものでこまめに

ミスト式
日焼け止め

パフ式のミネラル
ファンデーション

＋

SPF15の
クリーム下地

状況に合わせて使うもの

紫外線が強い夏山や日帰り登山には、天然成分より日焼け止め効果の高さを重視することも。左から「パルガントン」のフェイスパウダー（SPF30）。「アユーラ」の顔も体も使える乳液（SPF50）。「ハンスキン」のBB クリーム（SPF30）

パウダータイプの
ファンデーション

SPF50の
乳液

SPF30の
BBクリーム

3 トイレ・生理・便秘

女性が心配な山トイレは自然にとっても大問題

排泄は、水分や栄養補給とともに体調キープのために大切なこと。基本的にはふもとや山小屋備え付けのトイレで用を足し、処理タイプごとの指示に従って利用します（利用料を支払うために小銭の準備を）。

その一方で、トイレを我慢して体調不良にならないよう、野外で用を足すためのトイレグッズも持参しています。そのときに気をつけるのは、水場から少なくとも50m以上離れること。トイレットペーパーは自然分解するものでも、必ず持ち帰ること。……万が一のやむを得ない「大」ピンチは、岩場は避け樹林帯で。自然の浄化作用で土に還るよう、スコップで15cmほどの穴を掘り、土をかけます。山と体の声、両方に気をつけましょう。

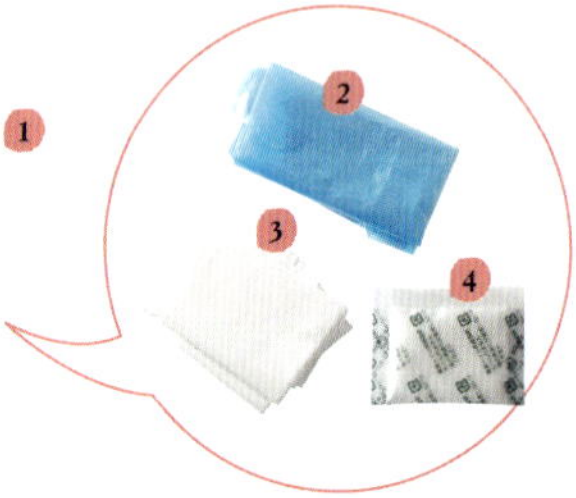

1.〜4.携帯トイレは日帰りでも念のために常備。写真は「モンベル」のO.D.トイレキット。5.場合によって使用する「MIZO」のスコップは軽量チタン製。6.トイレに行く際、少しでも気分をアップさせたいと思い、トイレグッズをチロリアンテープでリメイク。暗く狭いトイレや、野外でもさっと済ませられるよう、首からかけられる「モンベル」ペーパーホルダーを使用。8.小型の防水ターボライターは調理用。緊急時、トイレットペーパーは燃やしてから埋めると分解が早い（火の始末は入念に）。7.9.ウェットティッシュ、除菌ハンドサニタイザー。トイレに時間がかかると、行動時間に影響が出るのでさっと済ませられるよう必要なものはまとめて収納

チロリアンテープで
楽しくなる
カスタマイズ

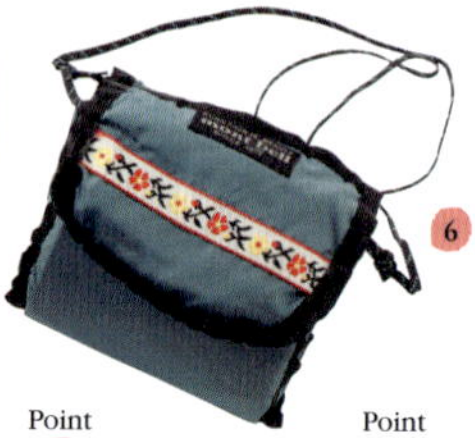

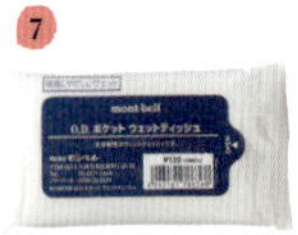

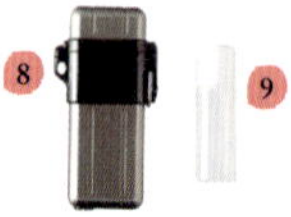

Column

トイレを楽にするアイディア

ラクに短時間で用を足すための工夫をふたつご紹介。モンベルの「O.D.ポケットティッシュキット」に、ティシュとウエットティッシュの両方を入れ、腕に巻いてトイレへ。両手が自由に。家では山トイレ用に、100円玉貯金を。トイレが億劫でなくなれば山がもっと楽しくなる

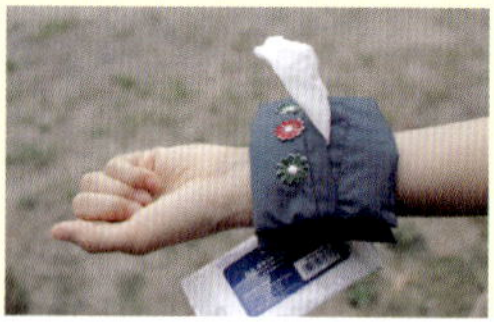

Point 1 ゴミの捨て方

使ったペーパーやナプキンは持ち帰るのが基本。匂いや透けが気にならないように、密閉式ビニール袋のなかにラブリーな個包紙袋を入れ、二重にする。おむつ用の防臭・色つきゴミ袋も役立つ

Point 2 生理のとき

生理用品は袋に入れて体重をかけ、空気を抜いて圧縮すると、かなり小さくなり、持ち運びやすくなる。当日使う分だけ、トイレグッズと一緒にしておくと、出し入れがラクで、面倒を省ける

Point 3 清潔を保つ

長期の山行や生理のとき、気になるデリケートゾーン。ベビー用おしりふきや精製水シートで拭き取ると、かなりスッキリする。女性特有の蒸れやオリモノも工夫で快適に。オリモノシートも有効

4 ▸ 日焼け対策を万全に

Measures 1
スプレータイプを小分けに

クリームは手がベトベトするし、疲れているとつい塗り直すのが面倒になってしまう、という人にはスプレー式の日焼け止めがおすすめ。

日焼けどめスプレー SPF24 PA++

必要な分だけ小分けのスプレー式ボトルに入れ替えて

唇もケア

唇も直射日光によるダメージを受ける。紫外線をカットし、保湿もできるリップクリームを出し入れしやすい位置に収納。こまめに塗り直すこと。右は色付き

Measures 2
ウエアを工夫する

太陽の日差しを浴びると、日焼けが気になるだけではなく、体力も奪われてしまいます。なるべく肌を露出しないことはもちろん、UVカット素材を使ったウエアやアクセサリーも活用を。

目から紫外線を吸収すると、シミ、ソバカスの原因となるメラニンが増加するので注意

UV素材やツバの広い帽子を選ぼう。テンガロンハットは日よけ効果が高い

UVカット素材や清涼感のある薄手の山シャツで直射日光をさえぎろう

特に、紫外線にさらされる手の甲部分は手袋で日焼け対策を。夏は通気性と速乾性も重要

長袖のシャツを着るには暑すぎる時期なら、紫外線をカットする薄手のアームカバーも◎

つい怠りがちな首のケア。ストールなら汗対策にもなり、おしゃれも楽しめる

Measures 3
水をしっかり飲む

紫外線に長時間当たると、肌も体も乾燥する。充分な水分を取ることによって、体の正常な機能を取り戻すことができ、日焼けによるダメージから回復しやすくなる

Measures 4
ビタミンを摂取

メラニンの生成を抑え、痛んだ細胞を修復してくれるビタミン。行動食としてドライフルーツなどを摂取することで、体の中からダメージを防ぐことができる

Measures 5
洗顔後しっかり保湿

日に焼けると肌を守るために蓄えた水分が使われて表面がかさついてしまうことが。行動中も保湿を心がけ、下山後には冷やして赤みや熱をおさえてから保湿する

左は山で、右は下山後に自宅で使っているもの。肌は傷ついた状態なので、肌荒れしないようにオーガニックのアボカドオイルをたっぷり塗る

Emergency goods

もしもに備えるアイテム

＼ 必携 ／

Others 1

ファーストエイドキット

外傷用、内服用の救急キット。絶対に濡らさないようにそれぞれ個別に小さな密閉式ビニール袋に入れ、最後に防水バッグへ。P93のように、ほかの緊急アイテムと一緒に目立つ赤い袋にいれ、バックパックのすぐに取り出せる場所に

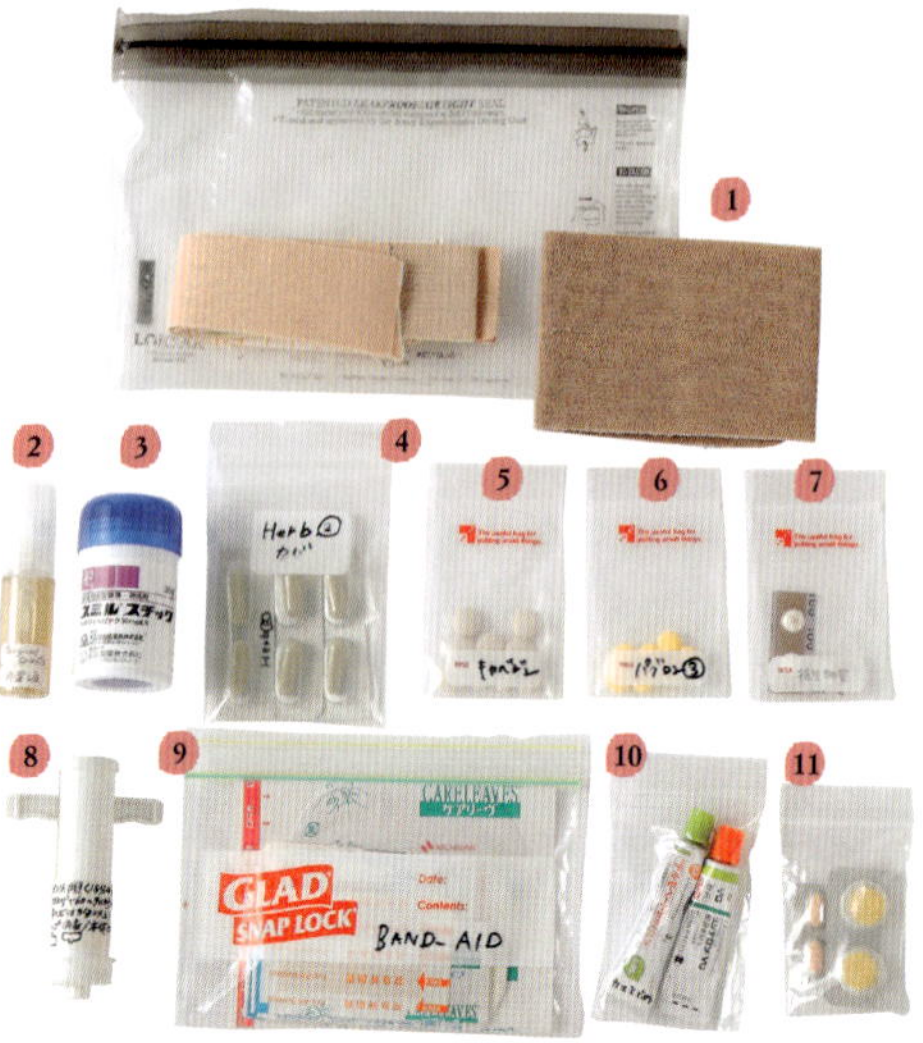

1. ヒザが弱いのでテーピング2種。2. 小分けに入れ替えた消毒液。3. 筋肉痛用のスティックタイプ鎮痛剤。湿布はゴミが出るし、ジェルタイプは手が汚れるので、少々体積は増すが、スティックタイプを採用。4. ハーブ成分でできた風邪薬。風邪のひき始めかも？　というときは、これで充分。5〜7.11. 胃痛薬、風邪薬、抗生物質、下痢止め、頭痛薬、花粉アレルギー薬。8. ポイズンリムーバー。万が一のとき慌てないように、使い方をシールに書いて、本体に貼る。9. バンソウコウ。小さいもの、大きめのもの、治癒促進用、靴擦れ用と各種。10. 塗り薬は虫刺され、湿疹ややけど、傷用の塗り薬。……薬は、これまでの経験で自分の体質に合うものをセレクトし、使い方、容量も把握し「使いこなす」のがポイント!!

Others 2

アーミーナイフ

ハサミ、ナイフ、やすり、毛抜き、爪楊枝がついたビクトリノックスのアーミーナイフ、小型ライト、ホイッスル付き防水ペンをカラビナでまとめ体に近い場所へ。

ホイッスルは、万が一に助けを呼ぶために

Point

思わぬトラブルを防いでくれる

以前、山のなかは石鹸を使えないからか、砂でも入ったのか、ものもらいになってしまい急遽下山した経験が。以来、長い山行時には念のためこの殺菌剤を持参。ニュージーランドでは、無人小屋にハンドサニタイザーが置いてあることも！

Point

虫を嫌いにならない先手の打ち方

虫対策はより余裕をもって自然を楽しむためのテクニック。帽子のつばに、虫よけスプレーをする、白黒のウエア＆バックパックは避ける、肌を出さない、手袋をする。「スコーロン」などの防虫素材を使うなど、先手の打ち方はいろいろ

Others 3

虫除けグッズ

虫だって、自然の一部。だから、キライになる前に（嫌な思いをしないように）、先手を打とう。左から、虫が嫌いなハーブの匂いのプレート付きキーホルダー。蚊がキライな超音波を出す機械。天然成分の虫よけ

Others 4

殺菌剤

簡単に除菌・消毒できる手指用スプレー（ハンドサニタイザー）をトイレ後、食事前などに使用。iherbで購入したオーガニックのものを愛用

Others 5

熊よけスプレー

熊が生息する山では、唐辛子成分のミニサイズスプレーを、さっと手が届く位置に携帯。風向きを考えて発射する。事前に安全な場所で練習してみよう。私は街でもチカン対策として常備

For more comfortable condition

コレがあるともっと快適!

細かいアイテムもワクワク重視

なくても問題はないけれど、持っていくと楽しくなったり、ラクになるアイテムを紹介します。これらも、気持ちを軽くしてくれる大切なもの。

　外おやつは栄養補給にもなり、リラックスもできます。いろいろ試して軽くておいしいものを選んでいます。また、下山後の温泉という楽しみが山での一歩の活力になるときも。

両足で
約190g

Goods 1 サンダル

無人小屋泊、テント泊でリラックスできるサンダル。靴下のままで履け、朝露で足先が濡れないようにつま先が隠れるのがベスト。クロックスは軽量薄型で◎

持ち運びもラク
約131g

Goods 4 外おやつ一式

山ではカフェイン（利尿作用がある）が入っていないハーブティーを持参。ドライフーズとともにリラックスできる時間を作ってくれる

1.日本古来のドライフーズ、懐中しるこ。2.「SOTO」のバーナーは燃費がよく寒冷地でも火力が落ちない。コッヘルはチタン製の「DANAデザイン」。3.自家製ハーブティー。自宅で育てているハーブ（ベルガモットレモン）を乾燥させたもの。ほか、便秘に効くアルパインティーも持参。4.5.フリーズドライの野菜チップス。野菜本来の甘みとほのかな塩気がいい。6.フリーズドライのフルーツ。無糖・無香料・無着色

Goods 2 温泉グッズ

登山中に持ち歩かねばならないので、必要最小限をセット。気軽に温泉に入りたいからこそ、軽量を優先

1.「グラナイトギア」のポーチに、温泉グッズをまとめて収納。2.22gの「MSR」吸水速乾パックタオル。3.山小屋でも使用したメイク落としシートをそのまま活用。4.洗顔は「よーじや」で購入した敏感肌処方の紙石けんで。5.シャンプーは温泉のものを使い、トリートメントはサンプルを持参。6.7.「マックパック」のメリノウールパンツと「パタゴニア」のブラ。湯上がりは汗をかくので、機能素材の下着を

Goods 3 密閉式袋コレクション

密封力が高く、軽量の密閉式ビニール袋は私の山の相棒。再使用する際は穴アキの有無をチェック！

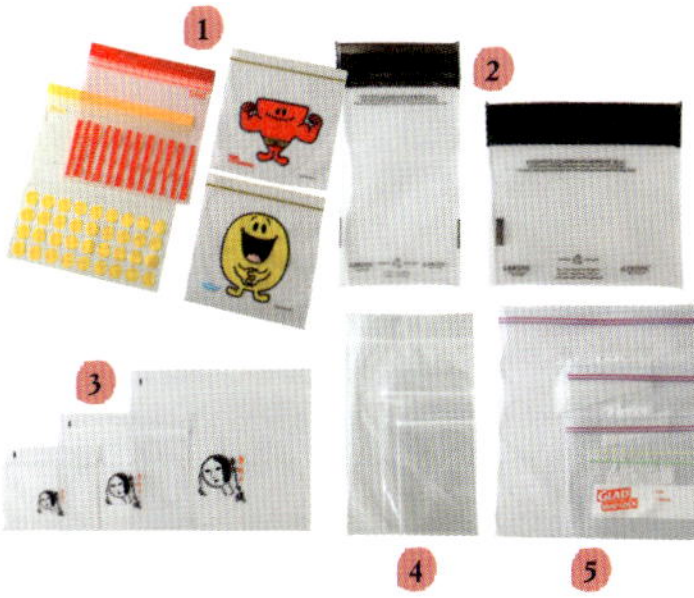

1.デザイン入りはIKEAとNZで購入。中が見えづらいので生理用品などに。2.軍用ロックサック。アメリカ海軍で使われているだけあって、防水性と耐久性はベスト！　携帯とデジカメ、薬類を入れている。3.透明ながらワンポイントがかわいい「よーじや」のもの。横長なので取り出ししやすい。お財布や、アメなどを入れている。4.100円均一ショップは絶妙なサイズ感が多い。薬や小物を。5.ジップロック。冷凍用のものは破れにくい。行動食や防寒具などを入れる

Selection of accessories

小物の選び方

自分のマストアイテムがわかった後は、山歩きをより快適にしてくれ、自然を楽しむためのグッズをプラスします。アウトドア以外のアイテムにも視野を広げて、おもしろいものはないかアンテナを立ててみると、山でも使える便利なグッズを見つけられることも。

▶ アウトドアブランドにこだわらない

アウトドア専用でなくても、使い勝手を吟味してよいものはどんどん流用。雑貨店でも山で使えるものはないかリサーチを

コップ

シリコン製の小さく折り畳んで薄くなるコップ。ポケットなどに入れられるので、歯磨き時や湧き水を飲むときにさっと使えて便利

吸水パッド

SUSUのマイクロファイバー製吸水パッド。濡れた雨具やザックカバーを干す前に拭きとると乾燥が早い。絞ると吸水力が復活

▶ 体の負担が少ないもの

ショルダーバッグやウエストポーチ、ザックのハーネスに付けるチェストバッグと、タイプもいろいろ。自分に合ったものを

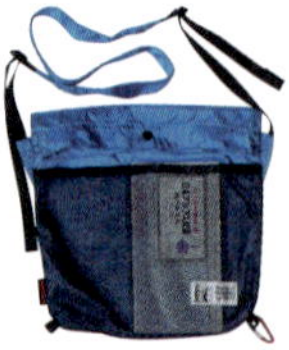

Column

自分だけの山ギアリストを更新し続ける

道具選びの創意工夫とトライ＆エラーを記録し、見直し、次の山行に反映させることで、山歩きをバージョンアップしてきました。そのときに役に立つのがリスト。山で「コレは不要」、「アレは必要だった」、「このアイディアどうだろう」と思いついたらすぐにリストに記録。本当に必要なギアを絞り込み、思いつきを形にするための工夫をしています。

その際に私が愛用しているとても便利な管理アプリがあります。「remember the milk」というチェックリストで、PCや携帯で同期でき、印刷も楽。私はこれに装備リストを入れています。優先順位をつけて日帰り、山小屋泊、避難小屋泊に必要なものがわかるようにしたり、救急キットの中身まで細かく書いています。メモに「この行動食スキ」、「○○はいらなかったかも」（……これが意外と多かった）など、山行中に気づいたことを書き込み、常に持ち物リストを最善なものに更新。携帯で閲覧し、登山用品の買い物メモとしても活用できます。

道具をリスト化したことで、忘れ物がなくなりました。なにより、準備が楽になると、週末「山へ行きたい」と思ったら、さっと出発できます。山との距離を近くする。それがリスト化の目的です。

自分の必要なものを見つめ直せる持ち物リスト。山での経験とともに、進化させてみませんか？

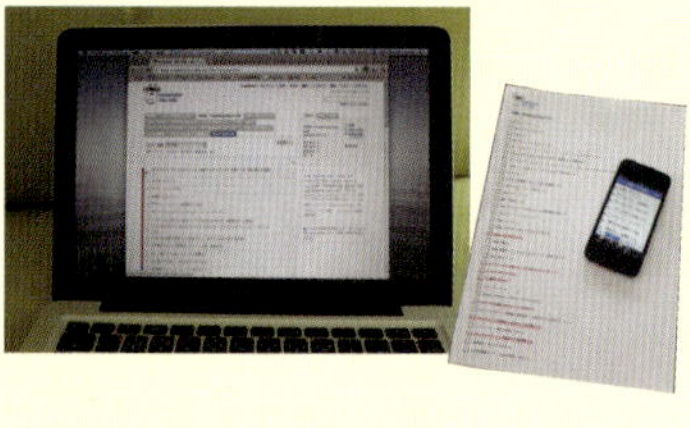

あったらもっと楽しいグッズ

山のなかに持っていけば、自然とより仲良くなれる。学んで、遊んで、ワクワクして、役立つグッズたち。

バードコール

鳥のさえずりに似た音を出せるバードコールで、鳥たちとの会話を楽しめる。でも繁殖期には、鳥たちの恋心を邪魔することになってしまうかもしれないので、注意して

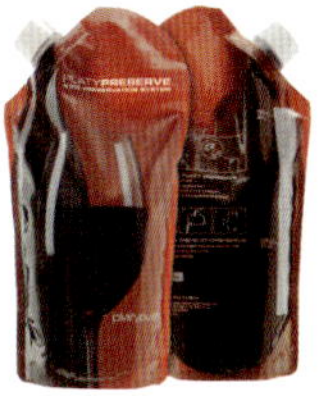

ワイン用ソフトボトル

ワインを入れた後に空気を抜いて劣化を防ぐことができる、「プラティパス」のワイン専用の容器。飲み終わった後に、小さく折り畳めるので邪魔にならないのも◎

iphoneアプリ

アプリは重量0gの遊び道具。星空にかざすと星座名が表示されたり、遠くの山の名前がわかったり。野鳥の声や植物のデータベースなど、自然のなかで遊べるアプリも数多い

折りたたみ式のお皿

組み立てるとお皿やカップになる携帯用の食器。薄くフラットになるのでかさばらず、まな板としても使え、洗って何度も使える。カラフルなので食事がよりおいしく

和食器

漆塗りの入れ子になるお椀や箸などは木製で軽い。荷物に余裕があり、ちょっと贅沢な気分になりたいときに持参。「駒の小屋」オリジナルの会津木綿カトラリーケースとともに

カード型の図鑑

山で出会った植物や鳥がどんな名前なのか。すぐに調べられると、山歩きの楽しみが広がる。これは紙がコーティングされているので雨にも強く、花なら色で検索できるのも便利

聴診器

木に聴診器を当てて内側の音を聞いてみると、その木が生きていることが実感できる。音を聞きながら、その木を間近で観察すれば、今まで気がつかなかった色々な発見も

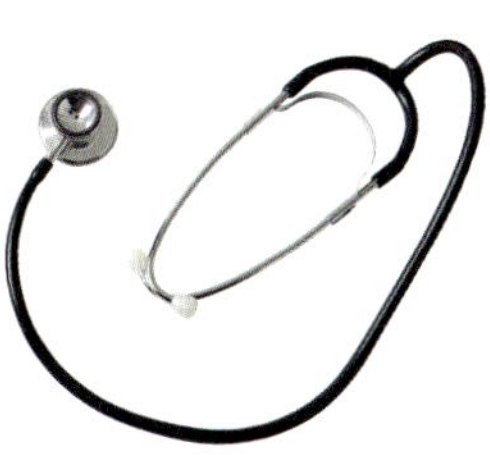

自然を遊ぶグッズ

拾って来た落ち葉を貼って太陽にかざし、浮かび上がる葉脈を見る「落ち葉の窓」、森のなかで同じ色を探す「森の色あわせ」。自然のなかで、こんな遊びを楽しんでみては？

折り畳み座布団

雑貨店で購入した折り畳める座布団は、ピクニックやキャンプはもちろん、荷物に余裕のあるときには山にも。ゴツゴツした岩の上などに座るときも安心で、冷えも防げる

ゴミ拾い用ピンセット

ゴミは持ち帰るということは誰もがわかっていても、うっかり落ちたり風に飛ばされたりすることもある。そんな誰かの忘れ物を拾いながら歩くのもまた、山歩きの楽しさに

Maintenance of gears

道具の手入れと保管

▸ レインウエアは着用するたびに洗濯

山で着たら、レインウエアは必ず洗濯。防水透湿ウエアは洗濯できないのでは？　と私も昔は思っていました。実はほとんどのレインウエアは洗濯機で丸洗いOK。汗などの皮脂がたまると生地が呼吸できなくなり、撥水性が落ちるため、機能性を保つためには洗ったほうがいいのです。

Step 1 洗濯表示の確認

洗濯方法や注意が書かれたタグをまずチェック。洗濯時に生地が痛まぬよう、ジッパーとベルクロを閉めて洗濯ネットへ。少なめの中性洗剤で洗い、すすぎを充分に行う

↓

→

or

Step 2 乾燥機にかける or アイロン掛けする

撥水力は、表地にある目に見えない無数の柱たちのおかげ。熱処理するとその柱が立ち上がり、撥水性が復活。乾燥機にかけるか、自然乾燥後に当て布をしてアイロンを

←

Step 3 ハンガーにかけて保管

保管するとき、私はハンガーに吊るして普段着と一緒にクローゼットへ。たたむと折り目が傷み、撥水性を失う原因に。この保管法だと普段もさっと羽織れ、より愛着がわくので◎

ハンガーにかけておけば
いつでも着られる

バックパックは乾燥が大切！

使用後のバックパックは雨などで濡れていなくても、汗がたくさん浸み込んでいます。カビやニオイの発生と生地の劣化を防ぐため、必ず陰干しを。汚れは水分（ひどい場合は中性洗剤）を含ませた布で拭き取ります。収納はハンガーにかけて風通しのよいクローゼットへ。直射日光が当たったり湿度の高いところには置かない。

数時間、背面を直射日光に当てUV消毒！　ニオイも取れます

Column

自分のポールをよく知るきっかけになる

分解して手入れをすると、ポールの構造がわかるので、調整ロックがゆるくなってきた場合の対処方法などもわかってきます。摩耗やゆがみなど異常を早く発見できるようになります。

トレッキングポールはバラバラに分解

ちょっぴり勇気がいるかもしれないけれど、実は簡単。帰宅後は、各パーツを分解してお手入れをします。繋ぎ目の部品の中に水分が溜まりやすいので、放置するとサビてしまうのです。先端や外側についたドロなどの汚れは、濡れ雑巾で拭き取ってから乾燥させます。

山道具のお手入れは次の山へのパスポート

山歩きをしている間、ずっと私たちの身を守り、一緒に歩いてくれ、美しい景色に導いてくれるウエアやギアたち。帰宅後の片付けやメンテナンスは、少し大変かもしれないけれど、お礼の気持ちを込めてお手入れをしてあげましょう。

メンテナンスは機能性を維持し、それを最大限に発揮させるためのもの。方法はそれぞれ違いますが、正しい知識でしっかりとお手入れすれば、長く使うことができます。保管の基本的なポイントは、湿気や直射日光を避けること。いずれも素材の劣化を早める原因になります。

登山後にお手入れをすることで、破損などもチェックでき、ケガや事故も未然に防げます。メンテナンスから、次の登山への準備が始まっているのです。

登山靴は履く前からケア

8 年間使っている愛用の登山靴。山から帰ってきたら、以下の手順でインソールを外してから汚れを落とし、乾燥させます。また、新品をおろす前にも防水スプレーをかけておくと、汚れも付きにくく、お手入れがスムーズに。

Step 1

インソールを外す

靴の中敷きは足から出たたくさんの汗をダイレクトに吸い、登山靴とインソールの間にも湿気が溜まってしまう。外してしっかりと乾かそう。山小屋到着後にも帰宅後にも、習慣化しておこう。

面倒くさがりの私は……

メンテナンスの教科書には、「靴ヒモを外し～」と書いてあるが、さすがに毎回は億劫。それで登山靴のお手入れをしなくなっては本末転倒なので、私は数回に１回程度……

Step 2

靴ヒモは必ずチェック

下山後は次回のために、靴ヒモとフックの点検を行う。山で靴ヒモが切れると、大事故につながるので、これは毎回必ずやること。本格的にメンテナンスする場合には、ヒモをすべて外す。

Step 3

ざっと汚れを除去

靴底はブラシを使って、石や泥を取り除いてキレイに。泥が残るとソールの劣化が早まるので丁寧に。アッパー部分はブラシや布を使って、汚れを取る。天然革製、人工皮革製、組み合わせたものなど、素材によるが、ひどい場合は水洗いするときも。

Step 4

陰干しで乾燥

アッパー素材やソールのラバーは紫外線に弱い。乾燥させるときは、直射日光に当たらない風通しのよいところで陰干しが基本。

ときには太陽のチカラで殺菌！

私は殺菌や消臭を兼ねて、数時間だけ直射日光に当てるようにしている。でも長時間太陽光に当てると、靴が傷むので出しっぱなしには注意！

＋

スペシャルケア！

革製の登山靴は、専用の保革剤を塗るなどケアが必要。革の油分が抜けて乾燥がひどくなる前に行うことが大事。素材などによって順番と方法が違うので、購入時の指示書に従うように

買ったらすぐお手入れ

Step 5

防水ケアをする

次回の山歩きでも登山靴の本領を発揮してもらうべく、汚れを取って乾燥させたら、ふたたび防水ケアを。各素材に合った防水ワックスやスプレーを使うこと。

Step 6

乾燥した場所で収納

直射日光に当たらず、風通しのよいところで保管するのがベスト。ビニール袋に入れるのはNG。それが難しい場合は、新聞紙を中に入れて、ときどき取り替えるなど、吸湿をしておこう。

ハイドレーションの手入れを怠ると、水にニオイがつく

ハイドレーションパックのお手入れの基本は、分解して、洗って、しっかりすすぎ、乾かすことです。面倒くさそうですが、慣れれば意外にラクチン。私は帰宅後、お風呂に入るときに一緒に洗う習慣をつけています。きちんと洗っておかないと、匂いがついて水がおいしくなくなってしまいます。

Step 1

なるべく分解する

パーツはできる限り分解して洗う。ジョイント部分はもっとも雑菌が繁殖しやすいところなので、専用ブラシなどでていねいに、細かく洗う。専用ブラシがないときは、歯間ブラシで代用可能。

Step 2

ひたすらすすぐ

入れていたのが水だけであれば、ぬるま湯でひたすらすすぐ！　洗剤を使う場合、すすぎにより手間をかける。専用の洗浄ブラシなどがあると便利。

Step 3

乾燥させる

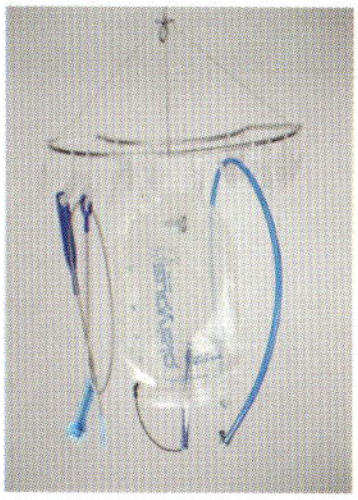

直射日光の当たらない風通しのよいところで乾燥。乾燥用の専用パーツもあるが、靴を干すためのハンガーなどを代用してもOK。袋の内側に隙間をつくる状態で乾かすように。

Column

ブンブンまわす

水気を飛ばすワザ

写真のように片手で端を押さえ、反対の手でホースの中央より少し右寄りを持ってブンブン回すと、遠心力で水滴が飛ぶ。反対側も同じようにブンブン回し、しっかりと水を飛ばす。周りの人にぶつからないように注意！

My favorite trail 04

「日帰り」×2で憧れの稜線へ

ゴンドラとリフトを乗り継ぐと、そこは1,830mの山岳空間。
高山植物が咲きみだれ、雷鳥に出会える場所。
そして白馬の名峰たちの雄姿がすぐ目の前に。

Part_04

白《は》馬《くば》

【標高 1,273m】

「稜線」。それは「縦走」と並んで
山歩きを始めたころの私に急浮上した
〝憧れ〟のキーワード。
八方尾根からのダイナミックな白馬連峰が
自分の作り上げた〝定規〟を壊してゆく。
一歩ごと、その荘厳な存在が迫ってくる。
憧れとの距離を縮められるのは自分自身。
その頂に立つことはできなくても
その姿を眺めるだけで、山は想いを叶えてくれる。
いまの私も、未来の私も受け止めてくれる場所。

八方尾根は高山植物の宝庫で、初夏には花々が咲き乱れ、登山者を楽しませてくれる。私が初めて雷鳥に出逢えたのはココ。大迫力の白馬岳、杓子岳、白馬鑓ヶ岳の白馬三山が迫るように見え、高山の稜線歩きの醍醐味を感じられる

右）6月下旬、白馬にやっと春が訪れる。中央）栂池・展望湿原からは日本三大雪渓のひとつ白馬大雪渓が見渡せる。左）八方尾根のもやと紅葉

data
宿泊したのは白馬山麓の宿『ロッジ基』。長野県北安曇郡白馬村落倉高原14718-199 TEL.0261-72-5245 http://lodgemotoi.com/

ゴンドラとリフトが私たちをあっという間に八方尾根や栂池自然園に運んでくれる。この乗り物が街と天空をさらに近づける

日帰り（栂池自然公園ルート）	
歩行時間:	3時間20分
累計標高差:	+222m
	−216m

日帰り（八方尾根ルート）	
歩行時間:	5時間50分
累計標高差:	+618m
	−603m

ゆりっぺ's Advice

長時間の歩行や、山小屋デビューに不安がある人に提案したいのは、ふもとの宿に泊まっての「白馬に1泊2日、トレッキングは日帰り×2」の山歩き。ゴンドラとリフトで一気に稜線へ上がれば、日帰りトレッキングとは思えない絶景を目にできる。これは、観光地としても栄え、街と大自然との距離が近い白馬ならでは。憧れの北アルプスでの山歩きも身近になりますし、初めての稜線歩きの練習にもオススメ。その先の景色に行きたい！　という気持ちになり、次の目標ができるはず。上級者も初心者も楽しめるフィールドです。

Access

八方池山荘まではJR白馬駅からバスで八方バスターミナル下車、徒歩10分の八方ゴンドラ駅からゴンドラとリフトを利用。栂池自然園まではJR白馬駅からバスで栂池高原バス停下車、徒歩5分弱の栂池高原ゴンドラ駅からゴンドラとロープウェイを利用

Info

白馬村観光局 TEL.0261-72-7100
栂池高原観光協会 TEL.0261-83-2515

栂池自然公園ルート

八方尾根ルート

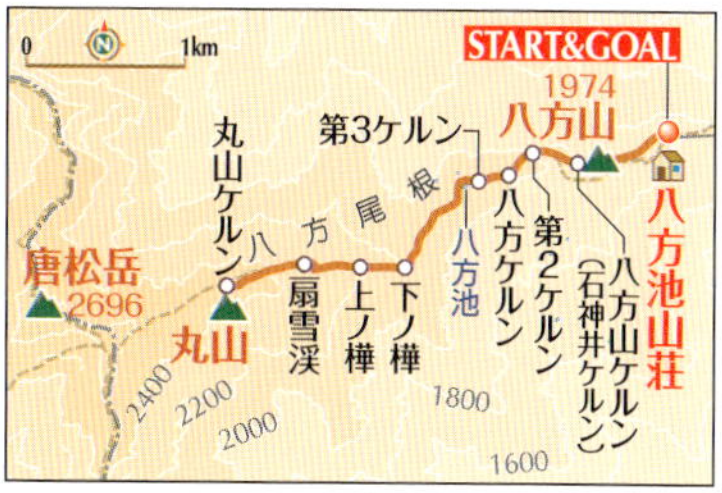

Column 3

ひと手間かけて あたたかい「山ごはん」

レトルトやフリーズドライの山ごはんは、簡単に栄養が摂れる貴重な存在。
でも、そこにちょっとしたひと手間を加えて、もっとおいしく！

基本の道具

必要なのは、火を起こすためのシングルバーナーと、調理道具兼食器として使うコッヘル。

調理器具

コッヘル

スープやラーメンを作れて、ごはんも炊けるコッヘルがあれば、たいていの山ごはんは対応可能。フタは小さなフライパンになっているうえ、この中に、バーナーとガスカートリッジがぴったり収まってコンパクトに収納可能。チタン製がおすすめ

食器と兼用できる シェラカップもOK

小さくて軽いのに、火にかけられるシェラカップ。お湯を沸かしたり、お茶を飲むときなどに便利

バーナー（火器）

SOTO
POWER GAS 105 TRIPLE MIX

シングルバーナー

山ごはんを食べるためにバーナーやストーブと呼ばれる火器を使う。ピクニックや山でも日常的に使いたいので、軽くてコンパクトなガス缶との一体型タイプ（SOTO製）を愛用。バーナーには着火装置がついているが、万が一に備え、予備でライターも持参しよう。

Step 1

バーナーのバルブが閉じているかを確認し、ガスカートリッジに取り付ける

Step 2

時計回りにクルクルと固くなるまで回して取り付け、ゴトクを均等に広げる

Step 3

バーナーの根元にあるつまみを反時計回りに回すと、シューとガスが出てくる

Step 4

ガスを少しだけ出した状態で、点火装置のボタンをカチンと強く押すと火がつく

Step 5

点火するとボワッと火が広がるが、落ち着いてガスのつまみを回し火力調整する

食後は 汚れを拭き取る

山には何も残さず、すべてを持ち帰るのがルール。ソースなどはパンなどでキレイに拭き取りながら食べ、最後はウエットティッシュなどでふきとる。茹で汁などはスープや雑炊などにリメイク！

あると便利な 瞬間湯沸かしギア

保温性のあるクッカーとバーナーがセットになったジェットボイルは、あっという間にお湯を沸かすことができる便利な道具。調理はできないが、レトルト食品などを、この中で温めることは可能。

JETBOIL

ヨスミ流 「簡単おいしい」レシピ

持って行ける調理道具や材料が限られていても、
ちょっとした工夫で、疲れも癒される1品に。

干し野菜の混ぜご飯

にんじん、きのこ類、ごぼうなど、余っている野菜を薄く切ってキッチンペーパーの上に広げ、3日間ほど窓辺に干せば完成。

材料は、干し野菜（舞茸、しめじ、ごぼうなど好きなものを）、ひじき、高野豆腐、昆布だし（顆粒）、フリーズドライ醤油、塩

フリーズドライ

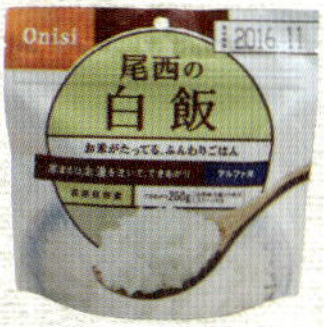

お湯を沸かして注水線まで注ぎ、チャックを締めて15分待てば完成する。左の材料をこの袋に入れておく

混ぜて お湯を注ぐだけ

現地ではお湯を沸かすだけ＆食器不要の簡単レシピ。干し野菜は日本古来の軽量な乾燥食材。工夫次第で自然派な山ごはんが作れる

太陽の力でうまみが凝縮された干し野菜の炊き込みごはん。山での野菜不足も解消できる。また、刻み高野豆腐やひじきも入れれば、植物性タンパク質やミネラルも摂取できる

チーズフォンデュ

コッヘルに白ワインととろけるチーズを入れて、極弱火で溶かす。野菜は茹でて持って行く。鍋の内側にアルミホイルをつけておくと、洗わずに済んでラク。

パスタ

茹でたパスタに、フライドオニオン、ベーコンフレーク、自家製ドライトマトとハーブを加えて混ぜる。無印良品の「味付けパウダー」で仕上げて、茹で汁はスープに再利用

焼きリンゴ

シェラカップにレーズンバターを溶かし、皮付きのまま薄く切ったりんごを入れ、グラニュー糖を加え、好みの柔らかさになるまで炒める。シナモンはお好みで、クラッカーを添えればアップルパイ風に

「ミニサイズ＆乾燥」食材をフル活用

フリーズドライ醤油などの調味料からおしるこ、お吸い物、
漬け物まで、ミニサイズ＆乾燥食材を最大限に活用。

お漬物

乾燥キムチ

お鍋や雑炊、うどんに入れたり、野菜と一緒に炒めたりと、幅広く使える乾燥キムチ「カラットキムチ」は、料理に入れると、キムチの旨みが出てGOOD

フリーズドライのお漬物

この「菜乾」は、アルファ米に一緒に入れて戻すと、野菜も摂れるうえ、ちょっとしたおかずになる。食欲が出ない朝でも食べやすくオススメ。(各￥525／もりた)

調味料

粒状の醤油

フリーズドライ醤油「ソイソルト」。小さな容器に入った粒状のお醤油は持ち運びやすい。「3年醸造タイプ」「青唐辛子＆にんにくタイプ」など4種類（各￥580／かめびし屋）

ミニボトルのオリーブオイル

香り高いオリーブオイルは、パスタを作るときには欠かせない。18㎖入りで目薬くらいの小さなサイズ。(6本入り1セット￥1,155／DEAN & DELUCA)

味付けパウダー

ポテトチップス用の味付けパウダーは、3.5gずつ小分けで売られているので、いろんな味が選べうれしい。パスタなどの味付けにプラス（￥32／無印良品）

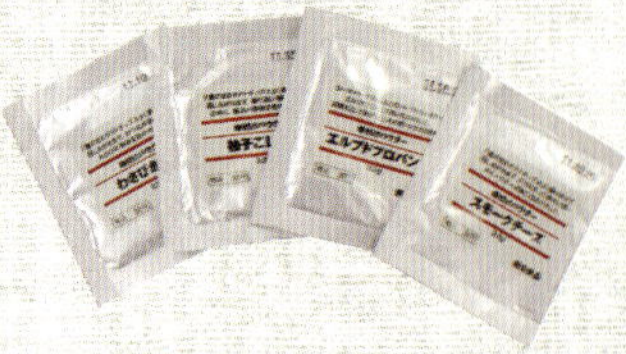

お吸い物

加賀麩のお吸い物

ちょっと贅沢な加賀麩のお吸い物「宝の麩」は、野菜も入っていて◎。麩はくずしてから食べるので、ザックの中で崩れしまってもOK。(各￥179～￥231／不室屋)

老舗の懐中しるこ

京都の老舗・塩芳軒の懐中しるこ「みのる里」。お湯を注ぐと、周りのもなか皮がモチモチとして、さっぱりした甘さが疲れを癒してくれる（6個入りで￥1,680／塩芳軒）

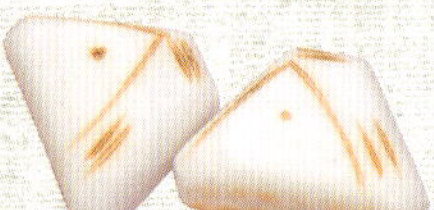

信州の伝統食・氷餅

寒い軒下に干して作る、信州の伝統食「氷餅」。お味噌汁やスープに入れると、雑炊やお鍋のようになって満足感アップ！　きなこや黒砂糖をかけておやつにも

甘味

クマのもなかがお汁粉に

もなかを器に入れ、お湯を注ぐとおしるこになる「しるくまカフェ」。「あずきと栗の焦がししるこ」「米糀の白いしるこ」など4種類（8個セットで￥2,380／千趣会）

小鳥が泳ぐ葛湯

レトロなデザインの小箱に入った葛湯「不老泉」。とろっとした食感とやさしい甘さでほっこりできる。白い葛湯のほか、抹茶風味、善哉風味なども。(各￥210／二條若狭屋)

Chapter

歩き方の
はなし

4

疲れず、笑顔で歩く
工夫をする

体力をつけるより、もっと大切なことは
自分の心と向き合い、体の声に耳を傾けること。
小さな一歩と、小さな工夫の積み重ねが、
憧れの山への近道です。

1時間に1回は行うストレッチ。最初はタイマーを使って1時間ごとに知らせていたが、今はタイミングを計れるようになりました

Reduce your pain, you get more fun

基本は「しんどいを減らす」こと

へっぴり登山思考で山を思う存分楽しめる

長い時間をかけ、ついに到達した頂上からの大眺望と、その達成感は最高です。その感動だけでなく、山頂に至るまでの過程と、途中の景色すべてを心から楽しむことができたら、どれだけ山歩きが輝くことでしょう。

山登りを始めたばかりのころは、自分の体力に合わせて登る山を慎重に決めていたので、実は「しんどい」思いをほとんどせずでした。初めてのしんどい経験は、初対面のグループと歩き、自分のペースで歩けなかったとき。山頂にたどり着くのがやっとで、景色もほとんど覚えておらず……。山を楽しむには、心の余裕をもつことがもっとも大切なんだと痛感しました。

体力を失わないためにはマイペースを保つことが一番大切。「笑顔」でいられる速さが自分の最適なペースだとわかりました。疲れたくない、ではなく、「山を味わうために心の余裕を作る」というプラスの発想から始めよう、と思ったのです。

　でも、そのためにやっていることは、体力をつけるというより、今の少ない体力を最大限に活かすこと。体力の消耗を極力防ぐ工夫をすることです。それは積極的な攻めではなく、まさに〝へっぴり〟登山思考。

　ストレッチや体温調整など体の負担を減らすことや、道具に頼ってみることもそのひとつ。ベストな行動食にたどりつくまでは、かなりの回り道をしました。体力がない上に胃腸が弱く、歩きながら固形物を消化できなかったのです。

　ぐいっと登りたい……けれど、できない。高所が怖くて動けない。そんなとき、「根性なし！」と自分を責めました。でも、どうやっても無理でした。自分の

1）特に歩き始めの1時間は、違和感などがないかを意識し、体の声に耳をかたむける。2）自分のペースを見つけることが、楽しく歩く最善策。3）エナジージェルを補給し、急登へむかう準備！

個性として〝へっぴり〟を受けいれたら、自分に合った歩き方ができるようになったのです。

　山登りに関しては、今もできないことだらけ。でも少しずつ楽しみながらトレーニングを続け、発展途上にいます。

　かつては日常の買い物ですらバテていた私ですが、自分自身と向き合い、タイミングよく対処し工夫することで、4日間の縦走をできるようになりました。

　大切なことは、知識を覚えることではなく、山や自分の体と対話して、何が必要なのかを感じとることだと思います。

　山歩きが私にくれた一番のもの。それは「笑顔」。だからこそ、たくさんの感謝の気持ちを抱えながら、大好きな自然のなかを笑顔で歩き続けたいのです。

　この章ではしんどいを減らし、「楽しい!!」と「自分の力」を最大限に引き出す工夫をご紹介します。

Body Maintenance

体のメンテナンス

自分の体に耳を傾ける感覚を

体の能力を最大限引き出すために、メンテナンスすることが大事。すぐに実践できることから始めてみましょう。私は「○○をしなくてはいけない」ということではなく、自分の体に耳を傾けて、欲することを見極めています。その積み重ねのなかで、自分が無理せず歩くためにケアすべきことが明確になり、次の山へとつながります。

After
下山後＋翌日

プロテイン摂取と高タンパクな食事

下山後は高タンパクな食事やプロテインを摂る。運動後にしっかり栄養を摂ることで、運動した分を、筋肉にしたいため

翌日ちょっと運動

体の疲れをとるために、翌日はウォーキングなどの軽い運動をしている。血流をよくして、疲労物質を排出しやすくするための工夫

入念なストレッチ

下山後は、一番丁寧にストレッチ。脚を中心に、腰や背中など全身を伸ばすこと。山で使って疲労した筋肉がどこなのかも再度確認できるいい機会にもなる

On Trekking
トレッキング中

呼吸を深くする

たくさん酸素を取り入れて、体の動きをよりよくしたい。大きな呼吸は心も落ち着かせてくれる。緊張や疲労で、呼吸が浅くなりがちなので注意

体温調整をこまめに

むやみに汗をかいたり、寒いと感じたまま歩くと無駄に体力をロスしてしまう。こまめに体温調整をするのが長く歩くコツ

休憩の取り方

ランチ休憩のほか、1時間に1回は5〜10分の休憩を取るようにしている。コースや体調を見て、休憩の回数を増減

歩き方を工夫する

歩幅の取り方、足のつき方など、歩き方を少し意識することで、体の負担を軽減できる。一歩は小さいけれど、積み重ねていくと、大きな違いに

すかさずストレッチ

休憩ごと、また、地図を確認したり、写真を撮るときなど、ちょっと立ち止まるときにも、すかさず立ったままできるストレッチをする

栄養を摂る

体をしっかり動かすためには、エネルギーが必要。さらには、エネルギーをうまく燃焼するためにビタミンやミネラルが必要に。サプリを上手に摂るのも工夫のひとつ

Before
前日

炭水化物多めの食事

前日には、ごはんやパスタなど、炭水化物が多めの食事を摂ってカーボローディング。エネルギー切れしないよう、体のなかに糖質を貯めておく

爪を切る

足の爪をチェック。爪が伸びていると、靴に当たって痛くなるなど足先のトラブルを起こし、歩くのが辛くなることも

睡眠＆ストレッチ

数日前からストレッチをするだけで、当日の体の動きは確実に変わる。また私の場合、山でバテたなと思うのはだいたい初日。準備などで睡眠不足のときだ

Point **次の山行のトレーニングになる！**

一回分の山歩きが最高のトレーニングに。それをしっかりメンテナンスすることで、次の山で確実に結びつく

呼吸を深く

体に負担がかかったり、心の余裕がなくなると、息が浅くなりがち。自分でそれに気づかない場合がよくあります。
「疲れてきた」、「どこか息苦しい」など、山歩きをしていて辛いなと感じたら、呼吸を意識してみましょう。
そのコツとして、まずはゆっくり息を吐ききってみましょう。ここでは考えすぎないことも重要です。すると不思議と、空気が自然に体へと入ってきます。
深い呼吸は体をほぐし、リラックス効果もあるので心を落ち着かせてくれます。緊張して肩が上がる状態だと体も疲れやすくなるのです。

こまめに体温調整

暑いなと思ったら、すぐに体温調整を。汗ばんでいるのを我慢してそのままにしておくと汗冷えして、体温・体力が奪われます。また、寒さを我慢していても、無駄なエネルギーを消費してしまいます。しかしながら、いちいちバックパックを置いてウエアを脱ぎ着するのは少し面倒。
面倒くさいと感じてしまうと、体温調整を怠ってしまいがちです。そこで、私はこまめにウエアを脱ぎ着しなくても、体温調整できる方法をとっています。例えば、襟元やポケットのジップを開け閉めするだけでも体温は変わります。また、ベンチレーション機能のあるウエアもおすすめ。

お気に入り

アームカバーは歩きながら簡単に体温調整ができる優秀なアイテム。暑さ、寒さを感じたら、すぐに脱ぎ着する

スケジュールを立てるときには、休憩時間も含めて考えよう。休憩の際には、自分の体調をチェックし、天候変化の状況や、地図上の自分の位置などを確認する

休憩の取り方

山頂に到着したときやランチタイム（30～40分）のほか、1時間に1回は5～10分の休憩（バックパックを背負ったままでもOK）をとります。バックパックを下ろさない1～2分の小休憩も効果的。急登が多ければ、休憩を入れる間隔を短くしても◎。長すぎる休憩は体を冷やし、また体を温めるのに余計なエネルギーを使うので注意。

Point 歩く時間を延ばしていく

最初は50分歩いて休憩10分。今は60分ごとに。ほんの少しずつ延ばしていった。眺望や登山道の状況に合わせて、臨機応変に休憩をとれるように

へっぴりコラム

時計のタイマーで休憩の練習

不慣れな頃は、歩き始めるとハイテンションになり、気づけば2時間歩き続け、後半バテてしまうことも。時計のタイマーを使って、休憩のタイミングを体に染み込ませていきました。

Stretching exercise boosts yourself

「こまめにストレッチ」が重要

もっと歩くために体が欲するストレッチ

私は友達と山歩きに行くと、ストレッチを頻繁にするので驚かれます。でも、それは「やらなくては！」と思っているのではなく、伸ばすと気持ちいいから。へっぴりな私だからこそ、気持ちよく歩くための工夫が必要なのです。たまに、それをできずに歩き続けてしまうと、筋肉痛や関節痛になり、ストレッチの大切さを痛感します。

前提

ストレッチに難しい決まりはない。それぞれが気持ちいいと思うポーズをとればそれでよし。「伸びてるな」、「効いてるな」と思う体勢をとってみることから始めてみよう。

▶ バックパックを下ろして 出発前 / 長めの休憩 / 到着時

バックパックを下ろして行うのは、上半身を使うもの、大きく体を動かすものなどが中心。左のイラストは頭の後ろでヒジを持ち、ゆっくりと下へ引くストレッチ。肩甲骨まわりやワキの筋肉がほぐれます。真ん中は、脚を交差して前屈することで、脚の後ろ側、腰と背中を伸ばします。右は片方の足先を持ちながら、脚を後ろに引っ張り上げ膝を曲げるストレッチ。太腿の前を伸ばします。

ex.

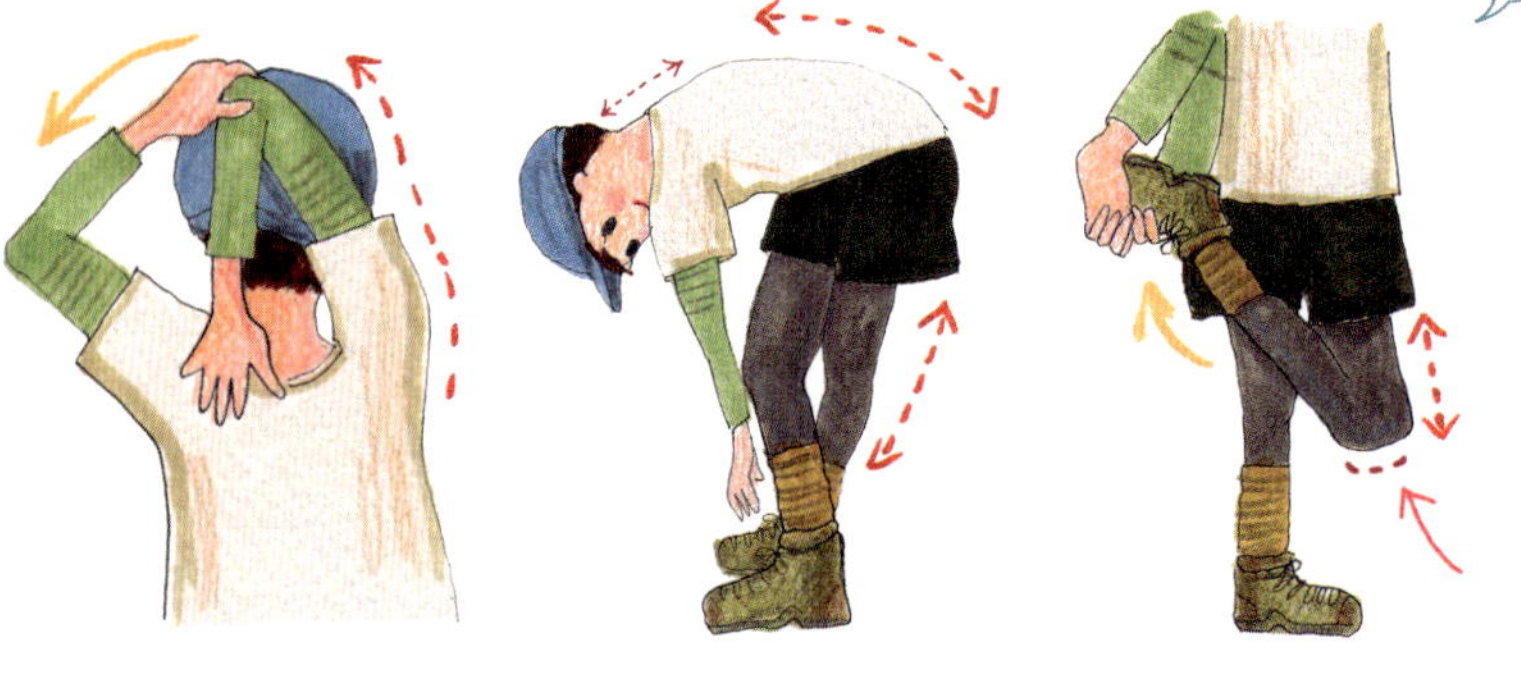

バックパックを背負ったまま 1時間に1回

1時間に1度はバックパックを背負いながらでもいいのでストレッチを行います。基本的には、疲れが溜まったなと思ったところを自由に伸ばすイメージ。以下のように、タイミングを見計らって、足首まわりや、ふくらはぎなどをストレッチ。地面に近い体の部位を常にメンテナンスすることで、体全体の疲れを軽減できます。加えて、ケガ防止にもつながります。

ex.

写真を撮りながら

傾斜のある場所や石の上で、アキレス腱を伸ばす

地図を見ながら

地図を確認しつつ、足首をぐるぐる回す

行動食を食べながら

片足ずつヒザ先を上下に。関節にヒアルロン酸・潤滑油が分泌される

へっぴりコラム

グループ歩きでもすかさずストレッチ

グループで歩いていると、わざわざ自分のストレッチのために時間を割くのが心苦しいときも……。そんなときは、何かのついでにストレッチ。右のようなタイミングで"こそっとストレッチ"をしてみるのがおすすめです。

山小屋でじっくり 寝る前／起床時

行動中だけではなく小屋に泊まるときは、着いたらすぐ、就寝前、そして起床後にストレッチをしています。行動中には難しい、座ったり、横にならないとできないストレッチをじっくり行います。両足を前後に重ねて前屈すると、腿の付け根や腰と背中の筋肉をほぐせます。右のように寝ながら体をひねり、曲げたヒザを軽く押さえると腰まわりをストレッチできます。

ex.

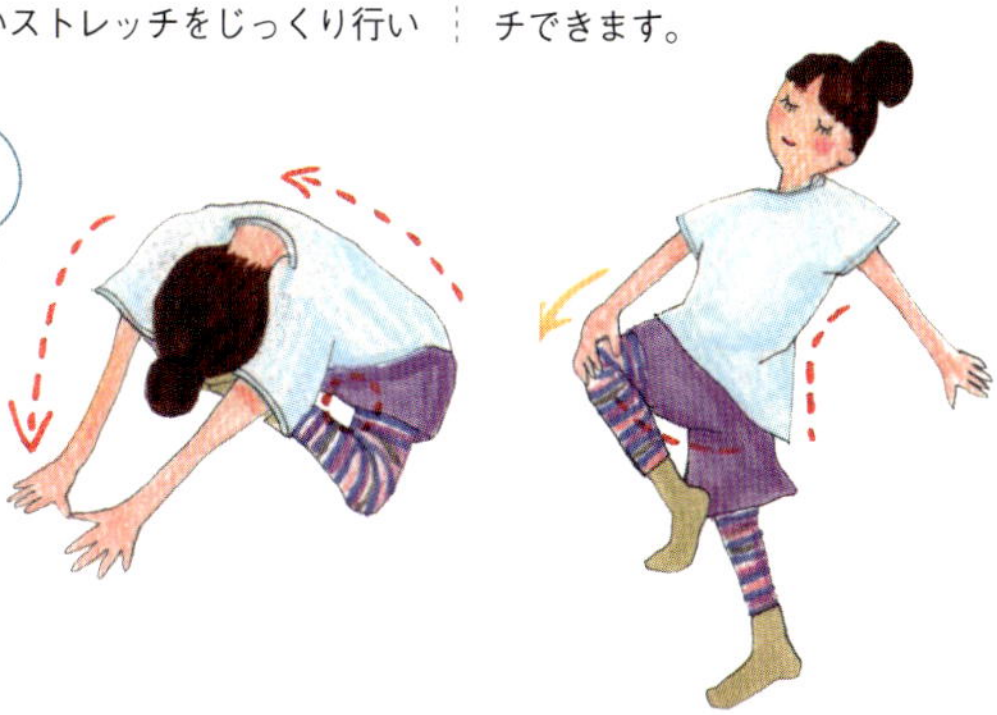

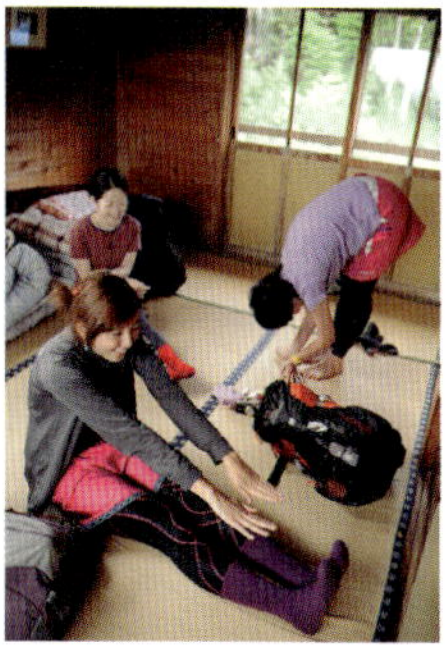

翌日の用意をしながらストレッチすることも。ゆっくり息をしながら行うことで、呼吸も整い、心からリラックスできて◎

The way of walking

歩き方を意識する

目線を動かす

目線は真下の足元だけでなく、5m先、ときには遠方も見るようにしています。すると、次の一歩を踏み出す状況を予見できるように。状況を瞬間的に判断するよりも、一歩先の状況を見ておくと、心も体も準備ができます。効率よく、楽に歩けるような足運びを心がけると精神的にも、肉体的にも負担が減ります。

ゆっくりとエコ歩きを

体力を消耗しないために、一番大切なのはペース。心がけ次第ですぐに実践できることですが、きちんとペースを保つのは、意外に難しいことです。わかりやすいのは、微笑をキープできるかどうか。また、歩幅は小さめに。山道の傾斜や状況によって臨機応変に歩幅を調整し、ペースを一定に保てるように気をつけてみましょう。

微笑みをキープできるスピード

友人やパートナーと微笑みながら会話できるペースが目安。会話をしていると、息が上がっているのがわかりやすいという点もポイント。おしゃべりができなくなったら、オーバーペースの証拠

歩き始めは特にゆっくり

歩き始めは気分が高揚していて、体力もあるので、どうしてもペースが早くなってしまう。そのため、特に「ゆっくり歩く」を意識しよう

歩幅は普段の1/2～1/3

一歩の幅（歩幅）は街で普通に歩いているときと比べて、1/2～1/3程度にし、普段の2～3倍ゆっくり歩くようにしている。山に慣れていない人ほど早いペースで歩いてしまうので、注意しよう

Point

急ぐときも歩幅は変えない！

少し余裕があってペースを上げることができる場合でも、歩幅は変えずに、足を出す速さ（回転数＝ピッチ）を上げる。歩幅を大きくしてしまうと、体力を大きくロスしてしまう。

キーワードは「歩幅」

歩幅、足の運び方、足裏のつけ方、足の角度などには個人差がありますが、私の場合は小さな歩幅で、“ゆっくり”と“回り道”が基本。街の歩き方の1/2〜1/3くらいの歩幅で、と思っています。そして体の重心がブレないよう体幹を意識しつつ、「急がば回れ」を実践。ゴールへの近道は、小さな歩幅が教えてくれます。

上り

上りは「低速ギアに切り替える」感覚。急斜面になるほど、歩幅は小さくするよう気をつけている

Point

中継点を見つける

大きな段差を一気に登るのはすごく疲れる。小さな段差を見つけて、小回りに、小刻みに。小さな歩幅を積み重ねながら、登っていくイメージで。遠回りしたり、迂回することで大きな段差をかわす方法を身につけよう。

下り

下りも上りと同じように、歩幅を小さく。体のバランスを崩さないためにも、丁寧にゆっくり歩こう

Point

1歩を3歩で

段差にためらってしまうときは、「1歩分を3歩で歩く」ことを実践するように練習。結果、そのほうが早く歩けることに疲れない、怖くない滑らない、のいいとこどり。

大きく一歩踏み出すと危険も

下りで大きく足を出してしまうと、片足だけに体重がかかり、滑りやすくなる。小さな歩幅のほうが◎

ゆりっぺ先生コラム

1歩→3歩の練習をした

以前の私は「ここを1歩で歩く」ためにどうしたらよいのか、という発想でした。特に苦手な段差では、「これを超えなくては！（下らなくては！）」と、どうやったら、その1歩がうまく踏み出せるようになるかばかりを考えていました。けれど、「1歩」をあえて「3歩」で行くように心がけたときに、歩き方が変わりました。

足裏全体を地面に着ける

基本的に上りも下りも、足裏全体を地面につける（ベタ足）ように歩きます。真上から体重をかけるイメージで、歩幅は小さく。足裏全体を使って一歩一歩小股で進みながら、前に出した足に重心を移動する。この歩き方なら、安定感が増してバランスよく歩けるため、足の筋肉疲労も最小限に抑えられます。しかし、山道では平坦な道と違って、ベタ足を着くにもちょっとしたコツが必要。ベタ足の着き方を下に解説したので、参考にしてください。

上り

傾斜にかかわらず、常に足裏全体で地面を踏むようなイメージで。まずは実践してみよう

つま先を少し浮かす

つま先を少し浮かせるイメージで足を運ぶと、足先が階段や岩にひっかかりづらくなる

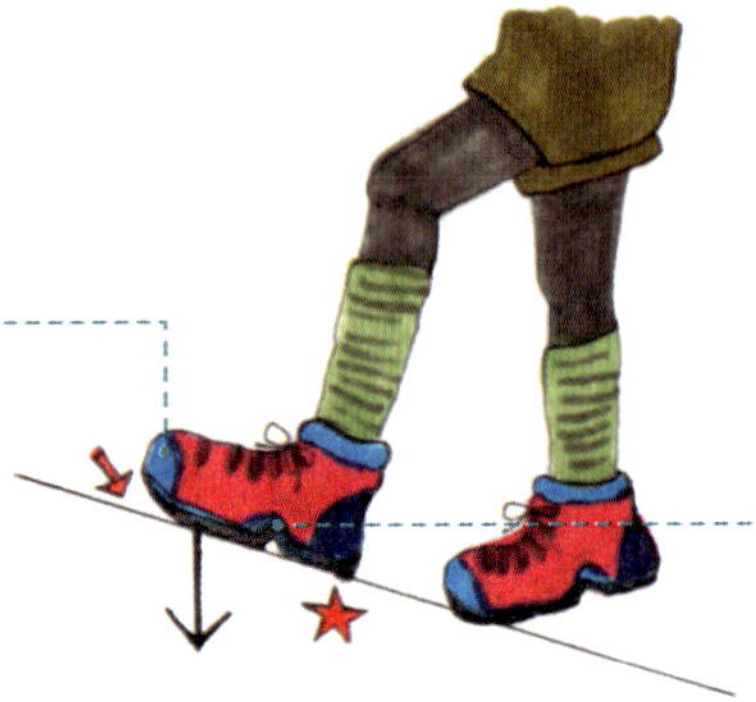

ベタ足を着く

上りでは、少しつま先を浮かせるようにイメージしながら足を着くと、ちょうどよくベタ足着地になる

下り

山登りに慣れていない人には、とても難しい動作。上りより下りのほうが関節へのダメージは圧倒的に大きいので、下り方こそ工夫を

Bad!
へっぴり腰
ズルっといきやすい

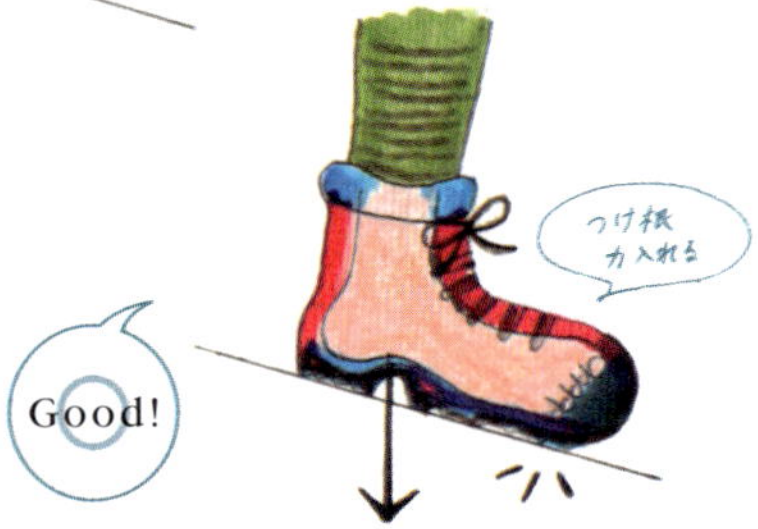
Good!
つけ根力入れる

ベタ足着地でも、親指付け根に力を入れる

滑るのを怖がって、腰がひけてしまうとカカトから足を着いて余計に滑りやすくなる。親指の付け根に力を込め、そこから着地して足裏全体に圧力をかけるイメージで。筋肉疲労も抑え、バランスよく歩ける

ゆりっぺ先生コラム

キモノの歩き方にそっくり

着物は裾がはだけないように、洋服より小さな歩幅で歩きます。草履はつま先に重心をおき、背筋よく「すり足」で歩くのが美しいとされます。山はアクティブにガシガシ歩くイメージでしたが、経験者の姿はおしとやかで凛としていました。丁寧に、小刻みに。その着物のような「静かな歩き方」が、無駄な筋肉を使わない、よい歩き方なのですね。

豆水楼

Tips at a danger zone

危険な場所での注意

木の根や木道を歩く

木の根が地面いっぱいの山道や、木道は、雨に濡れたり朝露で湿っていると、想像以上に滑りやすくなるので、かなりの注意が必要。木の根の上には足を置かず、その間を縫って歩くコース取りをしよう。

渓流を越える

濡れた丸い石の上を歩くときは特に注意。また、渓流の石や岩には藻やコケがついていることも多いので、絶対に急がず慎重に歩こう。

橋を渡る

木の橋は岩より滑りやすく危険。丸太を何本か並べただけの橋は、表面が平らでないのでより安定感も悪い。すり足のようにしてゆっくり進もう。濡れている場合は特に気をつけて。

Point

浮き石に注意

浮き石とは、動きやすい石。その上に乗ってしまうとバランスを崩して危険。その石を蹴ってしまうと、落石にもつながる可能性が。万が一石を落とした場合は「ラク！」（落石の山用語）と叫ぼう。

ガレ場を進む

Point

前を向く

登山道がはっきりしない場合は足元や目の前だけでなく、少し先を確認し、岩につけられている目印（歩く方向には○、間違いやすい方向に×）を探そう。

大きな岩が続く「ガレ場」と呼ばれる場所は、通常の登山道以上に一歩一歩を静かに、丁寧に歩くようにしています。浮き石があるので、軽く踏んでみて石の具合を確認しながら、前に進みましょう。また、足元だけを見てしまうと、道迷いの原因になるので、必ず前方も見るようにしましょう。

ロープ＆鎖＆ハシゴ

足場の悪いところでは、補助と安全のためにロープや鎖、ハシゴをつけてくれているところがあります。こういう場所では脚だけでなく、両手も使うため、視覚的にも「手で登ろう」と思ってしまいがち。しかし、腕に体重を預けるのはとても危険。あくまで「脚を使って登る」ことを意識することが大切です。

ハシゴ

ロープ

鎖

全体重をかけない

ロープや鎖はあくまで補助として使い、全体重はかけないこと。基本は自分の体、つまり脚を使って登っていくこと。ちなみに、つかみやすい樹があっても折れる可能性があるので注意

Point **ひとりずつ渡る**

転落した場合、他の人を巻き込んでしまう可能性があるため、誰かが登っていたら必ず待つこと。

Point **しがみつきすぎもNG**

ロープの信頼性は絶対ではない。しがみつきすぎたり、全体重を預けてはダメ。肩の力を抜いて体を離そう。

Point **腰引け注意**

恐怖心で腰が引けないように注意。腰が引けると重心が後ろになり、体のバランスが崩れて不安定になる。

岩場を渡る

不安定な岩場は両手も使いましょう。両手両足のどれか3点で岩をホールドした状態で、残りの1カ所を動かせば体は安定します。これを「三点支持」と言います。進む際には岩の形をよく見て、足場となる場所を探し、そこに足を移動したらしっかり安定させます。そして次に手がかりとなる岩を探す、という流れでゆっくり前進。また、目の前だけでなく、これから進んで行く岩場全体を見て進むルートを把握することも大切です。

Point　体重をかける前に確認

岩も崩れる可能性があるので、全体重をかける前に必ず確認すること。最初は時間がかかってもOK。慎重に安全第一。

岩場などで下りが怖いときは後ろ向きで手を使って下ろう。私はこれができるようになったら、恐怖感が減少した

→［高所恐怖症の人は143ページをチェック！］

ゆりっぺ先生コラム

大地に優しい歩き方を

天狗岳から横岳、赤岳と縦走したとき、岩場を横ばいで歩かなければならず、怖くて怖くて必死で岩をつかんでいました。でも、そのときふと気づいたのは「岩は地球の骨なんだ」ということ。そして「今まで歩いてきた森は地球の肉なんだな」と。そう思ったら、急に気持ちの変化が。岩をつかむときも、「ちょっと触らせてもらいますね」と語りかける気持ちで歩くと、慎重に岩を選ぶようになります。そうすると余計な力が入らずに、結果的に無駄に疲れないということがわかりました。登山道でも危険個所でも、やさしい気持ちで歩くことが、疲れず安全な山歩きのコツなのです。

稜線を歩く

稜線歩きや独立峰の山頂でのお鉢巡りなどでは、突風が吹き付けることがしばしば。隠れる場所もなく飛ばされそうなことも。そんなときは、重心を低くして耐風姿勢をとり、歩幅を小さく、いつも以上に地面を踏みしめて歩きます。それでも耐えられないようなら手をついて進みましょう。

How to master trekking poles

トレッキングポールの持ち方

グリップをしっかり握る

山歩きの際に強い味方になってくれるトレッキングポール。基本的には、歩行バランスを保つためのものだが、急斜面などで体重をかけることも。しっかりとグリップできる正しい握り方を知っておこう。ただ、ポールが滑ったときは転倒の原因となり、危険なので頼り過ぎないように。

ストラップを手首に通す

グリップ部分から出ているストラップの下から手を入れる。手からポールが離れても落ちないための方法

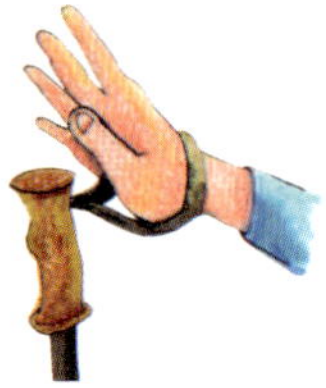

ストラップと一緒にグリップする

グリップ部分をストラップの上から一緒に握る。疲れて握力がなくなっても、支えやすくなる

下りの場合は、上から持ってもOK

グリップの上部に手のひらをあてて、グリップ全体を上から覆うようにつかむ。自分に合った握りやすい方法を試そう

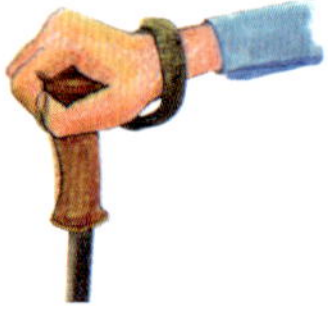

上りは短め下りは長め

使う場所で長さを変えていきます。基本的にポールを持ったときのヒジの角度が、直角か少し広めくらいになるように長さを調節。これが一番、力が入る状態だからです。そのため、上りでは縮め、下りでは長めが基本。身長164㎝の私の場合100～125㎝の間で変えています。

ヒジは直角
or
少し広め
私は
最大と最少の差
25cm
上り
平坦
下り

キャップを必ず付ける

トレッキングポールを使う登山者が増えて、ポールの先端で登山道に穴が開き、登山道が壊れやすくなったり、根や植物が傷つけられることが懸念されています。自然を守るため、木道ではもちろんのこと、通常の登山道でも、ポールの先にキャップを付けましょう。

→［トレッキングポールの選び方はP149をチェック！］

ポールを突く位置を適宜変える

長さを調節したら、ポールを突く位置も再確認してみましょう。常に、前に出す足のすぐ横に突くようにすることで、体軸のブレをサポートしてくれます。2本の長い手を入手し「4足歩行」するイメージで。上りや下りでは足の着く位置が変わりますが、ポールを突く場所は同じで、常に前足の横を意識します。

下り

ポールは少し長めに持つ。先に右腕を前に出してポールを突き、体重をかけたら左足を踏み出して着地。ポールを突く際は体重をかけても滑らないように、安定している場所を選んで

上り

基本の動きは平地のときと同じだが、前に突いたポールで体を支え、後ろの足を引き上げるイメージ。ポールを前に突くときは、地面に対して直角か少し前に傾けさせる

平地

平地では、前に出した腕に持ったポールの先を、前に出したほうの足（手と逆側）と同じくらいの位置に自然に下ろし、そのまま後ろに押す。この動作を繰り返して進んでいく

へっぴりコラム

慣れるまでは平地で練習した

私はトレッキングポール（ダブルストック）に出会ってから、歩ける距離が増えました。それからは、ハイキングのような場所でも使っています。とはいえ、最初は使い方が難しかったので、公園などで練習しました。

時には使わないほうがいい場面も

岩場、大きなガレ場、クサリ場など、両手を使わなくてはいけない場合、トレッキングポールを使わない方が安全。短くして、バックパックに収納しておくといいでしょう。それ以外でも、使いにくい、あるいは必要ないなと思うときはしまっても◎。

For your Exhausted Body

疲れの原因はココかも？

▶ バックパックの背負い方

バックパックの背負い方で疲労感が大きく変わります。私は、歩き始めて最初の1時間、ショルダーやウエストと体の当たりを、常に確認しながらベストポジションを探ります。最初にしっかりフィッティングしても、腰ベルトが緩んだり、痛みや違和感を感じる場合も。最初に背負った形がベストとは限りません。

Step 1
ベルトをすべて緩める

最初に各ベルトをある程度緩めておく。背負ってからは「締める」作業で調整するので、最初からきついと調整しづらくなる。

→

Step 2
ウエストベルトを締める

腰ベルト（ウエストベルト）

骨盤の位置で締める

腰骨あたりで腰ベルトを留めます。ウエストのくびれ部分ではなく、骨盤

バックパックを腰に密着&全重量をココに載せる

荷物の全重量を骨盤に載せ、支えるように固定すると、支点が低くなり安定

左右を同じ力で引っ張る

左右均一の力で引っ張るよう注意。ベルトの長さが違うと、中心がずれています

←

Step 3
ショルダーベルトを調整する

左右の長さを均一にする

ぐらつかず苦しくない程度に長さを調整

↘

Step 4
スタビライザーを引き寄せる

バックパックを体に引き寄せる。腰、肩、背に荷物を載せ、重さを分散。体にフィットさせると、バックパック上部の揺れが軽減

↙

ゆりっぺ先生コラム

キモノの帯を締めるような気持ち

バックパックのウエストベルトを締めると、着物の帯を締めたときのような、凛とした気持ちになり、背筋がぴんとします。私にとっては、山に入る前の「神聖な儀式」のひとつです

Step 5
チェストベルトを止める

胸の上、鎖骨から５～７㎝ほど下の位置苦しくない程度でOK！

→

Step 6
再度、調整

ショルダーベルト上部の付け根と、ウエストベルトの付け根と本体をつなぐストラップを引く。バックパックを上下左右にゆすったり、足を上げてみて、バランスがとれるか確認。肩だけで荷物を支えてないかをチェック出発時に正しくバックパックを背負い、ブーツを履いたとしても、歩く振動で少しずつずれていきます。また、変化するトレイルの状況に合わせた調整も必要に。休憩ごとに必ず、体に変な負担がかかっていないかを確認することが大切です。

＋

エネルギー、水分、塩分不足になっていないかもチェック！

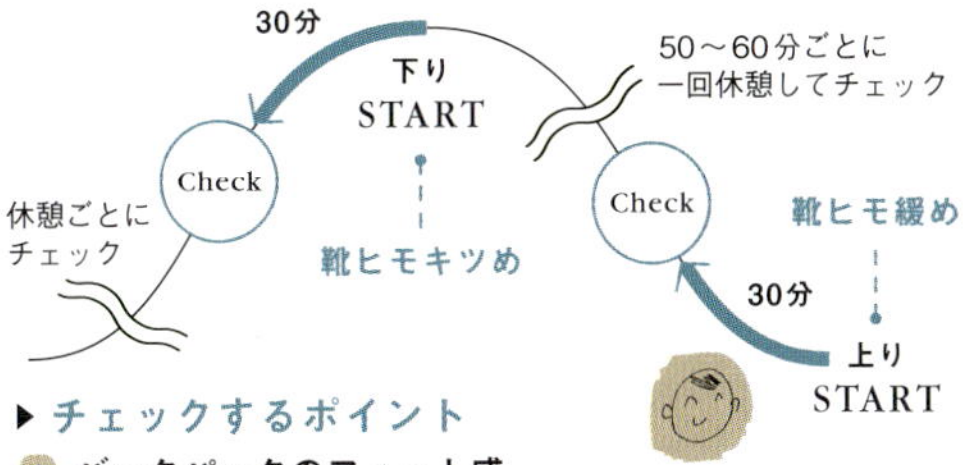
30分
下り
START
靴ヒモキツめ
Check
休憩ごとに
チェック
50～60分ごとに
一回休憩してチェック
Check
靴ヒモ緩め
30分
上り
START

▶ **チェックするポイント**

1. バックパックのフィット感
2. 靴の状態
3. 体感温度
4. 体調

歩き始めてから30分が特に重要！　バックパックのポジションやブーツのヒモの結び方に違和感がないか、探りながら歩くこと

▶ 靴ヒモの結び方

フィッティングして購入した「相棒」のトレッキングブーツは、大地とダイレクトにつながる最も大事な装備のひとつです。自分の足にぴったりと寄り添えるように履くと、山歩きがもっと快適になります。そのため、ヒモの結び方はとても大切。フィッティングが甘いと歩きづらいだけでなく、靴擦れの原因にも。

Step 1
まずはカカトをトントン

靴に足を入れて、カカトをトントン。カカトを靴にぴったり合わせます。足をフィットさせるのに大切な手順なので忘れずに

Step 2
締めながらヒモをかける

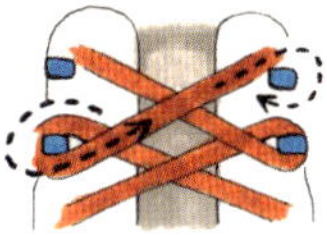

靴ヒモをフックにしっかりと固定しながら、手前に向かって結んでゆく。ヒモは、フックの上から下へかけるとベター

慣れないうちは、ヒモをフックの上からかけるより、無理せず普段通りしっかり締めることに集中を。「上りは緩め」という力加減も、意識せずとも初心者は緩めになりがちなので、しっかり締めてから、痛くないか確認を

Step 3
ほどけないようヒモを結ぶ

蝶々結びの部分はほどけやすいところ。
以下の方法だとほどけにくく、解くのも簡単

1 蝶結びの前の片結びもしっかりと

2 上になったヒモで輪を作る

3 もうひとつのヒモを下から巻く

4 そのまま結び目に通す

5 結び目から輪を出しておく

6 出した輪をもう一度結び目に通す

7 結び目に2回輪が通っている状態

8 しっかり左右の輪を引っ張る

靴ヒモは緩むもの

どんなにしっかりヒモを締めても、足を動かすうちに緩んできてしまうのは当然のこと。その意識で、こまめに気を配る。

靴ヒモのほどけは予防が足りないサイン

私は靴ヒモがほどけるときは、「焦って“予防”をおろそかにしているサイン」だと考え、気を引き締めるようにしている。

▼行動食で栄養を補う

歩き続けるためのエネルギー

行動食とは、山歩きの途中や休憩時に口にする食べ物のこと。長時間、体を動かすと想像以上にカロリーを消費します。そこで見合ったものを摂取しないと血糖値が下がり動けなくなることも。空腹や疲れを感じる前に、少しずつエネルギーを体に送り続けることが大切です。一度にたくさんの量を摂ると、消化にパワーを奪われるので要注意。

おすすめは軽くて日持ちし、摂取後にエネルギーに変わりやすいもの。歩きながらでも食べやすい、ひと口サイズや小分けされたものも便利です。また、汗と一緒に流れる塩分補給も意識して、甘いものとしょっぱいもののバランスにも注意します。

CASE STUDY

2泊3日山小屋泊登山
(※朝・昼・夕食は山小屋にて)

少し重いが、マンゴーやいちじく、トマトなどのドライフルーツは植物繊維が豊富で◎

ドライ野菜やスナックなど潰れやすいものはボトルに入れる。M&Mのチョコもミックス

少しずつ摂取できるキャップ付きチューブタイプ。エナジージェルは即エネルギーになる

胃の負担が軽くエネルギー効率が高いブドウ糖は、ウエストベルトのポケットに

重く潰れやすいが、のどを潤しビタミン豊富なチェリーなどの皮付きフルーツで気分UP

ジューシーで疲れていても喉を通りやすいエナジーグミ。上り坂がツラいときにパクリ

無添加にこだわったヘルシーな自然派シリアルローバー。ナッツと木の実、フルーツ入り

左）アミノ酸クエン酸錠剤。筋肉痛激減。右）汗で大量に喪失する塩分補給のタブレット

食べやすいタブレットタイプのはちみつ。便秘予防になり、集中力も即取り戻してくれる

Point　行動食すべてのカロリーを計算する

カテゴリー	商品名	数量	グラム	カロリー
シリアルバー	RAW バー	1	50g	187kcal
	RAW バー	1	50g	198kcal
	OSM	1	85g	347kcal
エナジー系	グミ	1	60g	200kcal
	ジェル	1	64g	188kcal
サプリ系	ブドウ糖	3g×6	18g	66kcal
	はちみつ	3g×6	18g	53kcal
	炎熱サプリ	9	11g	40kcal
スナック系ナルゲン	スナイダー		57g	272kcal
	m&m ピーナッツ入り		105g	551kcal
	野菜チップス		30g	153kcal
ドライフルーツ	マンゴー		78g	287kcal
	いちぢく		21g	57kcal
	デーツ（なつめやし）		18g	52kcal
	りんご、ブルーベリー、いちご		9g	32kcal
フルーツ	アメリカンチェリー	6粒	50g	33kcal
	ぶどう	8粒	130g	75kcal
	さくらんぼ	17粒	100g	60kcal
Total			530g	2,564kcal

Point　包装紙は事前に捨てる

できるだけ山でゴミを出さないよう、お菓子などの包装紙は事前に取り、密閉できるジップロックなどに詰め替え

Point　自分の必要カロリーを把握する

基本的には1時間の山歩きで「体重1kgあたり約5kcal消費」すると考え、摂取すべきカロリーを算出する

Point　非常食も用意する

「非常時」のために、エナジージェル、シリアルバーなど高カロリーの行動食を多めに持ち、非常食として確保

自分にあった行動食探し

栄養とおいしさ、どちらも大切！

味の好みや消化器官の強い弱いなど人それぞれ。誰にでも合う行動食はありません。胃腸が弱い私の場合、以前は一般的な行動食としてよく挙げられるナッツ類を消化できず、いつも胃痛や下痢に。そこで、私の体に合い、気分も上げてくれるマイベストを探す旅に出ました。その試行錯誤すべてを紹介します。

ゆりっぺ 行動食の歴史

Start

おやつタイムを楽しみにいっぱい歩ける

山のなかでのんびり過ごすハイキングをしていたころは、市販のお菓子など好きなものを持っていき、歩く楽しみにしていた

↓ たくさん歩くには少しずつ行動食をとるのがいい

歩くことに精一杯で消化に力がまわらない……

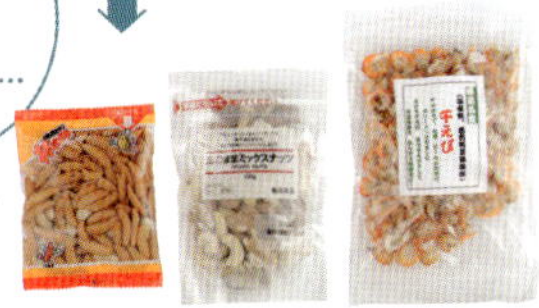

山登り本を読んで行動食に必要な栄養素について勉強。そこで「ナッツ類などの高カロリーなもの」がよいと知り、それに忠実に従った

体がまだ山歩きに慣れず、歩くことに精一杯で体力消耗し、体が胃のものを消化できず、いつも胃もたれや下痢に

← 消化しやすさ、も重要！

だんだん体も慣れてきて消化できるようになる

固形の行動食が体に合わないことを登山ショップで相談。おすすめされたのが、トレイルランニング用のパワージェルとドリンクの2種類を混ぜて作る、効率よく体に吸収できる半液体行動食

少しずつ体も慣れてきたこともあり、消化不良の問題が解決！　ただし味気なく、食べる楽しみがなくなってしまった

↘ 味気ないのもツラい……

水分が多いものは食べやすくておいしい

消化しやすく、わくわくする固形物を少しずつ試す。皮のままシャリシャリと食べられるフルーツがヒット。自分に合ったバランスを見つけられるように

フルーツはおいしい反面、水分が多く、重くて潰れやすい。2〜3日の縦走に備えさらなるブラッシュアップが必要に

← 長期縦走のときに便秘の問題が発生

食物繊維たっぷり栄養バランスも◎

ドライフルーツやフリーズドライの野菜と果実を採用。軽くて日持ちし、食物繊維たっぷりなので便秘も解消！　栄養バランスも◎で山行の最後まで体も元気に

↓

時と場合に合わせてバランスよく

トライアンドエラーを重ねるなかで、目指す山や自分の体調に合わせて組み合わせを変える必要性を実感した

何を選んでもよく噛むことが大切！

▼水分をこまめに補給

のどの乾きを感じる前に少しずつ水分補給する

行動中は、汗や吐く息から想像以上に水分が出ていきます。実は、のどの乾きを感じたときには既に軽い脱水状態。そうなる前に飲むことが、脱水症状や熱中症、高山病を回避する秘訣。

ただし、一度に大量に飲むと、消化するために余計なカロリーを消費してしまったり、トイレに行きたくなるので、少しずつこまめに補給することが大切。

水を持って行く際の容器としては、ボトルやハイドレーションなど選択肢がありますが、ボトル系のメリットは、水とお茶など、いくつかの種類を分けて持って行けること。デメリットは、一気にガブ飲みをしたり、取り出しにくいこと（レインカバー装着時は特に）。一方ハイドレーションでは、止まらず歩きながら気軽に水分補給ができることですが、デメリットは、残量がわかりにくいこと。

これらを理解したうえで、自分に合った方法を見つけて下さい。ちなみに、水分と一緒にミネラルも不足するので、塩分を一緒に摂取することも忘れずに。

脱水症状を防げる & トイレの回数も減らせる

Q どれくらい水を持っていく？

A 体重(kg)×行動時間(h)×5mℓ

1時間の行動中に必要な水分量は、体重(kg)×5mℓ。それに行動時間をかけたものが、必要な水分量とされています(注：鹿屋体育大学・山本正嘉教授の研究による数値です)。重い場合は7割の量を目安にしていいそうです。下山後、毎回の水の残量を確認すると、自分に必要な平均値がわかります。

途中で水分補給できるルートであれば、最初から必要な水分量すべてを持って行く必要がない

Q おトイレに行きたくなりそうで心配です

A 少しずつ水分補給を

こまめに水分補給するようになりトイレの回数が減るように。少量の水をコンスタントに飲むと、体に吸収されて、汗で放出されるようです。

Q つい水分補給を忘れてしまいます

A 面倒に感じない方法で

ボトルを出すのが面倒だと、つい後回しにしがち。ハイドレーションの導入やボトルホルダーですぐに手に取れる位置につけるなどの工夫を。

こまめに水分補給するための工夫

自分に合った水筒を選ぶ

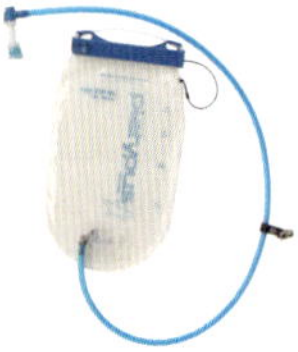

歩行中、バックパックを下ろさずにこまめに水分補給ができる。バックパックの背面に収納できるので、重さが偏ることなく、バランスを保てる

プラティパスは軽量で、飲み終わったら+畳んでコンパクトに。調理用の水や、水場が少ないルートでは予備の水を入れておくことも

錆びにくく、飲み物ににおいが移らないステンレススチール製。クリーンカンテーンは、口が広いので氷を入れることができ、洗いやすい

魔法瓶のなかでも、チタン製が圧倒的に軽い。山小屋でお湯を買ってこれに入れたり、沸かしたお湯をこれに入れて保温することができる

選ぶポイント

まずは軽さ。ホースと本体を外せるものは水の補給時に楽。口が広いものは洗うときに便利。飲みくちに止水栓がついていれば水漏れもナシ

雨のときのデメリット

バックパックの脇ポケットにボトルを入れておいても、レインカバーをかけると非常に取り出しにくくなる。ボトルホルダーなどで、手が届く位置につけておくなどの工夫を

サプリメントを活用する

山歩きから疲労を引くと楽しさだけが残る

快適に楽しく山歩きをするために、私はサプリメントに頼ってもいいと考えています。私にとって欠かせないサプリメントは、まずはクエン酸とアミノ酸。出発前や到着後はもちろん、行動中にも1時間に1回飲んでいます。アミノ酸は傷んだ筋肉細胞を修復してくれるもの。クエン酸は筋肉痛の原因となる乳酸を取り除いてくれる作用があり、疲労を予防してくれます。

それでも本当に疲れてしまったときや、食べる元気はないけどエネルギーは必要なときに摂るのが、カフェインも入ったエナジージェルです。例えば、ゴール直前の最後の頑張りがどうしても出ないときに飲むと、一気にエネルギーになり30分から1時間くらい馬力が続きます。

そのほかには、脂肪をエネルギーに変えてくれるジェルや効率的に筋肉を作ってくれるプロテインなども取り入れています。登山を始めたばかりで体力に自信のないという方こそ、サプリメントを上手に利用してみてはいかがでしょうか。

クエン酸とアミノ酸を同時に摂取できる錠剤を、小分けにして携帯

トレッキング中

クエン酸とアミノ酸は、顆粒や錠剤タイプや、水に溶かして飲むタイプ、ジェルタイプなど種類が豊富。メリットとデメリットがあるので、飲みやすいものを見つけて。私は摂取が容易な錠剤タイプが好み

顆粒タイプ

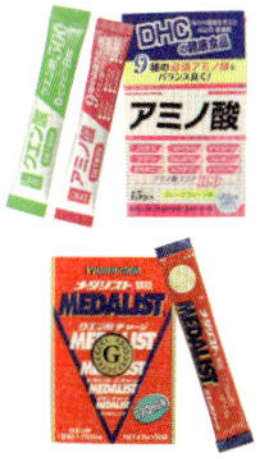

ジェルタイプ

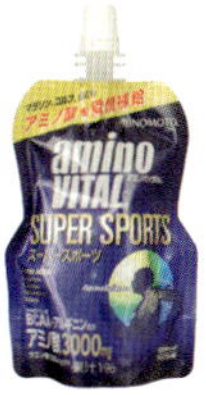

水溶タイプ

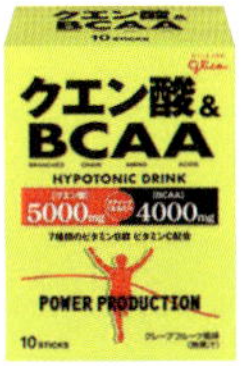

運動前に

運動前に摂取することで、行動中に体脂肪を燃焼してくれる「ヴァーム」。山ではダイエット目的ではなく、体脂肪をエネルギーに変えるため。顆粒も登場し便利に

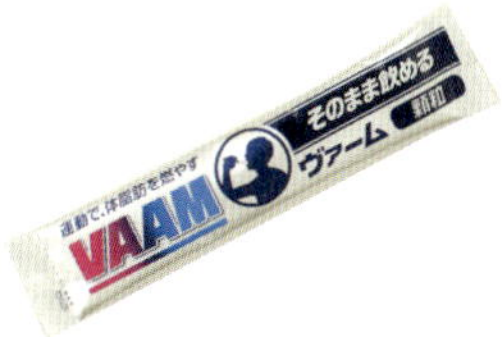

Column

下山後&翌朝

私が愛用しているのは「サヴァスアクア・ホエイプロテイン100」という水に溶かして飲むタイプ。下山直後と翌朝の起床直後に飲んでいる。ジュースのようなグレープフルーツ味が◎

せっかくの運動を筋肉に変えよう

そもそも運動が苦手で、積極的にトレーニングをするタイプではない私にとって、山登りは次の山登りのための筋トレでもあります。「せっかく運動したんだから、筋肉になってほしい」という“モッタイナイ精神”でプロテインを摂取。プロテインとは筋肉を作るタンパク質。筋トレ好きの男性が飲むイメージですが、少しでもラクして筋肉をつけたいという“へっぴり女子”の助けにもなります。

Your feeling is everything

気持ちのモンダイ

景色を眺める

歩いてきた道、登ってきた高さを振り返るたび、自分の頑張りが誇らしく思えます。先を想像して楽しみにするのもいいけれど、その時点で自分が達成できたことを考えると、勇気をもらえます。

友達と感動を共有し合う

一緒に登る友人と、見つけた発見や感動を声をかけ合って教え合えば、喜びも倍に。道中がたくさんの「幸せ」でいっぱいになります。目的地に着くことだけでなく、その行程の楽しさを共有。

山に感謝をする気持ちで

疲れたと言いそうになったら、いま、自然のなかにいられる喜びを意識するようにしています。山のなかは当たり前な場所ではなく、特別なところ……と感じられると心の負担がふっと軽くなります。

心が軽やかなら
足取りも弾む

Column

笑顔で歩くと元気になる

笑うと副交感神経が刺激されリラックスできるそうです。だから疲れたときこそ笑顔！　でも、どうしても笑顔になれないときには「い行」で終わる言葉を大きな声で言ってみてください。「きれいー」「すてきー」「かわいいー」など。山には、こんな言葉を発したくなる景色が広がっています。自然と口角が上がって笑顔になり、本当に元気が戻ってきますよ。

・お気に入りのアイテムを使う

お気に入りのアイテムで心が軽くなるのなら、少しぐらい荷物が重くなっても、それを使うのもいいのでは。眺めるだけでニヤニヤできるアイテムは、つらいときにいつも助けてくれます。

・決めのおやつが効く！

行動食や水分をしっかり補給しても、ちょっと歩くのが大変……。ということがあったら、私は、“決め！”のおやつをひとつ用意しておきます。「次の休憩であれを食べるために頑張る！」と歩く気力につながります。ちなみに私の場合は、豆大福。幸せなひとときを山で味わいます。

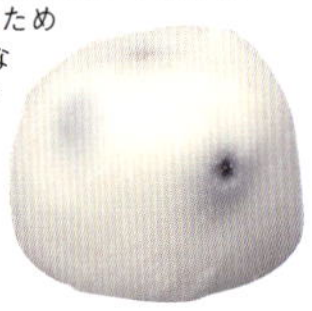

高所恐怖症を克服する

私は運動神経がなく、運動経験もまったくありません。そして、持病のせいで平衡感覚がなく、三半規管も弱い上に、極度の怖がりです。段差が恐ろしくて、下りの岩場で動けなくなることもしばしば。でも、自分が見たい風景までたどり着くためには、その恐怖心を克服しなくてはいけない場合があります。

そこで、いろいろと自分なりに恐怖心と向き合う方法を考えてきました。特に吊り橋はかなりの難敵でしたが、イメージトレーニングで克服するよう努力した結果、数年かかりましたが、かなり改善したのです。

人間は誰しも苦手なものがあると思います。それは根性や努力ではどうにもならないことも。でも、私は想像力が人間を自由にしてくれると考えています。自然の美しさがそれを教えてくれました。私は恐怖や苦手と戦うというよりは、その気持ちに寄り添い、克服の糸口を見つけるようにしています。

段差

腰を下ろしてもいいから、確実に、安全に下りることを心がけよう。ゆっくりでOK！　自分が安心できる下り方で一歩一歩進んでみては

吊り橋

途中であえて立ち止まって、自分の「怖い度数」をリポート。10のうち何ポイントくらい怖いと感じているのか？客観的に見て恐怖心を緩和

前の人を掴むと怖さが減る！

欄干がない橋や片側が崖の道などでは、前の人のバックパックなどを軽く掴む。そうすると安心できて怖さが減ることに気がついた

足さばきに不安があるなら…

どんな状況でも、常に足さばきを意識して歩くとだんだん慣れてくる。岩場などを想定して、インドアでボルダリングをやってみても

目線の上下が怖いなら…

目線が上がったり下がったりすることで生まれる恐怖心を克服するため、私は公園の滑り台で練習。ジャングルジムもおすすめ。はしご場の練習に

どうしても怖いときはニュージーランドで買ったレスキューレメディのグミを。植物成分でできていて心を鎮めてくれる

How about your stamina?

体力にまつわるQ&A

「あの山に行きたい」に導かれてスキルアップ

体力がなくても、自分に合った山を選べば登山は楽しめると書きました。でも、体力はないよりあった方がいいのは事実。ただ、私の場合は体育の成績はずっと「2」。スポーツが苦手で、体力もなく、日常的なトレーニングが苦手でした。ジムに行き始めても続かず、夫に勧められて水泳を習ったときは、水着を濡らして干しておいて、行ったふりをしたくらい（笑）。

ところが、山歩きを始めてからは、「あの山に登りたい」という憧れの気持ちに導かれて、時間をつくっては、練習として身近な低山に登るうちに、体力や技術が進歩していきました。

その結果、初めて自分の体や体力と向き合うことができ、以前よりも格段に健康になれたのです。

1 Q 山登りのトレーニングに特別な運動は必要なの？

A 特別な運動は必要ありませんが、目標とする山に行くためにどんなスキルが必要か、課題を見つけます。例えば、屋久島の縄文杉に行く前、標高は低いが高低差が800mあると知り（そのころは1日でこの標高差を登るのは未体験）、高さにはこだわらず、「標高差」があるところを選んで山歩きをしました。

2 Q 「シャリバテ」ってどういうこと？

A エネルギーが不足の「ハンガーノック」の状態。食べ物の補給が足りないと、体が思うように動かなくなります。しかし、一度にたくさん食べると、血液が一気に消化器官に集まり、疲れやすくなります。また、消化不良を避けるためにも、少しずつ食べること。昼食は「ガッツリ」よりも、空腹を感じる前に行動食を少しずつ食べ続けるほうがバテずに歩けるのです。

3 Q 暑がりですぐバテてしまいます

A こまめに脱ぎ着して、体温調整をするのはもちろんですが、その前に、ウエアのジップを開けて換気をするだけでも効果的。ベンチレーション、ポケットのファスナー、首もとのハーフジップなどを開けます。また私は、ミントスプレーを体に軽く吹きかけて、気持ちの体感温度を下げます。

登山を始めたころに練習でよく登った長野の鉢伏山。山頂近くまで車でも登れます

4 Q バランス感覚が悪くて……

A バランス感覚は体力や技術と違って、トレーニングしたからといってなかなか改善できるものではありません。私は、片足で立ったり細い線の上を歩くなど、日常のちょっとした空き時間にできる練習もしましたが、それよりも、何度も山に行くうちに、徐々に慣れていき、身に付いていったと思います。

ニュージーランドでは毎朝ウォーキングコースを歩いて楽しくトレーニングしています

ニュージーランドの自宅前の湖。景色がきれいで、生まれて初めて走りたくなりました

5 Q 下りでペースダウンしてしまいます

A 下りでのペースダウンは、ルート取りや足の置き方に問題があるから。下りは、大股で歩くと転びやすく危ないので、「1、2、1、2」というリズムを崩さずに、より細かい歩幅で進むこと。また、次にどこに足を置くかをゲーム感覚でシュミレーションしながら進む、立ち止まってしまった場所は一度、戻って練習するなどしています。

6 Q みんなのペースについていけないのですが

A ついて行けないときは「きついです」と素直に伝えて無理はしないこと。私は、この先の上りでペースが落ちるな、とわかっている場合は先に伝えています。逆に、自分のほうがペースが早ければ、遅い人に合わせ、もし疲れていそうだったら、こちらから「そろそろ休憩しよう」と誘いましょう。

7 Q 休憩は必ず1h／1回必要？

A 初心者のときほど、「まだ大丈夫」と思って後でバテることがあります。休憩は今の疲れを癒すためではなく、この先に疲れないための準備。ベテランのガイドさんと歩くと、頻繁に短い休憩をとってくれるので、最後まであまり疲れを感じません。ただ、せまい道で無理に休むことはせず、少し開けた場所まで歩いてから休みましょう。

The beauty of nature

疲れを癒す美しい自然の姿

疲れた体に元気をくれる高山植物

急登の岩影で、ピンク色の可憐な子が微笑む。
どんな環境でも生き抜く姿に、力が湧く。
……初夏の八ヶ岳・赤岳にて

森に落とされた天使の羽

苔むす山道に一枚のフワフワの羽。たったいま、天使がそっと落としていったのかも……。
……NZ レイク・ワイカレモアナにて

葉っぱが浮いてる？ 蜘蛛の糸マジック

宙に浮いている！　マジシャンは蜘蛛。観客は山を歩く私たち。
……NZ ミルフォード・トラックにて

足元に広がるもうひとつの宇宙

いつもは見上げる空を歩くことができるから
今日は下を向いて歩こう。
……早朝の会津駒ケ岳にて

京都で見つけた 落ち葉3兄弟

目があった3人はなにやらおしゃべり中。楽しそうで、私までうれしくなる。
……京都北山、沢ノ池にて

葉に書かれた ヒミツの言葉

葉っぱにはヒミツの言葉。「一人ノ人？」「下ノト？」。森の言葉を読める人になりたい。
……晩秋の上高地・田代池にて

自然の光が創り出す 葉っぱの影絵

灰雲から差し込んだ一瞬の光。晴れていたら気づけなかった、切り株に映る葉っぱの影絵。
……梅雨の北八ヶ岳・縞枯山にて

マオリの人が使う 山歩きの目印

裏白のシダの葉は夜道で発光したように帰る道を示す。森と生きる民・マオリの知恵。
……NZ ワイポウア・フォレストにて

Support gears

道具でサポートする

グリップの形状

I型とT型がありますが、私はストラップと併用し、長時間握っていても疲れづらい、I型モデルを使用中

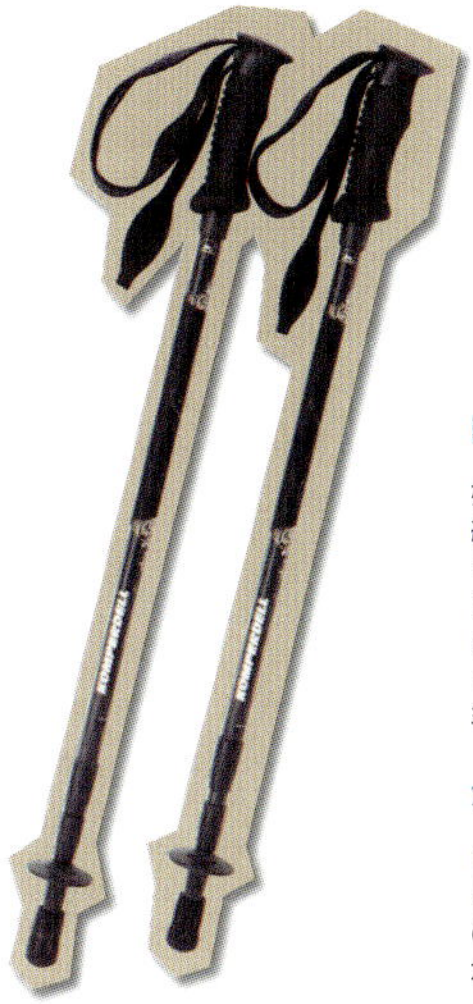

腕を上げることで、歩みを前に進めやすくなる

Pole 【トレッキングポール】

4 本目の足となり、体を支えてくれるトレッキングポール。下り道で特に有効、といわれることも多いですが、私はたとえ低い山でもよく使います。人の体は、腕を前後に振ると自然に足も動く構造。歩くテンポをつかみやすくなります。

固定方法

好みの長さに調整できる伸縮式や折り畳み式があり、それぞれ組み立て構造は異なる。どれも難しくはないが、疲れて握力がなくなっていても使いやすいか、で判断を

本数

1本のものと2本セットのものがある。個人的には体のバランスをとりやすい2本セットがおすすめ

重さ

トレッキングポールが重いと、腕が疲れてしまうことも。私は軽量なカーボン素材を愛用

女性モデル

カラーやデザインだけでなく、グリップの長さを短めに設定して軽さを追及するなど、女性にとって使いやすいモデルが増えている

血流を促したり、筋肉や関節をサポートする

Tights 【高機能タイツ】

以 前はいかにもスポーティなビジュアルに抵抗がありましたが、一度履いてからは手放せない存在に。ときどき、今日はなくても歩けそうとだと履かないで行くと、下山後の差は歴然！　腰痛も減りました。

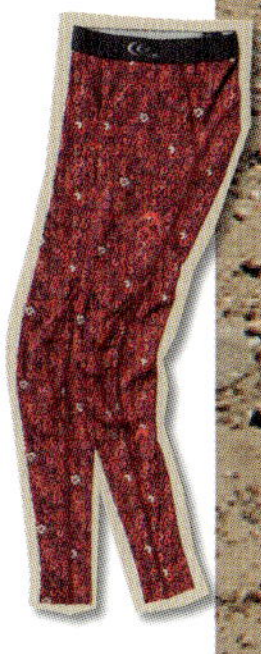

関節や筋肉をしっかりサポートしてくれる着圧の強いタイプと、血流を促して疲れを軽減してくれるソフトな履き心地のタイプがある。締め付け感が苦手な人は、後者から試してみては？

Column

大自然のなかで、人間のテクノロジーを

日常では、オーガニックやナチュラルなものを選びますが、山では、人間が知恵や情熱を注ぎ込んで作り出したテクノロジーを利用します。高機能なギアは、自然のなかで過ごしたいと願う人が、日々努力して、つきつめたもの。そんな人やモノの姿も美しいなぁと思うのです。

FAQ for emergency

いざに備えるQ&A

Q 天候が急変したらどうする？

山の天気は変わりやすいので、常に注意が必要。雨だけならレインウエアを着て歩き続けられますが、雷や視界ゼロの濃霧などへの対応は、ある程度の知識が必要となるので事前に勉強を（以下のQ＆Aをご参照ください）。

▶ 雷が鳴ったとき

積乱雲が発生しやすい山では、雷の危険性も高まります。雷が聞こえたら、すぐに近くの山小屋へ低姿勢で避難を。ない場合は、木のそばに避難しますが、木から4m以上離れていないと側撃雷を受ける可能性があるので注意を。

雷は高いところに落ちるので、移動するときは低姿勢で。側撃雷（木などを直撃した雷が木の近くにいる人や物に再放電する）に注意

▶ 霧でホワイトアウト！

濃霧によって視界が白一色となり、進行方向が判別不能になってしまうと、道に迷う可能性が。道が見えてほかの登山者もいるときは、そのまま進める場合もありますが、濃い霧の場合はむやみに動かず、しばし待つのが得策。

涸沢から上高地へ戻る際、霧と風雨に見舞われたことが。一部道が閉ざされていた場所も。山小屋で情報をもらいながら安全に帰還

▶ 大雨が降り出したとき

体が雨で濡れると、急速に体温が奪われます。急な大雨の場合、できるだけ早くレインウエアを身につけること。そのため、雨具はすぐ取り出せる場所に収納し、レインパンツはブーツを履いたまま着脱しやすいものに。

歩いていると体から汗が出るので、内側が蒸れないように、レインウエアは防水透湿性のあるものにしよう

少しの違和感でも すぐに対処を

山のなかでの不測の出来事。できれば、遭いたくはないですが、山はいつも笑顔でいてくれるとは限りません。というよりは、予想していなかったことが起こるのが当たり前、と考えるくらいがちょうどいいのかもしれません。

それは天候などの外的要因もあれば、自分の体調などの内的要因もあります。

私は、「すべてにおいて、少しの違和感を感じたら、面倒がらずにすぐに対処しておくこと」が基本と考えます。これを念頭において行動をしておけば、不測の事態が起こってもすぐに対処できます。

常に大事故が起こり得ることを意識しながら、いろんなことを経験してスキルアップしていきましょう。

Q 山特有の病気はどう対応する？

自分の体調は自分が一番わかるはず。でも、歩くことに夢中になってしまったり、一緒に歩いている人に気を遣って、なかなか自覚できない場合も。「少しの違和感」も見逃さず即対処することが大切。

高山病

血液中の酸素が低下して、めまいや吐き気などの症状を起こす高山病。ひどい場合は命を落とす危険も。体質によるが標高2,500m以上で症状が出る人も。眠気や頭痛、ボーっとするのがサイン。一番の対処法は下山すること。

熱中症

熱中症はめまいや頭痛、しびれなどの症状を起こし、ひどい場合は痙攣も。山歩きをしているときは、体内の水分が少なくなって体温が上がり、熱中症になりやすいので注意。水分補給もしっかり行うこと。

水分だけ摂取し続けると体の電解質バランスが崩れて脱水症状に。塩アメなども必ず持参しよう

水分はこまめに、が基本。のどが渇いたときはすでに軽い脱水症状になっているので注意

直射日光を浴びてしまうと、体温が上がりやすくなる。夏の山歩きでは帽子は必須アイテム

低体温症

濡れたウエアを着続けたり、強風に長時間当たることで体温が奪われ、体内の発熱が追いつかない状態。一歩間違えば命取りになる症状なので、寒さや冷えを感じたらすぐにウエアを脱ぎ着して、対処をしよう。

指先はなかなか温まらない部位。私は、防寒と保護を兼ねて、真夏の日帰りでもグローブを持っていく

ウエアを着込んでも寒い場合は、エマージェンシーシートを体にまとうといい。これは常に携帯を

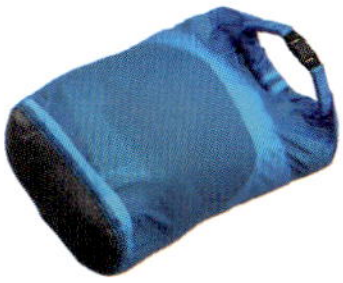

体を温めるには乾いたウエアを着ること。着替えワンセットは防水サックに入れてドライな状態に

Q ケガに備えて用意しておくべきものは？

もちろん、骨折など重篤な状態になってしまったら、山小屋や登山者に助けを求めてすぐに下山です。靴擦れや虫刺され、捻挫や打撲など、ファーストエイドキットで対処できる場合は、迅速に対応を。

▶ 靴擦れ・爪割れ

新しいブーツは靴擦れしやすいので要注意。爪割れはしっかりヒモを結ばずに靴の中で足がズレてしまっているのが原因の場合も。なによりも足の違和感を感じたらすぐに対処をすることが大切です。

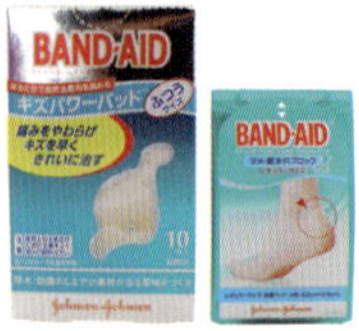

愛用のケガ用「バンドエイドキズパワーパッド」（左）と靴擦れ用パッド（右）。靴擦れになりそうな所に貼れば予防にも

靴下がたるんでいると擦れたり、吸汗素材のものでないと、皮膚がふやけて靴擦れに。また、新しい靴は必ず街で履き慣らして

▶ 虫刺され

自然のなかには、刺されると大きく腫れたり、毒が回ってしまう虫もいます。虫除けに加え、塗り薬とポイズンリムーバーをファーストエイドキットの中に入れておくと安心です。

貼るタイプの虫刺され用薬なら手が汚れないので山では便利

虫刺され用の塗り薬。病院で処方してもらうものは強力で安心

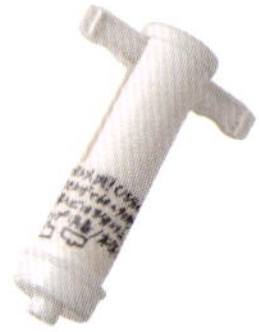

毒を吸い出すリムーバー。慌てないよう使い方を書いて貼っている

▶ ヒザが痛いとき

ひざ専用のテープとサポーターを使用。テープは説明書きの通りに貼るだけでOKなので、テーピング初心者でも簡単に貼ることができて便利です。

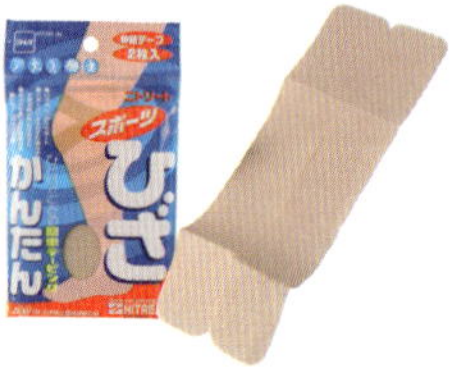

これがヒザ専用のテーピング。簡単に貼れて、ヒザ関節をサポートしてくれる

▶ 打撲・捻挫・骨折

骨折で動けない場合は、仲間に頼んで助けを呼びます。打撲や捻挫の場合も、無理をしないのが一番。患部を固定するテーピングで応急措置をして歩ける場合は、そのまま下山をしましょう。動けない場合は助けを呼びます。

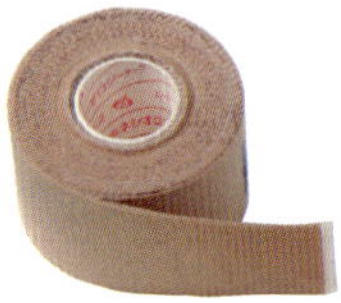

テーピングの巻き方は、本や動画サイト、講習会で学んでおくと役立つ。テープは靴が壊れたときの応急処置にも使える

頼れるスポーツトレーナーを見つける

関節と筋肉をサポートするテーピングを習ったら痛みが軽減。また、歩くときの足の運び方や姿勢を矯正してもらうことで痛みをなくすことも

スポーツ外来へ行く

ヒザ痛の原因はさまざま。関節の問題なのか、筋力の問題なのか、スポーツドクターに診てもらうと、改善のためのアドバイスをもらえる

へっぴりコラム

一度痛めてから疲れると……

屋久島で脚を痛めて以来、疲れるとヒザが痛くなるようになってしまいました。スポーツ外来に行って診てもらったところ、私の場合は関節（の変形など）が原因ではなく、筋肉疲労からヒザ痛が起きているとのこと。そこで、インソールを作ったり、テーピングを教えてもらったり、さまざまな方法を試しながら、ヒザ痛と向き合っています。

Q 道に迷ったらどうする？

山歩きに慣れていないと、地図を持っていても分岐で道を間違えてしまうことがしばしば。迷っても日のある明るいうちにリカバリーできるよう、早めに到着するスケジューリングも大切。

Step 1 止まる

道に迷ったと思ったら、すぐに立ち止まって、現在地を確認します。慌てず冷静になることが大切。もちろん、地図は持参しておくのが前提。他に経験者がいても、任せきりにせず、自分でも現在地を確認すること。

まず冷静になる

Step 2 上る

現在地がわからないなら

完全に迷った場合は、上るか、動かないが鉄則。下ってさらに迷うことで、遭難率はさらに高まる。絶対ではないが、上がることで視界も開け、携帯電話もつながりやすくなる可能性も。ただし、日が暮れてきたらその場に留まり、ビバーク（緊急避難的に野営する）するほうが得策。

目印について

木に結んである目印のテープは間違えている場合もあるので、不安なときは地図で確認を

Point 休憩のたびに地図をチェック

はっと気づいたら道に迷っている、ということがないように、休憩のたびに地図で現在地を確認します

地図とともにコンパスは必須アイテム。現在地を正確に把握できる

Step 3 来た道を戻る

現在地がわかるなら

歩いて来たコースを戻るのは、一番確実なリカバリー方法。下山時は、上って引き返すのが面倒だと思うかもしれないが、さらに下って道を探そうとして遭難してしまう例が多いので注意。

暗くなったときに備えて

日帰りハイキングでも、必ずヘッドランプは持参。道に迷って日が暮れてしまったときに、明かりがないと危険

Column 最悪の事態に備えて

緊急避難的に山で一夜を過ごす際に使うツェルトを、グループにひとつは必携。また、体温維持のためのエマージェンシーシートと、光を反射させて発見率を上げる鏡は、個人装備に必須。

Q 熊や猿を見つけたらどうする？

自然のなかで動物に出会うのも、山歩きの醍醐味のひとつですが、熊との遭遇は避けたいもの。遠くで熊を見かけたら、大きな音を立てたりせず、刺激しないようにじっとして、立ち去るのを待ちます。また、あらかじめこちらの存在を伝えておくために、熊が出現しそうな場所では熊避け鈴などをつけるのが推奨されています。また、熊より遭遇率が高いのがサル。目を合わせず立ち去るのをじっと待ちましょう。

熊まで対応可能な、手のひらサイズのチカン撃退催涙スプレー。噴射距離は3mあるが、風向きによって短くなるので注意

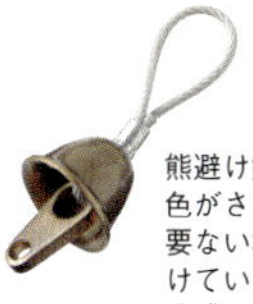

熊避け鈴は形、音色がさまざま。必要ない場所でも付けていると周囲に迷惑になってしまう場合も

Words from mountains

山でパワーをくれる言葉

"自分が好きなものを、
誰かがスキって言ってくれると
ほんとうにうれしいものなんだ"

涸沢の山小屋で出会った、雪山登山歴40年というベテランの男性。黙って私たちの話を聞いていたかと思うと、ぼつりとこうつぶやきました。そのとき、「山が好き！」という気持ちを受け止めてもらえたようで、その温かい眼差しを、とてもうれしく感じました

ニュージーランドのレイク・ワイカレモアナ・トラックを4日間かけて縦走したときのこと。3日目の夜、「山は好きだけど、歩くのが遅いの」と言うと、山小屋にいたある著名な山岳ガイドの方からこの言葉が。山登りは競争ではないことを実感できました

"スローハイクでいいんだよ。
あなたが楽しいと思うペースが
ベストなペースなんだよ"

"風が強くて、
眠れなかった！
そうね。でも風のおかげで
今日は空がきれい"

風には風の役割があって、動植物はそれを受け入れながら、今ある環境の中で輝いたり、種を飛ばしたりしているんです。それ以来、私は風からもたらされる恩恵のことを考えられるように。どんな天候も、自然現象のひとつなんですね

"チョーキレー"

丹沢の大山で出会った男子中学生。あいさつするのも恥ずかしそうだった思春期の彼らが、美しくそびえ立つ富士山を見て思わず大声で叫んだのです。それを見た私は思わず感動。自然のなかには、思わず叫びだしたくなるくらい、美しい景色が待っています

"目的——Enjoy！"

ニュージーランド南島、ネルソンレイクを歩いたときのこと。Lake head Hutのハットブック（宿泊名簿）より。「行き先…○○hutまで／人数…4 Adults／目的…Enjoy」。目的は山登りでもトレッキングでもなく「エンジョイ」。記入するときに真似しています

今日の晴れに、
『ありがとうございます』と
感謝する。

「明日晴れますように」……そう願うのではなく、今日の晴れに感謝する。とある山岳カメラマンから聞いた言葉。こう考えるようになってから、晴れの日が増えた気がするとそのカメラマンは言っていました。曇りや雨の日だってハズレじゃないと教えてもらえました

ちいさなころ、アルプスの少女ハイジをみて、
こんなキレイな場所に行ってみたいと思ってた。
でも、いざ山へ行こうと思ったら、
ベージュやカーキ色の服ばかり。
だから自分はカラフルな服をきて、
スキップをするように、
あの景色のなかに行きたいと思ったんだ。

自然のなかは、24色の色鉛筆で描ききれないくらい、無限の色にあふれています。だから私も、できるだけ自然の色を身につけたい。そうすれば、少し自然に近づけたような、自分も自然の一部に溶け込めたような、そんな気持ちになれるんです

中門岳
（この一帯を云う）
桧枝岐村

通常は一番高い場所に立っている三角点。でもこの標識は、一番気持ちのよい場所に立っていました。頂上にこだわらず、山全体を味わうことを促すかのようで、なんて幸せな頂上だろうと。登頂した達成感ではなく、山に寄り添うような優しい気持ちになりました

深い森のなかでは、木々が私たちを守ってくれるから、直接強い雨にさらされることは少ない。だから木のおかげで雨の日でも楽しく歩くことができるんだなと、改めて感じました。雨が降ると、乾いていた森が潤い、木々が喜んでいるのが伝わってくるんです

子ども：雨なのに歩くの？

お母さん：森が守ってくれるから大丈夫

その灰色で油分の多い樹皮は、
マオリの人々が
〝海でもっとも偉大な生きもの〟
とするクジラと、
〝地上でもっとも偉大な生きもの〟
とされるカウリの樹が、
お互いの肌を交換したからなんだよ

ニュージーランド北島のワイポウア森林保護区にある樹齢1000年を超えるカウリの巨木「タネ・マフタ」。屋久島の縄文杉と“姉妹木”とされているこの木を見に行ったときに、ガイドさんがこの伝説を教えてくれました。海と森はつながっているんですよね

My Favorite Books for Mountain

山へ誘ってくれる本

「ねえ、キャンプにつれていって。
ぼくたち、
川がどこからながれてくるのか、
しりたいんだ。」
「ああ、いいよ。」
おじいさんがいってくれたので、
二人はさっそく
キャンプの用意をはじめました。

no. 1

**川はどこから
ながれてくるの**
**トマス・ロッカー作
みのうらまりこ・訳**

見たことのないものを見にいきたい。そんな少年たちの好奇心と探究心を背景に物語は進んでいく。山と川、そして雄大な自然を描いた一冊。￥1,470（偕成社）

『あしが動かなければ手であるけ。
てがうごかなければゆびでゆけ。
ゆびがうごかなければ
歯で雪をゆきをかみながらあるけ。
はもだめになったら、目であるけ。
目でゆけ。目でゆくんだ。
めでにらみながらめであるけ。
めでもだめだったら（中略）思え。
ありったけのこころでおもえ。想え——。』

no. 2

**『神々の山嶺』
夢枕 獏・著**

なぜ人は山に登るのか。エベレストでの南西壁冬期無酸素単独登頂という神の領域に挑んだ羽生丈二。冒険のレベルはそれぞれ違うけれど、“想うこと”それが始まり。￥840（集英社）

「高い山に登ったからすごいとか、
偉いとかいう考え方にはなれない。
山登りを優劣でみてはいけないと思う。
要は、どんな小さなハイキング的な
山であっても、
登る人自身が登り終えた後も
深く心に残る登山が本当だと思う。」

no. 5

**「青春を山に賭けて」
植村直己・著**

世界初の五大陸最高峰登頂に成功した冒険家・植村直己さんの著書。目標達成のためなら、努力を惜しまず人生を賭けることができる植村さんの言葉は心に響く。￥580（文藝春秋）

～森林～
花、シダ、木、そしてこの世に生を受けた
一つひとつのものの名前を調べてごらん。
それが自然のすばらしさを知る最良の方法だ。
君はこの自然と同じものを
もう一度作れると思うかい？

～湿原～
遠くから来た人をやさしく受け止めよう。
湿原がそうしてくれるように。
自分がいつ見知らぬところへ行くか、
誰にもわからないんだから。

no. 6

**大地と海、あなたと私
J・パトリック・ルイス・作
クリストファー・キャニオン・絵
橋下和・訳**

人間ではなく自然の視点からのメッセージに、生き方のヒントを見つけられる一冊。自然と人間が共存するために必要なことを考えるきっかけをつかめるはず。￥1,680（みくに出版）

「こんどは　ねるところを
つくらなきゃ。
どうやって　つくるのか
おしえてあげるね。」
「しってるよ。
こまどりが　おしえてくれたから。」と
くんちゃんは　いいました。

no. 4

**くんちゃんの
もりのキャンプ**
**ドロシー・マリノ・作
まさき るりこ・訳**

こぐまのくんちゃんと頼もしいアレックが行く初めてのキャンプ。森のなかで動物たちにたくさんのことを教わるけれど失敗ばかりのくんちゃん。でも最後には……。￥998（ペンギン社）

森のおくにはなにがあるんだろう。
この森に入ってみたい。
でも、ひとりで行けるだろうか。

no. 3

あおい木
中村牧江・作　林健造・絵

ぼくの目の前には、広がる深い森。勇気をもって一歩踏み出したぼくが見たもの、それは……。人が成長していく姿はいつでも美しいものだ。￥1,260（ひさかたチャイルド）

まるで土のパレット。
いっぺんにたくさんの色にであった。
とつぜんあらわれた、ガケの縞模様。
大地の歴史をつめこんだ、タイムカプセル。

no. 8

土の色って、どんな色？
栗田宏一・作

大地ってカラフルなんだ!!　土は、こんなに多彩で美しいのだと知れる1冊。子ども心になってわくわくしてみては？　普段の道の歩き方もきっと変わるはず。￥1,365（福音館書店）

だん
だだん
だんだん
雨はつよくなりーーー
だんだん
空気がすきとおって
だんだん
なにもかも　はっきりしてきてーーー

no. 7

空の絵本
長田弘・作　荒井良二・絵

「空」の時間の流れをとおして自然の織りなす、奇跡のような森の“いつも”を表現。なんでもない空が好きになり、広がる空を想像したくなる心温まる絵本。￥1,470（講談社）

My favorite trail 05

ピークハントも山小屋も「八ヶ岳」

それぞれに個性があり魅力的な山小屋が点在する八ヶ岳エリア
荒々しい山容の南八ヶ岳と、森に覆われた北八ヶ岳を味わう縦走へ。

Part_05

硫黄岳《いおうだけ》

【標高 2,760m】

「おかえりなさい」
そのひと言は、温かい室温以上に体を解きほぐす。
10月末、小屋閉め直前のオーレン小屋。
夕食の桜鍋を囲むわたしたちの共通点は
「山が好き」いう気持ち。
今日という日に、この山を選び
出逢い、生まれた不思議な絆。
――星空の写真を撮るために通っている男性
――百名山まで、あと26座だという女性
自然は、たくさんの価値観を受け止めてくれる。

八ヶ岳は南北約30キロにわたり峰を連ねる。苔むした針葉樹の森と点在する池が神秘的な北八ヶ岳。そして荒々しく迫力のある岩稜帯の南八ヶ岳。北と南でまったく異なる雰囲気が魅力的な八ヶ岳エリアには、個性豊かな山小屋が多くある。ハイキングから上級者向けコースまで、多彩なルートで縦走できる。写真は硫黄岳ピークを背に赤岩ノ頭へ下るルート

女子にうれしい小屋

硫黄岳・天狗岳へアクセスがよいオーレン小屋。荷物を置かせてもらい身軽に山頂へ行くこともできる。夕食には馬肉の桜鍋が。檜展望風呂や、先着予約順で利用できる個室もあり、山小屋デビューにもってこい

data
オーレン小屋
TEL.0266-72-1279
宿泊料金：1泊2食
￥8,500　www.o-ren.net

風の通り道になりやすい硫黄岳。
頂上の標識には、水平に雪のツララができていた。
晩秋の稜線を吹き荒れる風は、心底、怖い。
人間なんて、とても無力な存在だ。
小さな決断を積み重ねながら、慎重に歩を進めた。
自然に、あらがわず、しなやかに。
山と仲良くなる術を身につけたい。

しらびその原生林に囲まれたオーレン小屋からの夕焼け。檜風呂で入浴後、薪ストーブや小屋に流れるやさしい時間に包まれ、ほっとする

シダ、苔、カラマツ、シラビソに囲まれた北八ヶ岳の森は絵本のなかの世界のよう。昼食は行動食で済ませ、しらびそ小屋にて厚切りトーストでおやつごはんを。これも山小屋が点在する八ヶ岳ならではの楽しみ方

爆裂火口の荒々しさと、苔むす繊細な森。
八ヶ岳に混在する「動」と「静」。
「今回は5つの山小屋を巡ったね」。
頂上の数だけではなく、山小屋をいくつ巡れるか
そんな山歩きも楽しい。
自然も、人の温もりも、とっても愛おしい。
やっぱり山は何度でも通いたくなってしまう。

硫黄岳の爆裂火口を眺められる、日本最高地点にある秘湯・本沢温泉の野天風呂

1泊2日

歩行時間:	Day1／6時間
	Day2／5時間
累計標高差:	＋921m
	−1,456m

ゆりっぺ's Advice

風の影響を受ける稜線を避け、樹林帯を歩ける"赤石ノ頭"を経由。このころの私は高度感への恐怖心から、森林限界上の稜線歩きが苦手だったことと、この日は強風だったため、本沢温泉へ抜ける下山ルートも往路と同じ赤石ノ頭経由にしました。コースタイムは長くなりましたが、最短時間にこだわるのではなく、安全・笑顔を大切にして、自分に合ったルートを選んで正解でした。

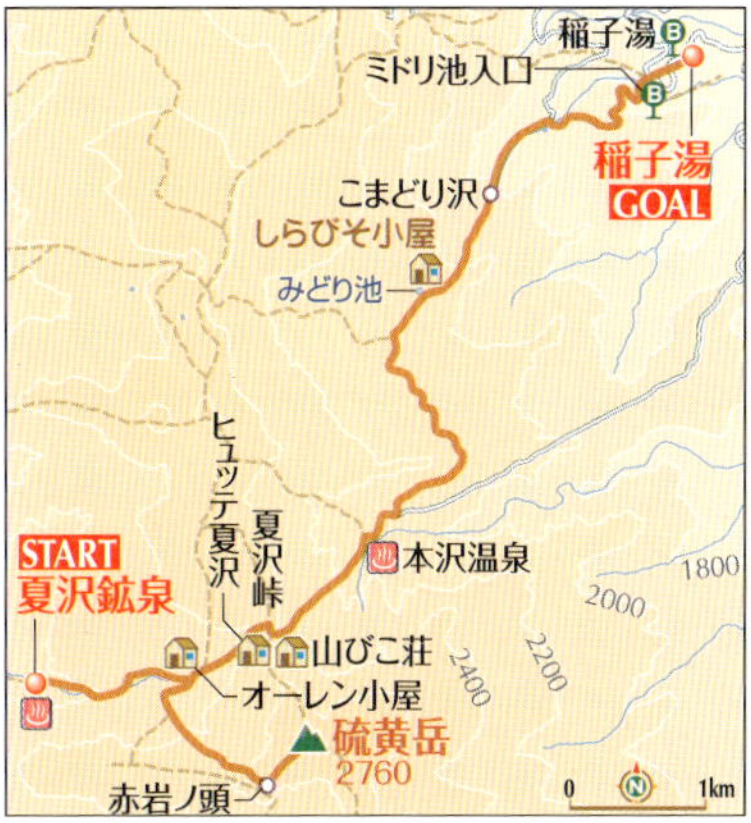

Access

稲子湯まではJR小海駅から小海町町営バスで約35分、稲子湯バス停下車

Info

八ヶ岳観光協会 TEL.0266-73-8550
小海町役場・小海町町営バス TEL.0267-92-2525

My favorite trail 06

ナウシカのような黄金の草原へ

湿原が草紅葉でグラデーションに染まり
大地から命のエネルギーが湧き上がる秋の尾瀬。

Part_06

燧《ひうち》ケ《が》岳《たけ》

【標高2,356m】

「ここを歩いてもいいんですか」と
思わず、つぶやいていた。
芽生えたのは、畏れ多い……という感情。
この植物たちと同じくらい、ひたむきに
生きているだろうか、と胸に問う。
黄金色に輝く湿原に伸びる一筋の階段は
天国への一本道のような美しい景色。

data
尾瀬沼ヒュッテ
TEL.0241-75-2350
宿泊料金：1泊2食￥8,500
www.ozejin-yamagoya.jp/
ozenuma.html

草原で一泊

尾瀬エリアには、多数の山小屋が点在し、どこに泊まろうか迷ってしまうほど。尾瀬沼ヒュッテにはお風呂やドライヤーもあり、リラックスできる

どこまでも歩いてゆけそうな尾瀬の青い空と木道。ポクポクポクと響く音も心地いい

湿原に、宝石のように散りばめられた池塘《ちとう》も
空を楽しむための神様からのプレゼント。
尾瀬の至る所で、
「きれい」の声と笑顔の花が咲く。
「美しいもの」は、一本一本の花や草木
空や水、そして人の笑顔のなかで輝いていた。

四季折々の植物を楽しめる

尾瀬では雪解けとともに花々が咲き、季節ごとに変化する景色を見せてくれる。足元には生まれたてのエネルギーが溢れ、季節は、植物たちが命のリレーをするように駆け抜けていく。

高山植物の名前を教えてくれたのは、檜枝岐村のガイド、平野公樹さん

尾瀬エリアは、有名な水芭蕉だけでなく、多種多様な花が咲く花の宝庫。足元には「こっちをむいて！」と笑いかけているかのような花・花・花！……なかなか前へ進むことができない。また秋には一面の草紅葉が広がり、尾瀬が黄金に染まる。春夏秋冬の色世界を追いかけるように、四季を通して訪れて欲しい場所

上）6月上旬の尾瀬ヶ原の水芭蕉と至仏山。右）燧ヶ岳の道中は荒れているところもあるので慎重に

1泊2日

歩行時間:	Day1／1時間30分
	Day2／5時間30分
累計標高差:	+671m
	−940m

ゆりっぺ's Advice

アップダウンのない尾瀬ヶ原・尾瀬沼の木道トレッキングは、純粋に「歩く」楽しみを教えてくれる場所。燧ヶ岳への登山は、移動の疲れが残る1日目は尾瀬沼周辺を散策し、2日目に御池へ抜けるルートで頂上を目指すのがオススメ。尾瀬沼のパノラマ風景のあとに、もうひとつ、熊沢田代のご褒美を味わえます。尾瀬沼を越え、長英新道に入ると、道中にはトイレがないのでご注意を。また場所によって歩きずらい個所もあるので、少し山歩きに慣れてからトライしてもらいたい山です。

Access

沼山峠口までは会津高原駅から会津バスで約2時間。
帰りは御池から会津高原駅まで会津バスで1時間35分
※御池〜沼山峠間はシャトルバスが運行

Info

片品村観光協会 TEL.0278-58-3222
尾瀬桧枝岐温泉観光案内所 TEL.0241-75-2432

失敗から覚えた山歩きのコツ

これまでたくさん経験した小さな失敗から、少しずつ学んできました。
そんなゆりっぺ事件簿をご紹介。

01 トイレットペーパーが転がっていった

森の木陰に隠れておトイレ中。焦って片手がふさがった状態で用を足したら、トイレットペーパーを落とし、斜面をコロコロっと転がって回収が大変だったことが。いまでは、両手を空けた状態で、落ち着いて用を足すようにしています。

02 生理のときの山行を諦めたくない……

生理中で不安だけど、山を歩いていたら血行がよくなり生理痛もなく、何も気にならなかったこともあれば、急登で力が出ず、判断力が鈍いと感じたことも。山行を諦めるかどうか、いつも気持ちに正直に決めています。行く場合は、普段より、ウエアの冷えやムレ対策と、トイレの場所のチェック。多めのティッシュと使い捨てカイロを持ち、ナプキンは傷の手当にも使えるので救急セットに常備しています。同行者に「生理なので」と伝え、無理をしないように。

03 雨対策のアイテムがバックパックの下部に

雨が降り始め、急いでレインギアを出そうと思ったら、バックパックの奥底に。また、休憩中、せっかくレインカバーをつけているのに、背中を上にしていて濡らしたり、立てかけずに無造作に置き、泥で汚した経験が。大雑把な性格を見直しました。

04 履きなれた登山靴で靴ずれに

いつもの履き慣れた靴で水ぶくれができたのは、爪が伸びていて当たったり、靴下のシワで擦れていたとき。また、登山中、友人の登山靴のソールがはがれ、テーピングで応急処置したことも。慣れてきたときこそ、慎重さが大切なんですね。

05

どういうわけか虫に好かれる

ハチやブヨなどの害虫が好む黒色のウエアは避け、虫が反応するニオイの強い整髪料なども付けていないのに、なぜか私にばかり、小さな羽虫が寄ってくる……。黄色いウエアを着ていたので、お花と間違えられたようです。

06

時間を記録しながら歩くのが億劫になってしまう

自分の山スキルを把握するため、ポイントごとに時間を記録する「山ノート」を開始‼ ……が意外と面倒でギブアップ。そこで、デジカメで標識などと自分の時計を撮影し、簡単＆確実に記録する方法に。でもやっぱり素敵な山ノートは憧れです。

07

ハイドレーションから水が漏れていた

ハイドレーションの飲み口のロックをせずに、その上にバックパックをおいて、水を漏らしたこと多発！　また、本体の締め口をしっかり閉めていなくて、ちょっとした惨事になったことも。再発しないよう気をつけたいデス（現在進行中）。

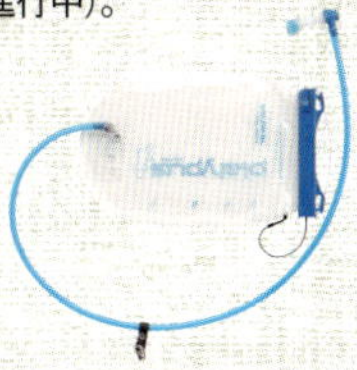

08

前の人のすぐ後ろにつけていたら枝がバシッと当たった

歩くのが遅いので、前を歩く人に必死でついていこうと近づきすぎていた私。前の人が手でよけた枝が自分にはねかえり、顔にぶつかったことがあります。充分に距離をとり、道までせり出している枝を避けるときには、後ろの人に伝えましょう。

09

山のなかで転んでしまう

最初のころは、歩き方もヘタだったので転んでばかり。転倒して腕を骨折された方を見てから、「あっ！」と思った瞬間に、美しく転ぶよう心がけています。柔道もスキーも、最初に正しい「受け身」「転ぶ」練習から入りますものね！

10

休憩時間についもたついてしまう

10分休んでから、出発準備をしてバックパックを背負って……と、ついモタモタしていると、あっというまに時間が過ぎて、休憩が15分に。予定時間が狂うことがよくあります。「10分の休憩＝5分」とサバを読むようにしています。

11 山のツウっぽい格好が自分の体力には合わなかった

雑誌などで使っている人をたびたび見かけ、真似して購入したサコッシュ。斜めがけをしたら、重さで左右のバランスが崩れ、肩こりをしたり、やたらと疲れたり……。薄くて軽いウエストバッグに変更しました。

12 稜線に出てからアウターを着ようとしたら飛ばされそうに

高い木がなく、日光や風を遮るものがない稜線に出ると、強風で身動きがとりにくくなります。風除けのウィンドシェルを着ようとしたのに、強風に煽られて腕が通せない……。強風を予測できる場所は、事前に着用！　ですね。

13 筋肉痛&防寒対策をがんばったら眠れなくなった

初めての本格的な３日間の縦走。筋肉痛で翌日歩けないと困ると思い、両足に湿布を貼って就寝。さらに、防寒のためカイロも貼ったのですが、暑いやら寒いやらで、完全な睡眠不足に。湿布は温度変化がないものに変えました。

14 山のコーヒーは大好きだけどトイレに行きたくなってしまう

山で飲む淹れたてのコーヒーが大好きな私。でも、カフェインによりトイレが近くなるのは困りものです。トイレの心配をしながら飲んでも、おいしさが半減してしまうので、コーヒーは山小屋のお楽しみにしています。

15 普段から密閉式ビニール袋を使って女子力を失う

山道具として密閉式ビニール袋を重宝している私。防水性の高さと軽さの虜に。日常でもお財布にメイクポーチに、と愛用していたところ、「女子力失ってる」と友達に指摘されました。が、もう戻れません。

16 エナジージェルをもらい恋に落ちそうになる

あまりの疲労で白目をむきながら歩いていたとき、前を歩く男性にエナジージェルをいただき、後ろを夫が歩いていたにもかかわらず、思わず惚れてしまいそうになりました。それからは自分でも必ず1本持参するようにしています。

17 ワクワクしすぎてばててしまう

ルートや持ち物を再度チェックしたり、下山後のプランを考えたり、前日夜遅くまで準備をして迎えた登山当日。寝不足だと、必ずその日はバテてしまいます。入念な準備も大事だけど、しっかり寝て、体力を温存しておくことはもっと大事です。

Chapter

山小屋の
はなし

5

山小屋に泊まって、新しい世界を見る

景色をぐっと深く、奥へと広げてくれる
「山小屋」の扉を開きましょう。
初めての方でも心配せずに、楽しめるよう
私がいっしょにご案内します。

Chapter 5 ▼ 山小屋

Hut

小屋から小屋へ２泊３日で雲の上の山を旅する

【 燕岳ー大天井岳ー常念岳 】

「北アルプスの女王」と呼ばれ、優雅で美しい燕岳。白い花崗岩と緑のハイマツの造形美は庭園のよう。北アルプスの大パノラマを味わいながら、常念岳まで天空の縦走路を歩く

Mountain Trip from Hut to

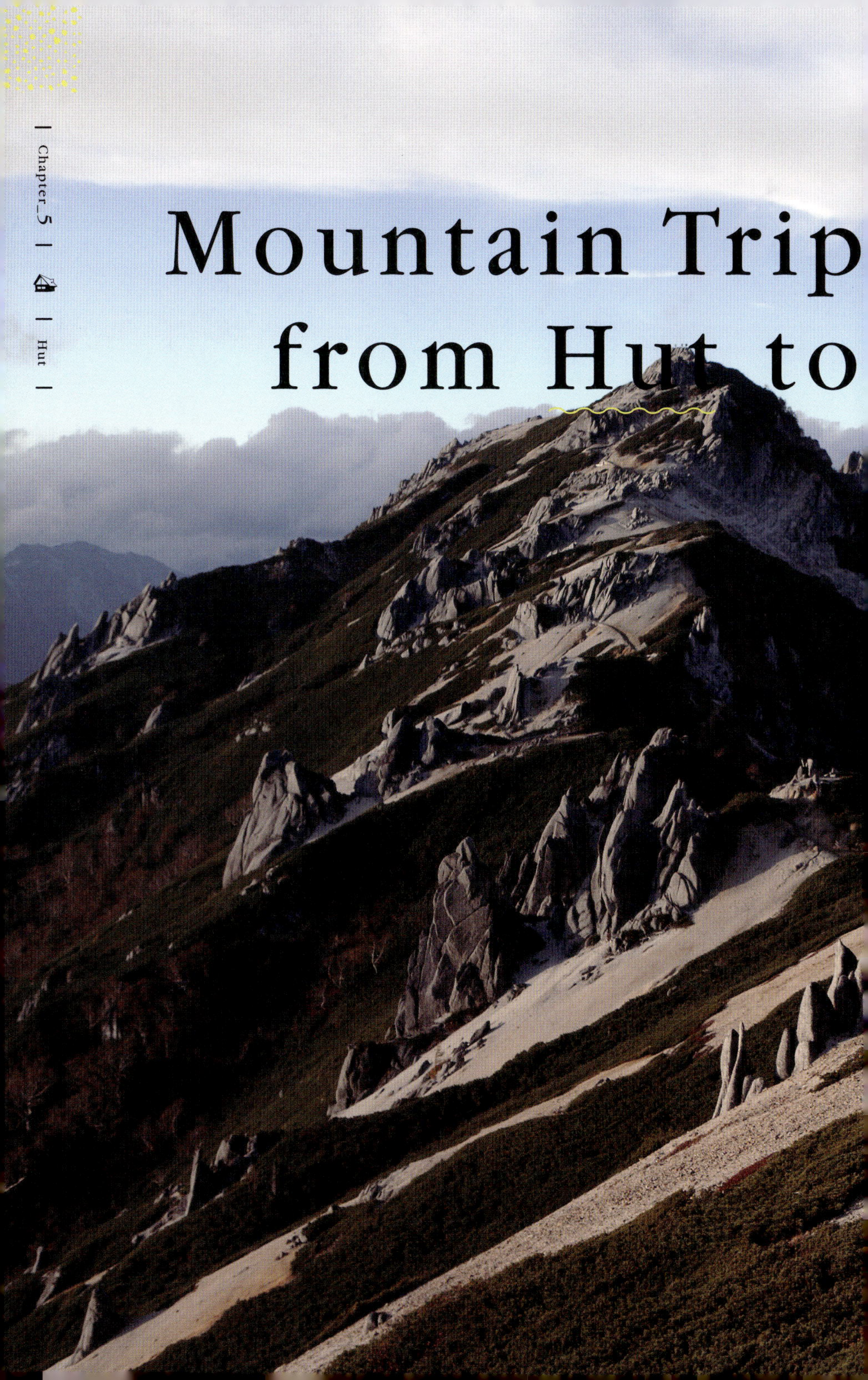

山の上にある
もうひとつの世界へ
一歩ずつ

1,2）北アルプス三大急登と数えられるが、豊かな森と歩きやすい登山道でテンポがつかみやすい。3）道中の湧き水。4）登山口から3時間の合戦小屋では、夏はスイカも食べられる。燕山荘まであと1時間

あの日の私が涙した北アルプスの景色へ

涙が溢れた。見たことがある景色なのに、美しくて、うれしくて。こらえられなかった。

中房温泉からの標高差１３０３ｍ。以前訪れたときには、不安と緊張をバックパックに詰めすぎて押しつぶされそうだった道のりを、穏やかな気持ちで歩く。速度は遅いけれど、それが自分のペースだと体が知っている。歩きやすい登山道、休憩場所、そして合戦小屋のホットミルクに今回も助けられ、合戦沢ノ頭を越えると槍ヶ岳が見え、鼓動が早くなる。

稜線上に出ると、偉人図鑑のような北アルプスの重鎮たちが待っていてくれた。二度目でも、燕山荘からの景色の神々しさは薄れることなく深みをましている。宝物が宝物じゃなくなる日なんて、ないのかもしれない。

翌朝カーテンをあけると、雪景色がそこに。十月の一週目、燕岳の初冠雪。小さな雪の粒が、星空の落としもののように輝く。日が上がると、雲も白い雪もオレンジ色に染まり、柔らかな光に包まれる。燕岳の頂から見た山塊は、見たことのない表情だ。

まる一日、山のなかという贅沢な2日目。表銀座という名にふさわしい稜線を歩く。右には、幾重にも重なる北アルプスの荘厳な山々。左には安積野の街。稜線は人間と神様の世界の境界線のよう。ふたつを繋ぐのは自然。そして冬と夏の境界線をも行き来し、体感温度も変わる。

切通岩の小さな鎖と数段のハシゴ場にさしかかると、前回は恐怖で視界に入らなかった小林喜作のレリーフと目が合い、笑みがこぼれた。技術や経験をつむことは、難しい山への挑戦権を得るだけでなく、景色を楽しむ心の余裕を生んでくれる。

4

2

1

3

5

1）畦地梅太郎の『山男の像』。ときどき移動するそうで、どこにいるかはお楽しみ。2）雪の上の先行者。3）北アルプスに冬の訪れ。4）2日目の朝、標高2,763mの燕岳山頂へ。5）縦走にむけ、喫茶サンルームで出発前のカロリー摂取を。6）山に泊まると味わえるマジックアワー。7）かわいらしい外観の燕山荘

6

7

大天井への、空を駆け上がるような急登を歩き、ここまでの道を何度も振り返る。自分の魂の欠片を、鱗のように落としてきた気がして愛おしい。大人になったら、たくさんの手段を手に入れ、新しい世界を知るんだ……と思っていた幼いころの自分に伝えたい。1歳から続けている「歩く」という根源的な行為で、世界の美しさを知ることができたよと。20㎝の歩幅が、人生を導いてゆく。目線の先にあった槍ヶ岳が、ついに自分の横に位置していた。ずっと歩いていたい素晴らしい縦走路。

翌朝、モルゲンロートに染まる槍ヶ岳に後押しされ常念岳の山頂へ。前回は高度感への恐怖で、途中で諦めた場所。「ここまでの山歩きの輝きが失われるわけじゃない。ここも山の一部」そう言い聞かせた自分を抱きしめるように、いっしょに山のうえへ連れていこう。

常念岳山頂からの景色の写真は見ずにいてよかった。そこには、山の神様からの解答があった。初めて自然に包まれる喜びを知った上高地と、7年間憧れ続け、ついにたどりついた涸沢カールが丸見えだったのだ。

感動の波が押し寄せる。36

荘厳な山々に囲まれながら、雲上のアルペン世界を歩く。迫るように現れるのは大天井岳

ずっと歩いていたい
そんな幸せな縦走路

1

2

1）大天荘名物インディアンランチセット￥1,200。甘いチャイとフルーツ付き。ほうれん草カレーがオススメ。2）大天井岳2,922m

「自分の一歩でここまで来られたんだ！」と喜びを噛み締めながら。ずっと前に続く道も気持ちいい。見事な大眺望が続く稜線歩き

「この景色をみんなに見てもらいたい」……心がそう叫ぶ。ここは日本アルプスの素晴らしさが濃縮されたような特別な場所

1）心を落ち着かせて標高差400mを登る。ガレ場が続く。2）ご来光が槍ヶ岳を染める。3）常念岳の中腹から見下ろす常念小屋と横通岳

0度を山に囲まれていた。この景色のなか、ソロテント泊で上高地から立山室堂まで縦走に挑む夫がどこかにいる。右には、親友が長年、恋焦がれて登頂を果たした槍ヶ岳が。さらに、紅葉の涸沢を目指し、友人二人も歩いている。姿は見えないけれど、ここに集まったみんなの想いを、山は受け止めてくれていた。私は今、昔の自分が立ちたかった場所であり、誰かの夢見る未来の上に立っているんだ。

一ノ沢ルートは、爽やかな渓流沿いの美しい樹林帯歩き。バリエーション豊かで、最後まで心が弾む

鎖・ハシゴがある！

このルートで唯一の鎖＆ハシゴがかかった階段。高度感が平気なら苦にはならないレベルだが、私にとって初回は辛かった場所。後ろ向きになり慎重にクリア

Access

中房・燕岳登山口まで JR穂高駅から中房温泉行きバスで55分。一ノ沢からはタクシー（要予約）で穂高駅まで20分

Info

松本市山岳観光課
TEL.0263-94-2307
安曇野市観光課
TEL.0263-82-3131

Let's stay overnight

山小屋が出会える景色を広げる

山小屋が自然のなかでの可能性を広げてくれる

山で夜を過ごすことで「大自然の真ん中にいるんだ」と、その真髄を肌で感じることができる、1泊2日以上の山旅。

刻々と色を変える夕焼けのグラデーション。夜に向かって空との境界線を失くしていく稜線。静寂に包まれた時間のなかで眠りにつく幸せ。朝露に潤される草木。そして、美しい「今日」が始まる瞬間。……山に泊まることで初めて出会える景色がたくさんあります。

私の山中泊デビューは、実はテント。山の世界に私をいざなった夫は、ソロテント泊好きのストイックなタイプ。山歩きを始めた最初の6年間、私はテントか無人小屋泊しか知りませんでした。テントに寝袋、調理道具や食料、調理用水なども必要になるので、私にとってはかな

燕岳にある燕山荘の玄関。ヨーロッパの山小屋のような丸太造りの建物がかわいらしく、道中の急登からも姿が見えるので、ワクワクしながら歩くことができます

りの重量。体力のない自分ひとりで山に泊まることは難しいなと思っていました。

そんな私に山の新たな魅力を教えてくれたのが、「山小屋」の存在。誘ってくれたのは、親友でマンガ家の鈴木ともこちゃん。一緒に北八ヶ岳のしらびそ小屋へ行ったことがきっかけです。（詳しくはコミックエッセイ「山登りはじめました2」に!!）

テント泊と比べると山小屋を利用することで、寝具はもちろん、夕食と朝食、調理道具も担ぐ必要はありません（昼食も途中で山小屋に立ち寄ってすませると、食料は行動食と非常食だけ）。荷物も軽くなり、当時の私が背負っていた30ℓのバックパックで、2泊3日の山旅にも行くことができます。私の体力でも行ける選択肢が広がり、行きたい山を探す楽しみがぐーんと増しました。さらに、「あの山小屋で○○を食べたい」、「オリジナルのお土産グッズを買いたい」、「絶景を眺められるテラスでのんびり過ごしたい」などと、山に行く新たな目的も。個性的な山小屋が多いのは日本ならではの楽しみ方です。

山小屋は「2日以上歩くための拠点」や、「登山をステップアップしてゆく施設」というだけでなく、山歩きの可能性を広げ、山の魅力をより深く体感できる機会を与えてくる心強い味方なのです。山小屋スタッフの方々は、だれよりもその山域を愛し、その山を熟知しています。山の安全のため尽力してくださっているその姿に触れ、心から感謝の気持ちを抱きました。

本書のゴールを「2泊3日の山小屋泊縦走」の山旅としたのは、あの山の向こう側へと歩き出すときの、ドキドキするあの一歩の感覚。そして、24時間山のなかにいられる感動を味わっていただきたかったから。

「今日は帰らなくていいんだ」……と気づいたときに私の心を震わせた、あの幸せと喜びを、あなたにも感じてもらえたらすごくうれしいです。

What is a Hut?

山小屋ってどんなとこ？

Case Study

北アルプス 燕山《えんざん》荘

私の大好きな山小屋、燕岳の燕山荘を例に山小屋について紹介します。イラストは中の様子。清潔で女性も過ごしやすい空間です

▼

HÜTTE ENZANSO
燕山荘
本館2F
つが桜
大部屋
個室
駒草
こけもも
燕
白馬
別館連絡通路
安曇野
姫小松
有明
白樺
ななかまど

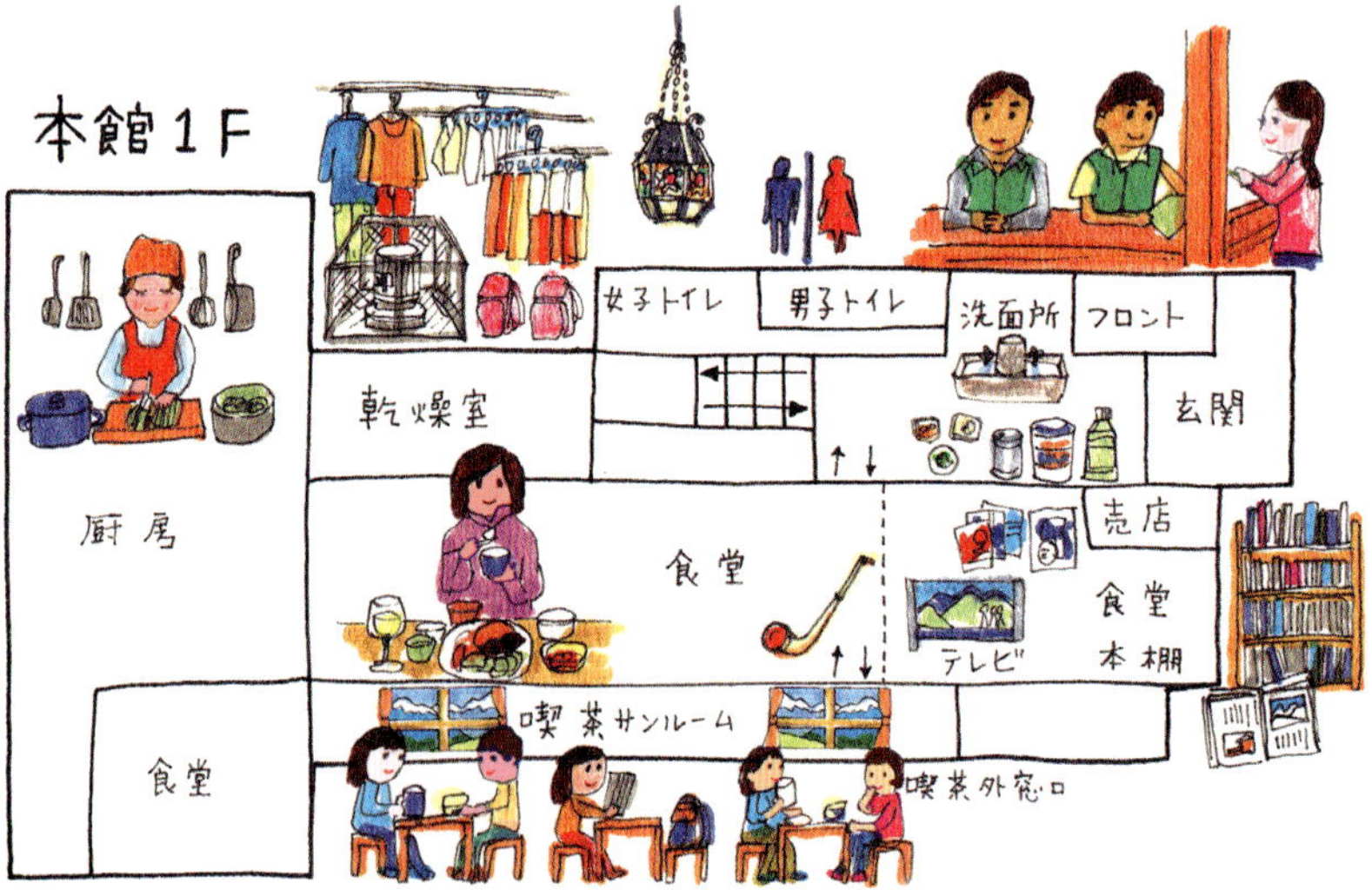
本館1F
女子トイレ
男子トイレ
洗面所
フロント
乾燥室
玄関
厨房
売店
食堂
食堂
テレビ
本棚
喫茶サンルーム
食堂
喫茶外窓口

実は山行を ラクにしてくれる

泊まりに慣れさえすれば、山小屋泊はいいことばかり。短時間で大きく上り下りをしないといけない日帰り登山に比べ、一日の行動時間も短い。前日のうちに小屋のある標高まで登ってしまっているので、翌日は最初から素敵な景色を見ながら歩くことができる。

山小屋にしかない 楽しみがある

山という厳しい環境で、できたてのご飯を食べられて、温かい部屋でゆっくり休むことができる。でもなによりもありがたいのは、そこで働く人たちの心のこもったおもてなし。偶然出会う、ほかの登山客の方たちとの不思議な一体感も楽しみのひとつ。

朝日と夕日を 山のなかで眺められる

稜線に沈む夕日や、静けさのなかで雲海から上がるご来光など、日帰り登山では見られない山の表情にどっぷりと浸かれる。昼は独立した山並みの稜線が、日が暮れてひとつになると大きな存在に包まれている感覚になる。それはここまで登った自分への格別なご褒美。

部屋の種類

山小屋によって異なりますが、燕山荘の場合は、個室と相部屋があります。相部屋の場合には、自分のスペースに荷物を置き、広げすぎないように気をつけること。スタッフだけでなく、他の利用客にも挨拶をすると、気持ちよく過ごせます。

個室

個室を備えた山小屋もある。少し値段は上がるが、初めての人や落ち着いて過ごしたいときなどに利用するのも一手。早めの予約を

男女相部屋

大部屋に他人同士が宿泊したり、2段式で横並びに布団を敷き詰めたり、さまざまなタイプが。ホームページで確認できる場合も

混雑時には見知らぬ人とふたりで布団1枚という山小屋もあります。私はなるべく空いている時期を選び、電話予約するときに混み具合を教えてもらうようにしています

15hours in a hut

山小屋滞在 15hours

山小屋のなかで わくわくの時間を

14時〜16時ごろ到着し、翌朝出発するまで、山小屋には15時間前後滞在することになります。その間はずっと自然のなかに身を置けます。その時間自体が私にとっては「ぜいたく」です。

とはいえ、初めての山小屋利用では「こんなシステムなんだ！」と新鮮だったり、「私、間違ったことをしてしまったかな？」と不安になったものです。他の登山客の方の姿を盗み見(?)ながら、作法や工夫を学んでいきました。また、山小屋ごとに雰囲気やルールも違うので、わからないことは思い切って聞くのが一番です。

ここでは、時系列で私の行動を紹介しながら、山小屋という場所を楽しむちょっとしたコツや過ごし方を紹介します。

▶ 予約について

山小屋は避難小屋という側面もあり、予約なしでも利用することはできますが、事前予約が原則。キャンセルは必ず連絡を。予約の電話が通じずらい山小屋もありますが、夕食時などの忙しい時間をさけ、気長にトライ！

ex. 燕山荘（大人の場合）

1泊2食付き	¥9,500
素泊まり	¥6,000
お弁当	¥1,000

▶ 到着時間

山の午後は天候が崩れる事が多く、日暮れも早い。稜線上なら14〜15時、樹林帯でも16時前には到着できるようスケジュールを立てます。万が一、到着が遅れてしまう場合には、心配をかけないよう小屋へ一報を。

▶ 服が濡れたとき

ウエアが濡れたら乾燥室を利用。乾燥室は雨が降り、濡れたウエアを乾かす物干し部屋。ストーブや温風機が設置されています。混雑時は乾いたらすぐに取り込むこと。ここでもやはり、速乾ウエアは乾きが早い。

私は濡れたレインウエアなどをそのまま吊るすのではなく、パンパンと叩いて水滴を落としています。それだけでも乾くスピードは圧倒的に早くなります。

▶ チェックインの仕方

受け付けで事前に予約した名前を伝え、手続きを（現金払い）。山小屋のルール、朝夕食の時間を教えてもらいます。到着順で、部屋のよい場所から寝床が決まっていく山小屋も。

▶ ストレッチをする

山小屋に到着してほっとひと息つく前に、翌日の山歩きにそなえてストレッチを行います。たとえ5分でも翌朝の疲労感が大きく変わります。その日よく使った部位を念入りに。

15Hours スケジュール

Day1

15:00
山小屋到着

15:00
ストレッチ

到着！ と喜ぶその前にストレッチを。山小屋に入る前、体があたたまっているうちにストレッチしておけば、翌日も元気に

15:10
チェックイン

受付で氏名住所などを記入。翌日の登山プランを書く場合は、万が一事故にあったときのために正確に。山小屋の使い方などを聞いておく。料金は前払い

15:20
部屋へ GO

15:30
着替えをする

15:45
翌日の準備

16:00
フリータイム

夕焼けを眺めたり、山小屋のまわりを散策しても。喫茶室でおやつを注文したり、売店で、おみやげを買うなど、自由な時間を満喫

靴を脱ぐとき

靴を脱いだら、面倒くさがらずにインソールを出しておくこと。長時間履いて蒸れた汗を乾かすことで、湿気による靴へのダメージを減らせます。

ポールや似ている登山靴の履き間違いもあるので、紐の色を変え工夫をしています。インソールを立てるのは目印にもなり一石二鳥。

着替えについて

荷物を極力減らすため、着替えない人もいますが、私は夜のうちに疲れをとるため、体を締め付けない服にチェンジ。最終日まで濡らさない予備服として持っているアンダーウエアを着用します。

山小屋

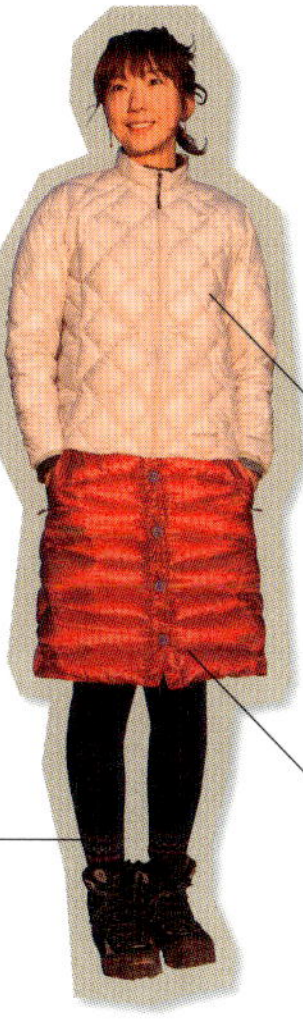

汗を拭いて着替え

トレッキング

山小屋では機能性タイツの締め付けが気になるので、リラックス用（兼、予備服＆防寒時の重ね履き用）のタイツに履き替える。布団も汚さないという利点も。靴下も履き替える

外でゆっくり夕焼けや朝焼けを楽しみたいので、標高の高い山小屋泊ではダウンジャケットは夏でも必ず持参。コンパクト＆軽量なダウンは、荷物の負担にならないため、一年中活用している

ダウンのスカートもよく持参するアイテム。タイツなどを着替えるときにも目隠しになるので、相部屋などでも便利。寝るときはタイツで寝るので、前開きやラップタイプだと、布団の中で取り外せる

着替える場所は？

更衣室がある小屋もありますが、ない場合には部屋の中の仕切りカーテンや、トイレを利用したり、布団のなかでもぞもぞ着替えます。

荷物を置く場所

相部屋の場合はほかの人の迷惑にならないよう、各自、布団を敷いた上下のスペースや廊下に荷物をまとめます。泥や水をはらうなどの気遣いも大切です。

雨に濡れたらレインスカートを使って部屋を汚さないよう荷物整理

▶ 持ち運ぶもの

山小屋の中で談話室で休憩したり、売店で買い物をしたり、食堂でごはんを食べたり。そのたびに必要なものを部屋に取りに戻る手間を省くため、薄手で軽いエコバッグがあると便利。下山後にはお土産を入れたり、温泉バッグとして使うことも。

慣れないころは部屋に忘れ物をしてばかりで、食堂、洗面所を何度も往復！　今では行動を予測して必要なものを持ち歩けるようになりました。

エコバッグ

ミドルレイヤー

貴重品

タオル

ヘッドランプ

▶ お風呂が小屋にある場合

沢や川に近かったり、温泉が沸いていたりと、水が豊富に手に入る山小屋では、お風呂に入れることもあります。ただし石鹸やシャンプーなどの使用はNG。貴重な水を大切に。スタッフの方に利用方法を確認しましょう。

宿泊者みんなが楽しみにしているお風呂。小屋によって異なる入浴時間やルールを守ろう

▶ トイレの使い方

使ったトイレットペーパーは流さずに、備え付けのゴミ箱に捨てたり、使用後は杉チップを入れるトイレ、環境配慮型や水洗式など、さまざまな形態があります。トイレに貼られた使用方法を熟読。利用料も忘れずに。

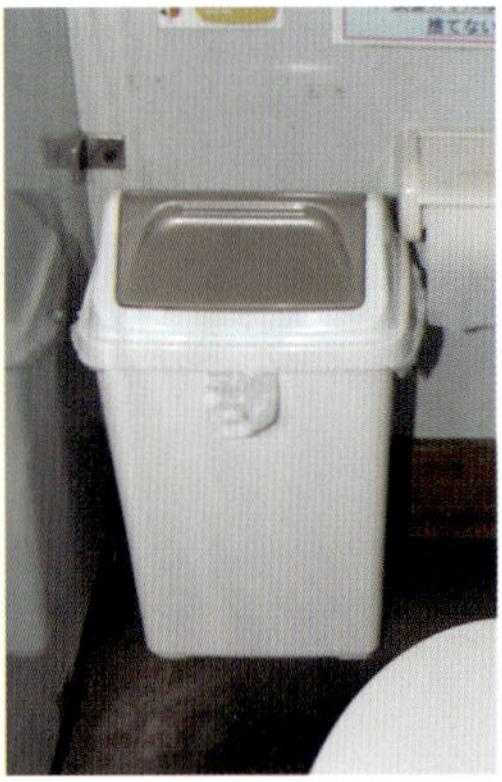

寝ぼけている朝方などは、つい普段のように、トイレに紙を捨てそうになって、ヒヤっ!! 気をつけましょう

汲み取り式のトイレなど、匂いが気になるときは、虫除けとしても使っているミントスプレーを自分の鼻につければ、爽快！

▶ 夕ごはん

時間帯は17時〜18時くらいが多いようです。食堂があるので、決められた時間に済ませること。混雑時は1回目、2回目と到着した順に、食事の回が決められますので、チェックイン時に確認を。

17:30
再度ストレッチ
ひと息ついたら部屋の中で、腰をひねったり、脚を伸ばしたり、横になって念入りにストレッチしておく。翌日の体が軽快になる

18:00
夕ごはん

19:00
山の夜を楽しむ
ちょっとだけ外に出て、星空や街の灯りを眺めるのもよし。山小屋に泊まれる醍醐味は、夕焼け、夜、朝焼けを見られること！

20:00
もう一度ストレッチ

21:00
消灯
節電のため時間が来ると消灯するので、夜のトイレや、喉が渇いた場合のために枕元にヘッドランプと水を置いておく

▶ 翌朝ラクにする準備

夕ごはんの後、洗顔や歯磨きを済ませたら、翌朝慌てずに出発できるように、できる限りの準備をしておきます。これも就寝までの時間を心置きなく楽しむための工夫のひとつ。寝るときに枕もとに置くものは外に出しておきます。

部屋入りしたときにやってしまうことも。翌日の行動をイメージしながら、手元に持つ行動食を補填したり、衣類の準備を。

▶ 水の補給

翌日に使う分の水を確保しておきましょう。受付で値段や分けてもらえる時間帯を確認し、早めに用意。稜線上の山小屋では深夜に水道が凍ってしまう場合もあるので、その前に。

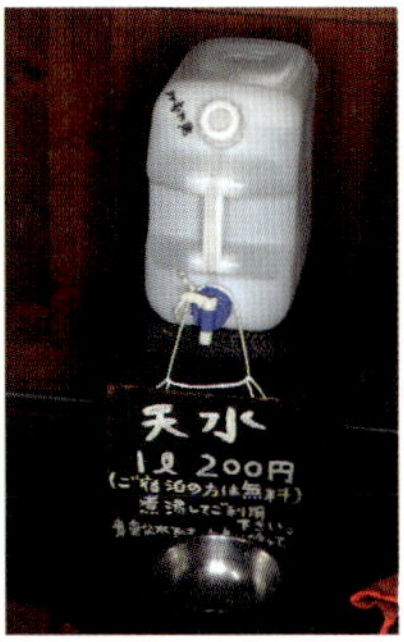

値段は高いが、荷を軽くし体力温存するため、初心者は山小屋で水を補給するのがおすすめ

▶ 寝るための工夫

ぐっすり眠るグッズ

深い睡眠は体力回復のカギ。そのためにできる限りのことを行う。また、山小屋は寝場所を他の人と共有することもあり、周囲や次に使う人への気遣いが必要な場合も

寒がりの人は、インナーシーツにくるまって布団をかければ、体感温度が7℃アップ

同室の人のイビキが気になって眠れないことも。耳栓は隠れた必須アイテム

バフをマスク代わりに使えば、口が布団に触れるのを防げ、防寒対策にもなる

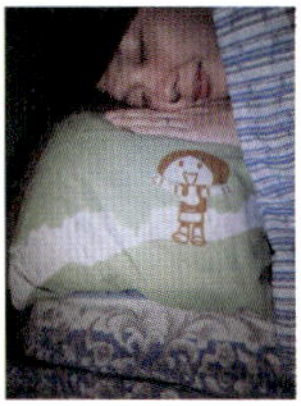

枕に手ぬぐいを巻くことで、よだれで汚すことを防ぐ。敏感肌の人も、これで解決！

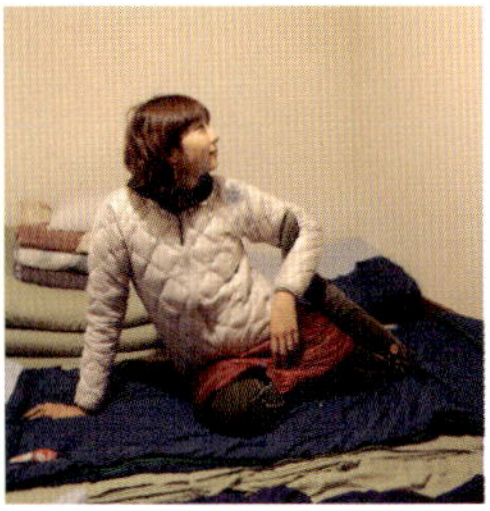

念入りにストレッチ

寝る前に、布団の上で時間をかけて全身のストレッチを行います。ストレッチで体がほぐれ心もリラックス。血行がよくなるので、ぐっすり眠れます。体に溜まった乳酸も取れて筋肉痛軽減にも

メガネ

ヘッドランプ

水筒

寝ていたら、見知らぬ人に踏まれてしまって寝つけなくなったことが……。それ以来暗闇のなかでは、必ずヘッドランプで念入りに導線を確認するようにしています。

枕元に置いておくもの

自家発電で電気を供給しているケースが多く、消灯時間の21時を過ぎると、小屋の中は真っ暗に。消灯後、トイレに行く場合などに必要になるものを、枕元に。また、睡眠中はたくさんの汗をかく。水分補給も忘れずに。

起きる時間は？

私は、朝ごはんの30分～1時間前、日の出時間に合わせて朝焼けを眺められる時間に起床することが多いです。まず、布団のうえでストレッチをし、体にも目覚めを。洗顔、メイク、着替えも朝食までに済まします。

早出という選択も

1日の行程時間が長く、暗くなる前に次の目的地に到着できるか不安なことも。そんなときは前日のうちに朝食をお弁当にしてもらうと、早朝出発もできます！

朝焼けを見る

漆黒の闇に光が訪れる瞬間。雲海が少しずつ赤く染まっていき、山に朝が訪れたことを実感できます。私の大好きな時間のひとつですが、注意すべきはとても寒いこと。ダウンウエアや小物をフル活用して温めます。

Day2

5:00
起床

起きたらまず、布団の中で、念入りにストレッチを。体を動かす準備はここから。また、朝焼けを見たり、メイクをする

6:00
朝ごはん

6:40
出発前チェック

部屋、または寝場所は片付いているか、忘れ物はないかなど、出発前のチェックを。早出のときは周囲の人を起こさないよう注意

7:00
トイレを済ませる

7:20
チェックアウト ＆お弁当 pick up

7:30
出発！

ストレッチなど、準備運動をして出発

朝ごはんは食堂で随時取っていく。効率よく運動のエネルギーとなるように、よく噛んでいただこう

▸ 朝ごはん

朝ごはんは5時〜6時半ごろ。エネルギー補給と体を起こすためにも、しっかり、ゆっくり食べます。燕山荘の朝食はエネルギーだけでなく、ビタミンなどの栄養も補給できるバランスのよさです。

▸ 部屋の片付け

部屋に入ったときと同じ状態に片付けておくことが基本です。ですが、布団を所定の場所に移動しておく、などイレギュラーなこともあるので、小屋の人に聞いてみましょう。

▸ 朝のトイレ時間

トイレ魔なので、朝ごはんの水分が落ち着くまで、なるべくゆっくり時間をとります。出発前に用を足せると体も軽い！　運動前のヴァームは水なしタイプにして、トイレ対策を。

▸ お弁当について

別料金でお昼用のお弁当を頼むことができます。内容は山小屋ごとにさまざま。燕山荘の場合は、おにぎりにちょっとしたおかずがつき。お弁当を山のなかで食べたい場合は、前日の山小屋到着時に注文を。

丁寧に竹の皮に包まれたおにぎりは、山で食べると格別においしい

▸ チェックアウトの方法

スタッフの方がいれば、お礼を言ってから出発を。特別な手続きはありません。下山口までタクシーの手配をするときは、公衆電話などから連絡を。お弁当を頼んでいたら、ピックアップを忘れずに。

Gurl's FAQs about a hut

女子の小屋泊 Q&A

Q どんな服装で過ごす？寝るときはパジャマ？

A 私は、予備服として持っているアンダーウエア上下に着替えます。1日目の服で過ごせば荷物の軽量化になりますが、翌日のためにもリラックスしたいので、清潔なものを身につけます。余裕があれば軽くてかさばらないワンピースなども◎

疲れがとれるようにリラックスして過ごせる温かいウエアに。予備服は、下山後の着替えとしても利用できます。

Q ご来光までに素早く準備するコツは？

A 動きをイメトレし、防寒着などは先に準備。もしくは暗がりでの準備は大変なので、バックパックごと一度廊下に出してもいい。私は予備服で寝ていますが、翌日のウエアで寝ると、朝の時間短縮に。小屋泊に慣れるまではこの方法で。

Q お風呂に入れないときにニオイは気にならない？

A きちんとしたアウトドア素材のウエアであれば、さほどニオイは気になりません。私は3日間の縦走であれば、同じTシャツを着続けます。山小屋では汗拭きシートですっきりさせ、十数グラムにはなりますが、デオドラントスプレーを持参するのも◎。

ウエアを始め、防臭抗菌アイテムをフル活用。水を絞ったファイントラックのナノタオルで体を拭くのもオススメ

帽子は素材にも気をつけて選んで、できるだけ湿気を逃がすように

ヘアターバンなどを使って、ぺちゃんこヘアをまとめてしまうのも手。「バフ」ならいろいろ使えて便利

Q 宿泊者もトイレは毎回お金を払う？

A 宿泊している小屋の場合、トイレの料金が宿泊料に含まれることもありますが、それ以外は有料。山行の途中で小屋に立ち寄って用を足す場合には、その都度チップを払います。山でトイレを設置し維持することはとても大変なこと。山小屋の皆さんに感謝して、利用のルールを守り、紙の分別や持ち帰りも徹底します。

Q 洗面所を使うとき注意することは？

A 山の上では水が貴重なことを常に念頭に置き、歯磨きで口をゆすぐにもコップを使うなど工夫を。たくさんの宿泊者が利用するので、なるべく素早く済ませるよう心がけます。また、夜のうちに水道が凍結して使えないことも。そんな場合に備えて、ウェットティッシュなどがあると便利です。

Q 髪の毛がぺちゃんこになったときのケアは？

A ベンチレーション効果のある帽子を選び、汗でびっしょりにならない工夫をしています。髪が長かったときは、就寝時に無造作に縛り、翌日少しウェービーにしてごまかしたり。いまはボブなのでターバンを使ったり、ヘアピンで即席のアップヘアにしたり。夏場、前髪だけは前述のナノタオルでゴシゴシするときも。

Q 温泉のある小屋で、髪をシャンプーで洗っていい？

A たとえ温泉やお風呂を備えた山小屋でも、シャンプーや歯磨き粉などの使用はやめましょう。また、自然分解される石鹸類であっても、その原材料が、もともとその山・自然に自生していた植物由来でなければ負荷がかかってしまう可能性があるのでNG。スタッフにルールを確認したうえで、入浴を楽しみましょう。

Q 携帯の電波はある？ 充電はできる？

A 最近では電波のつながるエリアも増えてきましたが、窪地など遮るものが多い場所ではつながらない場所も依然として多いのが現実です。山の上は電力消費が早く、いざというときに電話をかけられないことも。機内モードを使ったり、緊急時以外は電源をオフにしておく判断を。また予備充電池は必ず持ちましょう。

Q 便秘にならずに済む方法は？

朝起きたときにはちみつのタブレットを摂ったり、サプリを飲み便意を促す

A 緊張感などから山では調子が狂うことも。私の便秘対策は、水分を多めに摂るように意識すること。また便秘に効くハーブティや、腸内環境を整えてくれるハチミツ飴を、朝、口にいれます。水なしで摂れる下痢止めもいつも常備しています。

フルーツなど、食物繊維の多い行動食を持参しています。腸を動かすために、朝、一杯の水も効果的

Q 山小屋でお酒を飲んでもいい？

A 夕飯時や山小屋の喫茶室でお酒を注文できる小屋も多く、登山客同士が山の話を肴に酌み交わす姿をよく見かけます。注意すべきは、標高が高い場所では酔いが回りやすいこと。アルコールの消化にエネルギーを使い山歩きの疲労を翌朝に残してしまうことも。楽しむとしても少量にすることをおすすめします。

Q 布団は畳むもの？そのまま置いておくもの？

A 「畳むのがマナー……でも未使用かどうかわからなくなる？」と、長年ぐるぐる悩んでいた私。北横岳ヒュッテの女将さんに聞いたところ「山小屋の人に聞けばいいんだよ」と（笑）。基本は畳む、早朝出発は例外あり。迷ったら聞けば解決！

Q 夜眠れない場合、とても不安になるけれど……

A いつもと違う環境で眠れなかったりすると、余計に不安になりますよね。でも、大丈夫！　山小屋の消灯時間～深夜2時は、疲れを癒してくれる副交換神経が最も優位になる時間帯。目を閉じて横になっているだけでも、少しずつ回復しています。でも、翌日体調不良が思わしくなかったら、無理はしないでください！

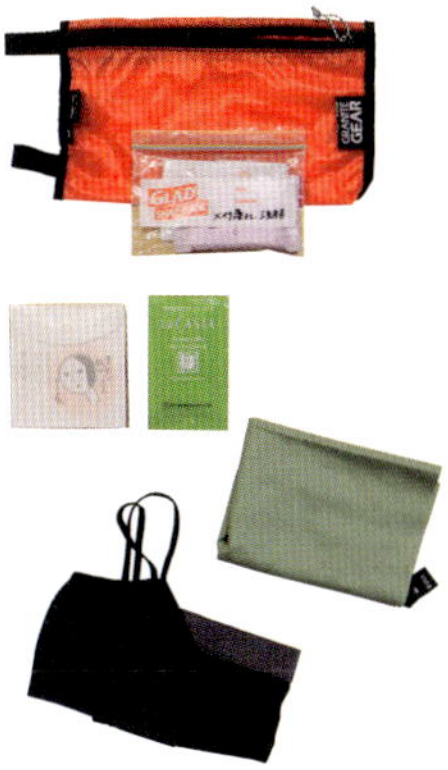

左の青いワンピースは、「エーグル」とのコラボでつくったアウトドア用ワンピース。温泉グッズは吸水タオルや石けん、下着などをひとまとめにして入れておきます。詳しくはP109に

Q 温泉に入る場合はどんなものを持っていったらいい？

A 下山後の温泉はとっておきのご褒美。登山口と下山口が同じ場合には、着替えや入浴グッズを車に残しておいたりロッカーへ預けることもできますが、縦走の場合は、持ち運ぶ必要が。私は、予備の着替えや汗拭き用の手ぬぐいを流用するなど、軽量化の工夫をしています。

A moment in a hut

フリータイムの過ごし方

山の絶景を独り占めできる、素晴らしい場所にあることが多い山小屋。荷物を置いて着替えたら、カメラを持って散策へ。バックパックを背負わない身軽な山歩きも気持ちいいものです。

喫茶室があるような山小屋では、景色を眺めながら、コーヒーや甘味タイム。体もリラックスし、贅沢な時間が始まります。売店で、ここまで歩いてきた人しか買うことのできない、小屋オリジナルのバッチや手ぬぐいなどのお土産をコレクションするのも楽しいですよ。

また、登山道の状況や天気、不安点などを確認させてもらいましょう。私もこれまで山小屋到着後の情報収集で、予定ルートを変更したことは何度もあります。安全登山のために臨機応変に対応することが重要です。

山小屋は、本棚に山関連の本が充実していることも多いので、静かに読書するのもお気に入りの過ごし方。

人との出会いも山小屋での楽しみのひとつ。同じ道を歩き、同じ食事をとった人たちとは会話が弾みます。談話室や食事中に、いろいろな山の魅力を教えてもらえます。誰かの「大好き」な山は、興味がわくもの。行きたい場所や夢が、どんどん増えてしまいます。

シーズンによっては山小屋でイベントを行っているときも。燕山荘では、オーナーさんによるホルンの演奏会が開催されるときがあります。

もちろん、何もしなくたっていいのです。ただ空を見上げたり、深呼吸したり。大自然の山のなかにいられる時間そのものが「ぜいたく」なひととき。山の上で眺める星空は格別に美しく、地球をこえて、宇宙を見つめている気分です。

日常生活と異なり、街灯もなく、携帯も圏外。そんな山の「太陽のリズム」で刻まれる時間は、私たちが忘れかけている本来の体内時計を元に戻してくれるのかもしれません。

稜線上にたつ山小屋のまわりをお散歩。天候が急に変わっても、小屋に戻れる安心感がある

ホルン演奏が人気の燕山荘・赤沼健至さん。右上は涸沢小屋のルートや気象情報が書かれた黒板

燕山荘の売店には、オリジナルのデザインのバンダナやバッチなどほしくなるものがたくさん。黒百合ヒュッテの本棚。珍しい山岳書籍を探すのも楽しい

日の出日の入の時間、月の暦を調べてから行くとより楽しい。雲や星で闇の色合いが変わり同じ空は二度と見られない

Time available in hut

「1泊2食」以外の活用法

昼食をとる

お昼ごろに山小屋を通過するコースの場合には、ランチのみで利用することもできます。荷物も減らせます。写真はオーレン小屋名物のボルシチ。

素泊まりする

自炊スペースを設けている小屋もあり、寝床としてのみ利用することも可能です。テント泊予定で、大雨にあったときに利用する人もいます。

荷物を一時的に置かせてもらう

山小屋を拠点にして、山頂やお花畑などの目的地に往復する場合。その行程に不必要な荷物を無料で置かせてもらうことができます。これを「デポ」といいます。

急登や岩場などにチャレンジするときには、少しでも荷物が軽くなるとうれしい

最小限の荷物をアタックザックに詰め替えて。必携はレインウエアと水筒、行動食

Column

山小屋のありがたみを実感！

日本からニュージーランドへ移住した際、最初の4カ月はキャンプ場でトレーラーハウスに住んでいました。

電気、食料、トイレ、水道が当たり前の生活から一変。特にタンク式のトイレは、指定場所に自分で処理するスタイル。大人ふたりで生活していると、1日半～2日でタンクがいっぱいで、その重さといったら……。自分たちの排泄物の重さと大変な手間に愕然としました。

人間自体も生理現象が起きる自然の一部だということ、人が自然に一歩足を踏み入れることが、どれほど環境に負荷をかけるのか。知識としては知っていたはずのことを、トレーラーハウスでの生活を通して、肌身で実感しました。

山小屋のトイレは、環境配慮型のトイレの導入や、ヘリコプターでの荷下ろしなど、維持費も手間も莫大。

さらに、遭難者の救出や、登山道の整備など、登山者に安全を与えてくれる山小屋のスタッフの方々。山小屋に泊まることで、テント泊とはまた違う、たくさんの素晴らしい世界を教えていただきました。限られた環境のなかで、いろんなものを提供していただいていることに感謝の気持ちを忘れず、利用したいと思っています。

My favorite huts

女子にうれしい山小屋リスト

Yamagoya_01

鳥やリスも集まるメルヘンな小屋

[しらびそ小屋] 北八ヶ岳

みどり池のほとりに建ち、小屋にはリスや小鳥が集まってくる。まるで絵本の中に紛れ込んでしまったかのようなメルヘンな雰囲気の場所。人気は、薪ストーブで焼いてくれる厚切りトースト。バターと自家製ジャムがたまりません。写真を撮るのはそこそこに、アツアツを食べるべし！

data

標高：2,097m　収容人数：60名　営業期間：通年営業　宿泊料金：1泊2食￥8,000、素泊まり￥5,000（冬期はプラス￥500（暖房費））
TEL.0267-96-2165
www.ytg.janis.or.jp/˜st.imai

※トーストは宿泊者の朝食限定メニューです（混雑時を除く）。喫茶での注文はできません。

Yamagoya_02

日本一高い場所にある天然温泉

[みくりが池温泉] 北アルプス

日本一標高の高い場所にある天然温泉に入れる宿。周辺を散策するだけでも大自然に囲まれた絶景を満喫できる。食事は旅館のような豪華さで、富山湾から運ばれてきた海の幸も！　喫茶メニューも豊富なので、腹ペコで行こう。宿泊者は、登山後に再度温泉に立ち寄れるからうれしい。

data

標高:2,410m　収容人数:120人　営業期間:4月中旬～11月下旬　宿泊料金：1泊2食￥8,970～
TEL.076-463-1441
www.mikuri.com/index.html

Yamagoya_03

data

標高：2,400m　収容人数：150人　営業期間：通年営業　宿泊料金：1泊2食￥8,000～、素泊まり￥5,300～
TEL.0266-72-3613
www.kuroyurihyutte.com

おだやかなご主人にファンも多い

［ 黒百合ヒュッテ ］ 北八ヶ岳

お酒と占いを愛するご主人にファンも多い。周囲はシラビソの森に囲まれ、6月にはクロユリの花の群生が見られる。家族総出で作るという自家製味噌を使った味噌汁が絶品。

Yamagoya_04

data

標高:2,400m　収容人数:40人　営業期間:通年営業（予約の無い日は休館）　宿泊料金：1泊2食￥8,000、素泊まり￥4,800
TEL.090-7710-2889
http://kitayoko.fine.to

北横岳山頂からの眺めが素晴らしい

［ 北横岳ヒュッテ ］ 北八ヶ岳

北横岳へ20分。南アルプスまで一望できる朝の景色を味わおう。山への愛にあふれたご主人と女将さんの話をうかがうのも楽しい。運がいいと女将さんの“きまぐれケーキ”があるかも？

Yamagoya_05

data

標高：2,650m　収容人数：200人　営業期間：4月下旬～11月上旬　宿泊料金：1泊2食￥9,000、素泊まり￥6,000
TEL.0266-73-6673
www004.upp.so-net.ne.jp/iou/index-2.htm

見どころは高山植物と日の出

［ 硫黄岳山荘 ］ 南八ヶ岳

硫黄岳と横岳の鞍部に位置し、小屋の前は雲海が出やすく日の出は素晴らしい。周辺の高山植物も豊富。食事には、オーナーの家庭菜園で採れた新鮮な野菜を提供。美しいトイレあり。

Yamagoya_06

data

標高：2,309m　収容人数：180人　営業期間：4月下旬～11月上旬　宿泊料金：1泊2食￥9,500、素泊まり￥6,500
TEL.090-9002-2534
www.karasawa-hyutte.com

目の前に迫る穂高連峰の迫力

［ 涸沢ヒュッテ ］ 北アルプス

氷河に押し出されたモレーンに建つヒュッテ。テラスから眺める3,000m級4座の穂高連峰は圧巻！　ここで食べるおでんやビールなどは格別のおいしさ。

Yamagoya_07

空を味わう最高のロケーション

[駒の小屋] 会津

小屋の前にある池塘には、夜には満天の星空が、朝には朝焼けが映し出され、空を味わうために作られたような小屋。夜にはランプの明かりが点されるのも風情がある。自炊をしなければいけない素泊まりの小屋なので、調理道具や水を背負えるようになったらぜひ訪れてもらいたい。

data

標高：2,050m　収容人数：30人　営業期間：4月下旬～10月下旬
宿泊料金：素泊まり￥3,000
TEL.080-2024-5375　http://komanokoya.com

Yamagoya_08

道もよく初心者も安心

[唐松岳頂上山荘] 北アルプス

リフトを下りて、高山植物が豊富な八方尾根を歩き、4時間ほどで到着できる。小屋は唐松岳山頂近くにあり、剣岳とも対面できる。新館は清潔で高山・山小屋デビューにオススメ。追加料金を払えば、1日8食限定の特別食が味わえ贅沢気分。

data

標高：2,620m　収容人数：350人　営業期間：4月下旬～10月中旬　宿泊料金：1泊2食￥9,000～、素泊まり￥6,300～
TEL.090-5204-7876
http://karamatsu.jp

Yamagoya_11

data

標高：2,360m　収容人数：150人　営業期間：4月下旬～11月下旬　宿泊料金：1泊2食￥7,500、素泊まり￥5,000
TEL.090-3337-8947
www.kobusi.com

奥秩父の山をつなぐキーポイント

［ 甲武信小屋 ］ 奥秩父

枝を重ねた看板が目印で、甲武信ヶ岳山頂からは南東に200mほど。根っからの山男である小屋番さんが温かく迎え入れてくださり、その会話を楽しみに訪れる人も多いそう。

Yamagoya_09

data

標高：2,300m　収容人数：120人　営業期間：7月10日～10月15日　宿泊料金：1泊2食￥9,000、素泊まり￥6,000
TEL.0577-34-6268
双六小屋事務所
www.sugorokugoya.com

鏡のような池に雄大な山々が

［ 鏡平山荘 ］ 北アルプス

目の前の鏡池には、槍ヶ岳、穂高連峰が映し出される。夏にはこの絶景を目の前にしながら食べる、名物のかき氷を楽しみに来る人も多い。ナナカマドやダケカンバの紅葉は圧巻。

Yamagoya_12

data

標高：1,433m
収容人数：15人

ログハウス風で清潔な避難小屋

［ 三頭山避難小屋 ］ 奥多摩

ログハウスのような外観で清潔な避難小屋。周囲は豊かなブナの森、三頭山山頂へも近い。山小屋泊を経験し、次へステップアップしたいと思っている人の、避難小屋デビューにおすすめ。

Yamagoya_10

data

標高：1,850m　収容人数：200人　営業期間：通年営業　宿泊料金：1泊2食￥7,500、素泊まり￥5,000
TEL.0494-23-3338
www1.ocn.ne.jp/~kumotori

東京で一番高い山小屋!?

［ 雲取山荘 ］ 奥多摩

雲取山山頂から約20分でたどり着く、赤い屋根の小屋。廊下の本棚に山の本がずらりと並び、読書をしながら静かな夜を過ごせる。寒い時期は各部屋にこたつがあり暖かく過ごせる。

Part_07

縄文杉《じょうもんすぎ》

【標高1,280m】

屋久島の森に張り巡らされた
むき出しの木の根が、
人間の血管や神経のような錯覚になる。
この太古の森は
「命の器」のなかにいるみたいなのだ。
死んでいくもの、
その養分のなかで生まれるもの。
何千年も、命をはぐくんでいる原始の森で
形は変わり果てても変わらない魂の永遠がみえた。
変わりゆく変わらないものは、私たちの胸のなかにも。

My favorite trail 07

「満月」に照らされた屋久島へ

屋久島全体が、自然の循環を感じられる場所。
海と森はつながり
生と死、命のエネルギーが満ちる山歩きへ。

樹の根が張り巡らされ、圧倒的な命の濃度の森を歩く。森に白っぽく靄がかかると、夢のなかを歩くようにすんなりと体が溶け込んでゆく。原始の森に溢れる空気中の水の粒子をも吸い込みたくて、深く深く息をする

荒川登山口からトロッコ道を歩いて縄文杉へ。お尻のハートがキュートな屋久鹿♡

年間降水量７０００㎜。
屋久島の「日常」におじゃまする。
豊穣の雨のなか、森たちは歓喜を始める。
雨だからこそ味わえるのは
景色ではなく、気配。
木々たちの喜びのなかに身を置けるから
雨の山歩きは楽しいんだ。
水の粒が体にあたる。
人間の体の半分以上が水分なのであれば
この雨をあび、私の体も屋久島の水になればいい。
傘をささずに、堂々と雨のなかを歩けるなんて
アウトドアをしていなかったら
一生、経験できないのだから

大木の表皮に生えた苔を伝って、スローモーションのようにゆっくりと落ちてくる水滴。まるで数千年のときを経て現れたよう

初めて縄文杉に会いにいったとき
片道9時間もかかってしまった私。
けれど、その日は満月で
月明かりに照らされた縄文杉が
私を待っていてくれた。
自分の足で歩いたものにだけ
森がそっと見せてくれる
景色がある……と
屋久島が教えてくれたんだ。

1泊2日

歩行時間:	Day1／6時間
	Day2／4時間30分
累計標高差:	+1,031m
	−1,057m

ゆりっぺ's Advice

縄文杉へは往復9時間半、高低差710mの道のりを日帰りで歩くのが一般的ですが、ゆっくりと屋久島の森を堪能したかったので、無人小屋を利用した1泊2日で計画をたてました。旧高塚小屋に泊まるメリットは、早朝、ひとけのない時間に縄文杉を独占して見られること。また登山道でも混雑する時間帯を避け、自分のペースで歩くことができます。ただ繁忙期や連休は満員になり入れない場合もあるので注意。屋久島では登山者の急増によりトイレ処理の問題が深刻なため、携帯トイレを多めに持参しましょう。

Access

白谷雲水峡までは宮之浦港から屋久島交通バスで35分。帰りは荒川登山バスで屋久杉自然館駐車場まで約40分

Info

屋久島観光協会 TEL.0997-49-4010

レベルに合わせたコース選び

屋久島には、多くのトレッキングコースがあります。
その中から、中上級者向けと初心者向け、
ふたつのおすすめコースをご紹介します。

▶ 宮之浦岳～荒川登山口縦走

淀川登山口から出発し、屋久島の最高地点、標高1,936mの宮之浦岳を通り、荒川登山口まで縦走する1泊2日のコース。コースが長く、中上級者向きです。日本最南の高層湿原・花之江河や草原のなかに花崗岩が横たわる宮之浦岳山頂など、独特の景色が楽しめます。もちろん、いちばんの見どころは縄文杉とウィルソン株。

▶ 白谷雲水峡～太鼓岩往復

もののけの森として知られる白谷雲水峡は、一面が苔で覆われた緑一色の神秘的な場所。ここを歩くだけでも充分楽しめますが、少し足を延ばして太鼓岩まで登ると、眼下に広がる屋久島の森の大パノラマを堪能できます。森歩きと絶景の両方を往復5～6時間で見られるので、初心者にもおすすめできるコースです。

ヨスミ流島の楽しみ方

トレッキングするだけでも
充分楽しい屋久島ですが、より深く楽しむための
ヨスミ流3つのポイントを伝授します。

▶ 海を見に行く

森に入る準備として、または森を歩いた後に海に入ってみてください。豊かな森と海はつながり、どちらも美しいことに気づかされます。

▶ 満月に合わせて歩く

私が縄文杉に会いにいった日は、ちょうど満月でした。旧高塚小屋に泊まり、何千年もの間、その森のなかで静かに生きてきた巨木の間から満月が見えたときには、あまりにも神秘的で涙があふれてしまいました。満月の日は、森のパワーが変わります。森と月もつながっていると感じた瞬間でした。

▶ 海の幸と雑貨

海に囲まれた屋久島では、ぜひおいしい地魚を堪能してみてください。また、屋久島で買った屋久杉のアクセサリーは、私の山歩きのお守りです。

My favorite trail 08

東北の懐に抱かれる時間

岩手と秋田の県境を貫く50㎞のロングトレイル。
素晴らしいロケーションにひっそりと佇む無人小屋を利用して
東北が誇る自然、裏岩手縦走路を３泊４日で歩く。

Part_08

安比《あっぴ》・八幡平《はちまんたい》・岩手山《いわてさん》

【標高2,038m】

東北を知るには、歩くことが一番だと思った。
歩けば、その地とつながることができるから。
昔、社会の授業で習った「奥羽山脈」。
地図のうえでは数センチだった山々が
立体的に変化してゆく。
どこにいても、ひと目で見つけられる岩手山は
信仰の山、そして岩手のシンボルだ。
青い空に際立つ山が
自分にとっても心の拠り所となってゆく。

八幡平駐車場からは
徒歩20分の「陵雲荘」。
ここに泊まるだけでも
最高の時間が過ごせる

山中の水場で補給した水は、花の蜜のように甘く、どきっとするくらいおいしかった。夏着物の柄・リンドウは秋の花。季節を先取りし、衣装に取り込むのが着物のオシャレ

湿原、原生林、山上湖、雲海、天の川。
そして、どこまでも続く〝森の海〟。
その地平線は、万、億の植物にうめつくされている。
果てしない宇宙は紅葉に染まり色があふれだす。
神様も、この燃える絨毯を空から楽しんでいるだろう。

日本が誇る東北の自然を歩こう

これまで見たことのない、たおやかな山並みに感謝の気持ちが湧き上がる。何度も何度もプレゼントされた変化に富んだ絶景を生涯忘れることはないだろう

森の海を貫く、贅沢で静かな山道。ずっと稜線歩きが続く裏岩手縦走路（八幡平〜三ッ石山）は圧巻

静かな存在に抱きしめられている幸福感で
森と自分との境界線がなくなっていく。
登っているのではなく、溶けこんでいる感覚。
この美しい東北の自然が日本にあることに
「ありがとうございます」と幾度も呟き、
涙をこらえながら歩いた。
東北が、日本が、こんなにも素敵なのだと

世界中に叫びたい。
「一秒でも長く、この自然と触れていたい」
この気持ちが自分の山歩きの原点なのだと
東北の山につかった幸せな4日間が
思い出させてくれた。

3泊4日

歩行時間:	Day1／5時間
	Day2／7時間30分
	Day3／5時間30分
	Day4／5時間10分
累計標高差:	+2,334m
	−2,772m

信仰の山として崇められ、孤高なる立ち姿が凛々しい岩手山。「ここに泊まれたら楽しいだろうな」という場所に立てられている避難小屋は清潔に保たれ、地元ハイカーの愛に溢れている

ゆりっぺ's Advice

今回は避難小屋に泊まり、3泊4日で50㎞トレイルを歩きましたが、このコースのエスケープルート上にはなんと温泉宿があるのです。藤七温泉、松川温泉、網張温泉など、温泉宿に泊まりながら縦走をすることもできます。おいしい岩手の食事をいただいて、温泉で疲れを癒し、最小限の荷物でこのルートをもう一度歩けたら……。私も今度は絶対にそうします！　小畚山の急登は、「ぜんぜん小じゃない」と突っ込みたくなるほどの急登でした。下山後は焼走りの湯で日帰り入浴が可能です。

Access

赤川登山口までJR荒屋新町駅からタクシーで約40分。帰りは焼走り登山口からタクシーでJR大更駅まで約15分

表紙写真は、裏岩手縦走路の三ツ石山山頂にて

Info

八幡平市観光協会
TEL.0195-78-3500

Epilogue

夢が叶ったと思ったら
そこには次の景色が待っていて。
これ以上の感動なんて、生涯ないと思っても
次の山があっさりと思い出を更新してくれる。
そんなふうに、日々が紡がれていくようになりました。

まだ見ぬ景色を求め、山へ行くと
自分の心の奥に近づいていく気がします。

山や森のなかで数日を過ごすと、必要と思っていたものが
実は不要だったと気づかされたり。
生きる上で、何が本当に大切なのかを考えさせられたり。
ひたむきな動植物に力づけられ
自然の厳しさに自分の無力さを知る。
そして、そんな自分も「自然の一部」
そう感じられるようになりました。

山から持ち帰られる、たったひとつの「胸のなかに残るもの」。
感謝を胸に、いつも真摯に対峙できますように。
多くの女性が、あの自然と出会えますように。

人と人の想いが通じ合えたときのように
「自然」と「自分」のあいだにも
“触れた”と思える瞬間があるんです。
そして、そのとき笑顔が生まれます。

一歩を踏み出せば、きっと。
さあ、山へ一歩ずつ。
心で味わう山が、そこにあるから。

一歩ずつの山歩き入門

山に憧れるすべての女性へ

四角友里

2013年7月20日　第一版第一刷発行

発行人　角 謙二
編集人　佐々木浩也
発行・発売　株式会社枻（エイ）出版社
〒158-0096
東京都世田谷区玉川台2-13-2
販売部　TEL.03-3708-5181

編集　佐藤泰那（株式会社枻出版社）
編集協力　武井麻吏、相馬由子
イラスト　中川彩香、升ノ内朝子
写真　岡野朋之、小澤義人、加戸昭太郎、亀田正人、阪口 克、
高島秀吉、堀江重郎、森山憲一、矢島慎一、柳田由人
写真提供　勝亦祐嗣、斉藤彰、鈴木ともこ、鶴田浩之、山口綾子、
我妻一洋、四角大輔、四角友里

地図製作　オゾングラフィックス

デザイン　水野文子、黒川美怜、城戸口ゆう子、佐々木綾香
（ピークス株式会社）

印刷・製本　三共グラフィック株式会社
http://www.ei-publishing.co.jp

ISBN978-4-7779-2904-7

定価はカバーに表示してあります。
万一、落丁・乱丁の場合は、お取り替え致します。

Special Thanks to All Supporters & “Respect Nature”